アジア太平洋の未来図

ネットワーク覇権

Pax Amicitia

川口順子・秋山昌廣 編著

中央経済社

序

アジア太平洋地域の未来図―秩序は誰がいかに担うのか

(1) 本書の目的

アジア太平洋地域はこれから平和裡に発展できるのだろうか？

本書刊行の目的は、21世紀のアジア太平洋地域の秩序の担い手は誰かという「主体」の議論と、どのように担っていくのかという「構造」の議論を行うことにある。私たちはこれを、基本的にはアジア太平洋地域を念頭に展開しているが、理論的には国際政治経済秩序全般に敷衍して言えることであり、その意味で国際政治経済秩序に関する覇権理論の新たな展開という意図も併せ持つ。

(2) 問題意識

米国と中国は、アジア太平洋地域の今後の平和的発展に大きな影響を与える国である。世界第一の経済力と軍事力を持つ米国は自他共に許す覇権国であるが、その影響力は近年相対的に弱まりを見せている。他方、大きな国土、人口を持つ中国は、経済力も軍事力も急速に成長し、国際場裏における影響力を強めている。米中両国は共に、平和的共存を希求する中で、相互の競争と協調の関係を模索中である。両国は特にアジア太平洋地域において、自らの国是の実現を確保すべく、影響力の確保・拡大を図っている。

米国のトランプ新政権は「アメリカ第一」を掲げているが、アジア・太平洋地域を含む国際社会との関わり方については、具体的にはまだまだ不透明である。中国は、経済成長の屈折や構造改革の遅れなどの様々な国内の困難に取り組みつつ、米国との間で、「大国間関係の新しいモデル」を追求し、自らを大国と位置付けている。しかしながら、中国の近年の南シナ海や東シナ海における力の誇示行動や国際仲裁裁判所の仲裁についての態度から判断すると、現在の国際的ガバナンス受け入れは選択的である。さらに、AIIB、一帯一路、地域安全保障構想、独自のスペース・ステーションなどガバナンスの構築への意欲も見えるが、中国の持つガバナンスの考え方や国際公共財維持のためのコスト負担意思についての不透明性が、中国の台頭に関してアジア太平洋地域に緊張と平和維持への懸念をもたらしている。

米中間のパワーシフトは今後のアジア太平洋地域の平和的発展にどのような影響を与えるのだろうか。アジア太平洋地域は、建設的な意思決定ができない混乱の時代を迎えるのだろうか。安全保障の確保は適切になされるのだろうか。私たちはこの状況をうまく管理できるのだろうか。それはどのような枠組みで可能になるのだろうか。枠組みは安定的だろうか。

米国は「パックス・アメリカーナ」で表現されるように、これまで圧倒的な力を持った覇権国として、国際公共財の提供に力を尽くしてきた。他の考え方を同じくする国々が共に行動したことは言うまでもない。アジア太平洋地域の諸国はこれまでの発展の多くをこの国際公共財に依存してきた。国際公共財は、国際社会の円滑な発展のために不可欠であるが、同時にフリーライドも可能である。

さらに、公共財提供のコストも増加してきている。格段に進歩した技術は軍事力のあり方を変え、宇宙空間、サイバー空間、海洋、経済等、安全保障政策がカバーすべき舞台を大きく拡大させると共に、コストも巨大にした。また、気候変動、感染症、災害等への対策、発展途上国援助等の額も増大し、覇権国一国のみで、国際秩序維持のためのコストを確保することは至難に見える。今後誰がその構築・維持を行い、そのコストを負担していくことになるのだろうか。

このアジア太平洋地域の今後の秩序の担い手とそれがどのような形になるのかという点についての議論、すなわち、新秩序を担う「主体」とその「構造」の議論を、今行う必要があるということが、私たちの問題意識である。

新しい秩序を検討するにあたって認識しなければならないことが二点あると考える。即ち20世紀とは異なる21世紀の人類社会のあり様である。

一つは、21世紀における拡大・深化した経済の相互依存が、安全保障に与える影響である。工業技術、IT技術、金融技術、通信技術、軍事技術等の発展が、次々と新しい産業を生み出し、上流から下流までの全過程で経済構造の変革をもたらしたと共に、戦後のリベラルな国際経済秩序下で進展する自由なモノ、カネの移動と企業の積極的行動が、国際経済における国境を形骸化させ、国家間、経済間、企業間に今までとは次元の異なる深い相互依存関係を作り上げた。米中の金融面での相互依存は一例であるし、また、本来他への依存を避ける性格を持つ防衛技術ですら、国家間、軍民間で相互に依存している。

このことは、従来にも増して経済が安全保障政策のツールや対象としての度合いを強め、同時に、相互依存関係が抑止力として働く可能性が強まったという二重の意味で、経済と安全保障のつながりを密接不可分なものにしたと思われる。従来国際関係の研究においては、国際政治・安全保障分野と技術を含む国際経済分野における相互依存関係の研究は一定の理論的・実証的段階にとどまり、方向性のある結論を生み出してはいない。しかし、私たちは、この従来とは異なる二重の関係がアジア太平洋地域の統治のあり方にいかに影響していくのかを吟味することが、より現実の動きを反映するために必要となると考える。

21世紀のもう一つの大きな特徴として認識すべきなのは、ソフトパワー、即ち、文化やデモクラシー等の理念の重要性である。文化への尊敬や理念への共感が、一国の力や正統性の源泉ともなる。ソフトパワーはその意味で、ハードパワーを補強ないし補完する役割を持つ。アジア太平洋地域の今後を考える上で、特に米中両国の持つソフトパワーの意味合いの検討が必要である。

上記二点は共に、関係性のあり方が相手を動かす力となりうることを意味する。

(3) 本書の成り立ちと構成

本書は2014年度から2016年度まで3年間にわたって行われた、明治大学国際総合研究所及び東京財団共催による「アジア太平洋地域の新秩序」研究会(共同座長 川口順子、秋山昌廣)の議論をベースに、研究会有志メンバーが著したものである。

本書では各章の著者は、それぞれ独自の角度からアジア太平洋地域の未来の新秩序にアプローチを試みており、その点で一人の著者による一つの著作とは異なる。研究会においても、参加者の意見の相違は当然あったが、読者の便宜のために、最大公約数的な大きな流れとして結論を整理すれば、下記のような見方となる。

- 米国の相対的な衰退、中国の台頭という現実からも、安全保障政策の対象分野の拡大、諸技術の発展等からも、21世紀においてそもそも一国が覇権国として機能することは困難になった。
- 従って、これからの世界においては国際公共財の提供等の覇権国の機能は、分野/機能に応じて、相応しいいくつかの国家のネットワークによってこれを担っていくことになる。これを私たちは、担い手たる「主体」の観点から「ネットワーク覇権」と呼び、それによって形成される「構造」をパックス・アミキティア（Pax Amicitia 国家ネットワークによる平和）と呼ぶ。

●アジア太平洋地域の特徴は、弱い安全保障の共通枠組みに対し、強い二国間、多国間の経済的相互依存関係があり、貿易、資本、金融のみならず、災害、海賊等の分野にも広がる分野別協力の実績があることである。

●アジア太平洋地域における平和的発展は、米国と中国の双方を含む枠組みなくしてはあり得ないので、工程としては、米中が共に協力できる分野における枠組みを、アジア太平洋地域としてできるだけ多く作り上げることが重要であろう。

●また、その枠組みは、安定性の観点から将来的には制度化されることが望ましく、東アジアサミットを基盤として構築されるべきであり、究極的には安全保障についての枠組みの構築が目標となる。

●中国の隣国であり、米国の同盟国である日本は、米中関係の帰趨に最も影響を受ける国の一つであると共に、それに最も影響を与え得る国でもある。従って、アジア太平洋地域がこのような枠組みを構築できるようにリーダーシップを取り、コスト負担をしていくことはわが国の責任でもある。この役割を具体的に考えていかなければならない。

本書は三部で構成されている。

まず、第1部「アジア太平洋の安全保障環境」では舞台となるアジア太平洋地域の安全保障・経済の環境を俯瞰することを目的としており、その中で、特に大きな影響力を持つ米国と中国の分析を行っている。具体的には、第1章「国際政治の変動とアジア太平洋」（伊藤剛）では、アジア太平洋地域の現状の特徴を、国際社会のそれとの対比において分析している。第2章「オバマ政権のリバランスの功罪」（森聡）では、アジア太平洋地域におけるオバマ政権のリバランス政策の効用と中国に対する牽制の失敗等の限界を踏まえた上で、今後日米両国が実効的な牽制力を持ちうるような戦略的アプローチが必要としている。第3章「中国　不安定下の安定―習近平のダモクレスの剣」（菱田雅晴）では、アジア太平洋地域の新秩序に影響力を持つ中国内政を、特に多様な新中国人の状況、社会階層構造、ネットの役割等についてデータを基に分析し、リーダー習近平が直面する困難さを浮き彫りにしている。第4章「中国の軍事力と戦略」（斉藤敏夫）では、中国の軍事戦略及びそれに基づいて実施されている軍事力強化の現状、並びに今後の注目すべき点を書いている。第5章「転換期に入った米中関係」（鎌江一平）では、第1部のまとめとして、転換期に入った米中関係について安全保障の視点から相互の戦略と抑止構造を中心に分析している。

第2部「相互依存の深化」においては、相互依存関係の深化の秩序形成にもたらす含意を分析している。第6章「相互依存と秩序形成」（関山健）ではこのテーマに関するこれまでの理論的及び実証的研究の紹介と共にゲームの理論をベースに相互依存関係の持つ抑止効果及びパックス・アミキティアの可能性を述べている。第7章「貿易、投資、技術の相互依存」（椎野幸平、村山裕三、関山健）においては、貿易及び投資の相互依存の実態を、データをベースに明らかにすると共に、軍民両用技術のグローバルな相互依存関係の現状と政策を明らかにしている。第8章「金融の超国家ネットワーク」（露口洋介）では金融における相互依存関係を米中及びアジア域内の金融ネットワークの形成に関して現状を述べている。

第3部「結論　アジア太平洋の未来図―新秩序に向けて」は全体のまとめの部分である。冒頭の第9章「ソフトパワーの意義と役割」（近藤誠一）においては、主権国家のクレディビリティー維持の観点からのソフトパワーマネージの重要性、及び市民社会の重要性について述べた上で、日米中におけるソフトパワーの特性と役割を分析している。第10章「大国の概念と役割―競争的相互浸透と複合的ヘッジングのなかで」

（山本吉宣）は、米中の相互ヘッジングが行われる一方で、他の国々も米中、経済と安全保障という組み合わせでヘッジングを行うという、複合ヘッジングの中で地域の秩序が形成される状況を理論的に分析している。第11章「新秩序の構想―ネットワーク覇権の姿」（秋山昌廣）においては、安全保障に関するモデルを概観した上で、コンストラクティビズムの立場から、本書の結論であるネットワーク覇権の考え方を理論的に説明している。第12章「アジア太平洋地域の未来図と日本の役割」（川口順子）においては、アジア太平洋地域の将来の姿、道筋、及び日本の役割を秩序に視点をおいて具体的に検討している。

最後にアジア太平洋地域の未来図に関する総まとめとして、「刊行によせて―歴史の流れで捉えるアジア太平洋の新秩序」（渡邉昭夫）を掲載している。歴史の流れの中での秩序の意味、相互依存の意味、Pax Amicitia の位置づけ、日本の役割についての深い洞察であり、本書の意義づけでもある。

なお、この本が誕生するに至ったのは、前述「アジア太平洋地域の新秩序」研究会において示唆に富む見解を惜しまず披瀝してくれた講師や深い洞察と活発な議論で刺激を与えてくれた研究会参加者全員のおかげである。出版にあたっては中央経済社ホールディングスの山本継会長にご尽力、ご協力いただいた。また、索引は執筆者でもある明治大学の伊藤剛、及び、鎌江一平が作成した。その他、この本の発刊には数多くの方々のご協力を得た。

この場をお借りし、共編著者である秋山昌廣共々厚く御礼を申し上げる。

目次

第2部　相互依存の深化

第3部　結論　アジア太平洋の未来図―新秩序に向けて

第1部
アジア太平洋の安全保障環境

第1章
国際政治の変動とアジア太平洋

第1節　はじめに

今から20数年前、イギリスの国際政治学者であったスーザン・ストレンジ教授が『カジノ資本主義』という書物を発表した。マネー・ゲームに操られた投機現象が世界中を駆け巡り、世界的な金融センターであるロンドン、ニューヨーク、東京は常に金融市場から目が放せない状態になるというのが、その著書の簡単な内容である。

それから四半世紀が経った今、国際情勢はイギリスのBrexitやアメリカのトランプ政権誕生など、既存の国際協調を崩す方向に動いている。これらの現象は起こったときには驚きとして受け止められたが、背景に中間層の相対的没落が挙げられる。グローバル化がもたらしたものは、移民の増加だけではない。経済の相互依存、モノ・人・サービスの国境を越える動きはどんどん大きくなる一方である。その意味で、国際関係は「変化」を遂げてきたのである。国境を越える動きは抑えることができない。経済活動の「交換」が起きるのは、それが市場にいる人間の満足度を双方ともに上昇させるからであって、そこにグローバル化を止める要因を見つけることはできない。

しかし、金融のグローバル化が、実体経済をおかしくした。各国が景気浮揚策として国債を発行すると同時に、通貨発行額を増やして行った結果、過剰流動性がとめどもなく大きくなり、今やその行き場のないお金は4、000兆円に至るという。この過剰流動性は実体経済を差し置いて「カジノ資本主義」を形成し、余った金が投資先を求めてうごめいている[1]。2016年に起こったBrexitのみならず、欧米諸国に漂う自国優先主義、そしてトランプ大統領がこれから出動するであろう無茶苦茶な保護貿易政策と景気浮揚を狙った財政政策とによって、余剰流動性として出てきたマネーがどこに行ってよいか分からない状態が続いている。

これらをさらに複雑化しているのが、政治の不安定である。ポピュリズム的集票というべきか、ナショナリスティックな政策を掲げる政党がオーストリアでかなりの集票力を持ち、今後はヨーロッパ各国で総選挙が開催されるとなると、こういった諸国の総選挙次第で、この政治的混迷はいっそう深くなってしまい、政治的安定を損うこととなってしまう。

金融経済が支配する今日のグローバル化は、一部の資産家が対外的には過剰流動性をうまく操る一方、国内では安い労賃で人を働かせることによって、さらに余分なマネーを溜め込み、それを新規物件に投資して価格を上昇させる、といった悪循環を可能とさせる。その結果、中間層は相対的に没落する。中間層はこれまで通り、こつこつと働き続けているが相対的に収入は減少しているから、その怒りは現状の政治指導者や政権党に向かうこととなる。「こんな暮らしにくい社会に誰がしたんだ」という怒りと相まって、総選挙は心地の良いポピュリズムに向かうこととなる。

本章では今世紀に入ってからの国際政治構造の変動と、それがアジア太平洋ひいては日本に及ぼす影響について概観する。パワー・トランジション、過剰流動性、ナショナリズムの台頭といった言葉が鍵概念である。

第2節　新しい国際枠組み

リーマン・ショックが起こってから以降の世界経済は、「新興国」頼みである。アジアが世界経済を牽引しているというが、その担い手は日本でなく、中国、シンガポール、タイ、ベトナムといった新興国ばかりである。この新興国の台頭が、国際関係全般に関する政策決定の枠組みを変えつつあるのは周知の事実であり、これまでの主要舞台であったG7・G8がG20に取って替わりつつある。しかし、ここには、現代国際関係に伴う二つの問題が存在する。

第一に、国際関係全体における「正当性」と「実効性」のジレンマである。言葉を代えて言えば、地域主義に伴う国際社会の「需要」と「供給」のバランスが欠如しているのである。G20の重要性は、米国のオバマ前大統領自身が認めたところであるが、参加国を増やしたからといって実効性ある国際的枠組みができるかどうかは疑問である。国際協調を促すような「国際公共財」をどの国が負担するかという議論は冷戦時代よりあったが、近年この担い手が多岐にわたるようになった。しかし、GDPの増大が即座に公共財の供給へと至る国家は実際のところ少ない。アメリカ一国、またはG7・G8に対する疑念が表され、国際協調は多国間にわたることが必要だという「需要」は高まっているものの、公共財の「供給」は不十分なのである。この「国際公共財」への需給バランスが欠如しているのが、今日の特徴である。

そして第二に、それゆえに多国間フレームワークに「積極的に」参加して応分の責任を負担するよりも、「フリーライド」して、地域主義の利得だけに与ろうとする傾向が顕著となってしまう。つまり、新興国の行動は、国際社会に対して自国の意見は言わせろと要求するが、しかし自らが何らかの責任を負担する話になると、とたんに「開発途上国」と化してしまう。一般的に多国間枠組みは、①メンバー諸国の多くがフリーライドする場合、②枠組みの維持に膨大なコストがかかる場合、崩壊してしまうことが多い。中国が環境規制に甘いことや、知財品を模倣すること、公害が海外に影響しても知らん顔をすることのように、枚挙に暇がない。「公共財」を負担せず、「公共悪」を撒き散らすのも、フリーライドの典型例である。その結果、先進国と新興国との間に価値や理念を必ずしも共有していない状況が露になる。先進民主主義諸国同士よりも、国際協調が難しい所以である[2]。

下の図を見ると、対中認識の違いがよく分かる。ASEANの中でもフィリピンとベトナムとは、主に南シナ海内にある島の領有権をめぐって中国と対立しており、その結果として排他的経済水域、そして「航行の自由」までもが揺らごうとしている。しかし、この「航行の自由」に関しては、フィリピン、ベトナム両国のみならず、これまで対中姿勢に関しては比較的中立的立場を取っていたマレーシアやインドネシア、そして華人の多いシンガポールにおいても次第に警戒感が高まっている。これらの国における政

揺れるASEAN「中間派」の軸足

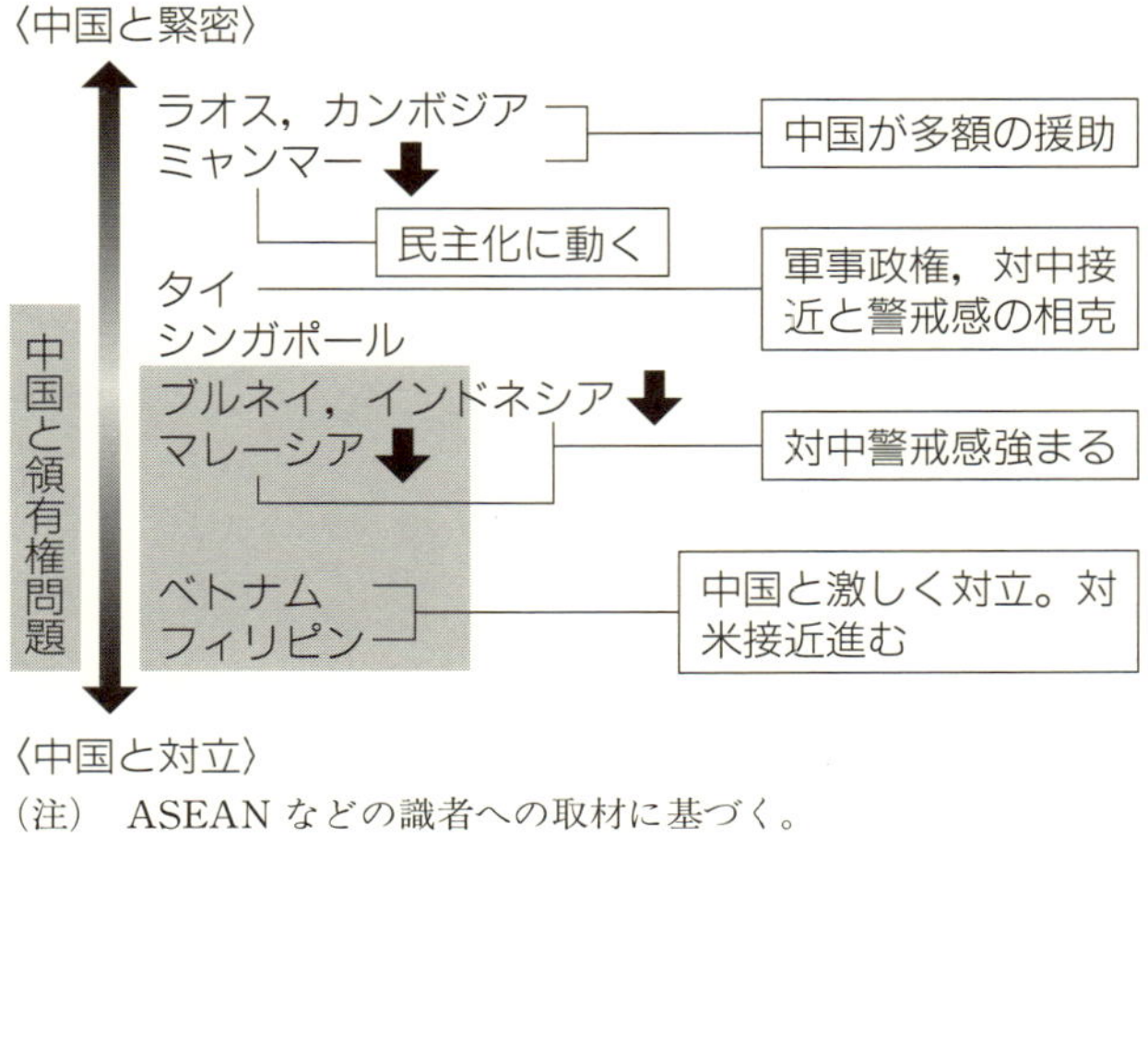

（注） ASEANなどの識者への取材に基づく。

策担当者は「南シナ海問題」をめぐって中国の「力による現状変更」をどのように見ており、今後どのような対策を取っていくのかに関して意見交換を行うなど、相当程度中国に対する警戒感が増している。

マラッカ三国であるインドネシア・マレーシア・シンガポールは、長年「南シナ海問題」に平静を装ってきた。確かにインドネシアとマレーシアは、南シナ海の領有権問題に関して当事者ではない。また、シンガポールは自らが「ＡＳＥＡＮと中国の窓口」という意識を持っていただけに、ベトナムやフィリピンのように直接的に対峙する必要もなかった。

しかし、インドネシアは、自国のナツナ諸島の排他的経済水域（ＥＥＺ）と中国の主張する九段線とが重複しており、２０１５年に生じた南沙諸島での中国による埋め立てによって、警戒感が増幅している。また、マレーシアは13年にボルネオ島サラワク州から沖に80キロしか離れていないジェームズ礁で中国が主権宣誓活動を行ってから急速に対中海洋政策を実施しないといけない状態に迫られている。事実、マレーシアは米軍への協力に乗り出し、14年末からインドネシア領内の基地を米軍に使用させており、またインドネシアも米軍との連携を強化し始め、揚陸演習を行ったりしている。

こうなると、親中・反中、また親米・反米といった単純な二項対立で現代国際政治を見ることは難しくなってきており、より複合的な視点が必要となってくる。

第3節　覇権戦争のない覇権交替

国際政治研究者は概して安全保障研究と銘打って、戦争の到来を予見することが多い。確かに戦争によって、覇権は交替してきた。第二次世界大戦を境にアメリカがリーダーシップを取るようになり、国際通貨体制にしても戦勝国が秩序を整備することによって、その戦勝国こそがもっとも大きな利益を得ることができるような体制を作り上げてきた。

一国の強大なパワーが国際関係全体を安定させるという考えは、特段新しいものではない。歴史的事実としてローマ帝国は一定期間帝国内の平和をもたらしたし、領土の広い大国を攻め込もうとする周辺国はまずもって存在しない。1980年代に入ってアメリカの学界で出てきた「覇権安定論」は、そのような覇権国の存在を主張すると同時に、当時の国際社会においてアメリカこそがリーダーに相応しいという自らの存在を正当化しようとする試みでもあった。

この「覇権安定」が「不安定」になるのは、既存の覇権国に挑戦する新たな覇権国が台頭してきた時である。1980年代のアメリカ的覇権安定論の背後には、自国アメリカに代わって覇権を握ろうとする国には、アメリカとの戦争が待っているという警告の意味も含まれていた。当然、軍事的にも強大なパワーを持っているアメリカに真正面から挑戦しようとする国など存在しなかった。

戦争は人間が作り出した社会現象であるから21世紀の今日において覇権戦争が起こり、その結果として陸上における国境線の改定を伴うよりも、明確には境界線を引きにくい海上や宇宙空間において大国同士の競争が起きやすいと考える方が理屈が通る。中国は胡錦濤時代、インドと日本とを除いて国境線に関する意見の不一致をほぼ解決させ、領土紛争を武力なしで合意にこぎつけたという点で、中国外交は自らの平和主義を宣伝することが可能となった。「平和的台頭」という言葉の裏には、大国になりつつある中国が自らの爪を隠してリベラルな言説によって理論武装化を図っていると言える。もっとも、中国の立場からは、大国とはそういうものであって、アメリカの自由や民主主義という言葉の背後にも強大な軍事力が存在しているではないかという反論も存在するだろう。

いずれにせよ、21世紀の今日においても、国際政治における覇権を求めて、そのときの覇権国と次世代の覇権国が競合することに相違はない。しかし、競合の仕方が時代とともに異なってきた。国家間の対立の源泉が伝統的な領土に見出しにくい今日、「陸」よりも「海洋」や「宇宙空間」というこれまで国境線などの「境界線」が引かれなかったところこそが、対立の源泉となっている。

第4節　国際政治の中のアジア太平洋

中国は今後もアメリカとの勢力均衡状態を目指していくこととなる。「アメーバ的拡大」というべきか、中国は抑止されなければその影響力を次第にアジア地域全体に浸透させていこうとしている。他方、アメリカはその覇権的構造から得ている利益を維持しようとして、日米安保を維持し、台湾関係法に基づいて台湾に武器を売却するという行動を取り続けている。他方で、中国のアメーバ的な拡大に対抗する手段として low politics におけるスタンダードの構築や、地域秩序の中に仲間として取り込むなど、軍事力以外による対処を行っている。

中国は現在の安保システムの構造には不満であるとしても、すぐにアメリカに対して異を唱えたりはしない。むしろ、アメリカの弟分である韓国や台湾、フィリピン、そして日本等と仲良くしながら、次第に自分たちの影響力を拡大していくことを目指している。「安定的な国際関係」のために一方でアメリカと勢力均衡を主張し、他方で東南アジア諸国に対しては現状変更のために軍事力をちらつかせる（その行使には慎重）というやり方は、今後も続いていくと思われる。

アメリカがアジア地域において優位を維持する戦略は、地域を様々な理由をつけて分断することであった。あるときは「イデオロギー」による対立が、あるときは「歴史」認識による対立が東アジアにも存在したし、またそれを意図的に惹起することによって、アメリカによるコミットメントが根拠を与えられてきたのである。冷戦が終結した現在でも、共産主義体制は残り、また過去の歴史問題がアジアの国家間協調を妨げている。アジアの域内貿易の比率が上昇したことは事実だが、それが政治的協調にまでは到達しない。

他方で、アジア諸国とアメリカとの貿易依存度もかなりの分量である。20年以上経済成長を続ける中国こそ、そのアメリカに対する貿易依存度は抜きん出ており、アメリカこそ、アジア地域での貿易利権を保持していると言ってもよい。つまり、アメリカがアジア地域を政治的に分断しておきたいのは、現在受けている経済的利得を保持し続けたいからである。

アメリカが依然として東アジアに存在する潜在的対立要因に言及するのは、もちろんそれが事実を示しているということもあるが、その結果として、アメリカがアジアにおける影響力を保持したいという誘因とも無縁ではあるまい。日中がある程度対立状況にあること、朝鮮半島に危機が存在すること等は、必然的にアメリカがアジアに留まることとの必要性を惹起する。

21世紀も10余年が経た現在、国際関係は急速に変容している。変容とは、必然的にリスクの上昇を意味する。一般的にリスクには、リスク以上の利益や機会をもたらして挑戦するに値するもの（upside risk）と、逆に自らの成功を破壊するもの（downside risk）との二種類が存在する。日本が採るべき選択肢が前者であることは、言うまでもない。しかし、「外交不在」は、リスクを取らないことによって生じるリスクである。「利益」と「リスク」とを見極める戦略が、今ほど重要な時代はない。その「リスク」を少しでも和らげるための方策として、関係各国とのネットワークが存在していることは言うまでもない。今日我々が直面しているリスクは、複雑になってきていることは間違いない。リスクは、単一の現象として発生するとは限らず、同時発生型の危険性をはらむこともある。リスクが起きると、社会のあらゆる虚弱な部分がリスクの再発を招く。

第5節 「信頼醸成」の難しさ

今日の日中関係は、国内における価値観を対外的に投射しているのであって、お互いに自らは「正しくて普遍」という発想のもとで外交を行っている。そうなると、一つ間違えば、「普遍」と「普遍」の論理が衝突することもあり得ることとなる。そうなったときに、またそうならないために、両国間の「信頼醸成(confidence building)」が構築されていなければならないというのが、冷戦時代からの紛争を抱える当事国同士の認識であった。

しかし、現在の日中関係は、冷戦時代の米ソ両国とも異なる。信頼醸成等、紛争を回避するメカニズムは「信頼できる相手とのみ行う」という言説が中国側からよく聞かれる。すなわち、紛争を回避するためのシステムの構築は、中国側に優先権が存在するという発想から出発しているため、冷戦時代の米ソ両国のように、両国間に「信頼」はないが「信頼醸成」はできるという発想とは、そもそも異なっている。ということは、現在の日中関係のように、「国内」の論理を対外的に投射している場合、両国間で「信頼醸成措置」が行われるためには、日本側が中国にとって「信頼できる国」である必要がある。特に尖閣諸島問題に関して、中国側は「尖閣の領有権問題に関して、論争があるということを認めれば、日本との話し合いに応じる」と主張することが多く、これでは日本側にとって一方的な譲歩を意味してしまう。このような信頼醸成要件に日本が乗れるはずがない。

冷戦時代のヨーロッパは、安全保障上の「鉄のカーテン」と、経済政策上の「ココム」とがほぼ同一であった。しかし、アジア太平洋地域の国際関係は、「安全保障」に従事する当事者と、「経済相互依存」を深化させている当事者とに違いがあり、後者には日中関係がその典型であり、両国の政治体制の違いもあって、これらの「安全保障システム」と「経済システム」との間には常に緊張関係が存在した。

安全保障システムに関しては、アメリカによる圧倒的な軍事力がアジア太平洋地域の島国同士の秩序を維持させていた。そのアメリカを中心として放射線状に伸びる二国間同盟の中に日本や韓国、台湾、フィリピンといった国々は存在し、共産主義国であった北朝鮮や中国はその枠外にあり、「封じ込め」の対象となった。冷戦が終結して20年以上経った現在でも、このアメリカによる圧倒的な「覇権」による秩序構造は変わらない。アメリカは太平洋艦隊を展開させ、同盟国には駐留し、「航行の自由」原則の下に東シナ海・南シナ海で軍事力を誇示している。

他方、アジアには国家間の「公式」な外交関係とは別次元の「非公式」な経済的相互依存関係が、すでに冷戦時代から存在していた。日中の貿易関係がその代表である。冷戦時代における対共産圏貿易は対ソよりも対中の方が厳しかったが（チャイナ・デファレンシャル）、こと日本に関しては対中貿易を民間貿易として展開させていった。アメリカの研究者には、これを「日本方式」と呼ぶ者もいたくらいである[3]。冷戦が終結する頃からこの「非公式」関係は、中国の改革開放政策の広がりとも相俟って、安い労働力を使用して直接投資を行おうとする外国資本を多数呼び寄せ、中国は「世界の成長センター」としてのアジア地域の中心的存在となった。それとともに中国自体も経済相互依存状況を利用することによってさらなる経済成長を遂げていった。21世紀に入ってからの10年でアメリカから中国への貿易は5倍以上に伸び、事実中国のGDPも胡錦濤時代の10年で4倍以上大きくなっている。

その結果、元来存在していた「安全保障システム」と「経済システム」との間に「誤認」が生じるようになった。すなわち、中国が経済成長してアジア経済、及び国際経済の欠かせない大国として発達すればするほど、「中国の台頭」が憂慮をもって見られるということである。事実、中国の経済成長率をはるかに超える割合で中国政府の軍事費は増大しており、その秘密主義とも相俟って否定的な憶測がアメリカとその同盟国間で様々に飛んでいる。一方中国の立場に立てば、確かに軍事費の増大は事実であるが、それ以上の割合で教育予算や社会保障予算が拡大しており、経済成長する国家としては特段に軍事費だけが拡大しているわけではないという認識となる。

この中国の立場としては「普通の国家」としての成長が、むしろ「脅威」として見られるのは、「台頭した中国」がアジア地域で、さらには国際政治全体においてどのような役割を果たすのか、将来像が不明なところからも来ている。アメリカを中心とする「安全保障システム」の傘下にある諸国も、経済的には中国との間で多額の貿易を行いながらも、依然として中国の「軍事大国化」に懸念を表明するのは、中国が入っている「経済システム」と、アメリカを中心とする「安全保障システム」との間にミスマッチが存在するからであり、それぞれのシステムに入っている当事国、参加形態、政策決定方式は異なっている。「隣の家のセキュリティシステムは分からないが、どんどん大きくなっている。金回りだけは良さそうだ」というイメージが、日本を始めとするアメリカの同盟国の背景に存在しているのである。

その結果、経済力の拡大とともに自国に自信をもつようになった中国が、ときに自信過剰になることは否めない。「自分は正しく、相手が間違っている」という自己中心主義的な感情である。いや、より正確に言うと、経済力が小さかった頃に中国が自国に自信を持っていなかったわけではない。中間地帯論、途上国のリーダー、アジア・アフリカ会議等、自国の国際社会におけるプレゼンスを高めるために様々なアイデアを拠出してきた。

それが経済的台頭に伴って、単なる理屈でなく実力で他国に国益を強制するようになってきた。東南アジア諸国を公式の場で「小国」と呼んでみたりする。南シナ海に九段線を引いてみて、その領域内は中国の海域であると主張する。実際のところ、九段線内の海域の領有権を主張しているのか、九段線内に存在する島の領有権を主張しているのか定かでないところもあるが、前者なら15世紀から16世紀初めのトリデシリャス条約・サラゴサ条約以来の海域領有権の主張ということになるし、後者なら領有権に伴う排他的経済水域が国連海洋法で認められた範囲内での権益を主張しているかどうかが問題となる。いずれにしても、国連海洋法条約には明記されていない権限の行使となり、中国自身が独自の論理で海洋法の解釈を行っていることになる。

第6節　国際関係におけるパワーの集中と分散

通常、国際関係に「進歩」や「発展」という用語は用いない。国内の政治においては「進歩」することは「民主主義」の発展であると考えられているが、国際関係のように絶対的な政府を持たない分権構造においては「世界的な民主主義」などというものはあり得ない。

一般的な国内政治におけるアナロジーから考えてみる。「政治発展」とは、特定の権力者の胸先三寸で政治決定が下される「王政」から、大勢の民衆による物事が決められる「民主政」への移行のことを指す。しかも、物事を決める際に反対勢力を軍事力や警察権力によって潰さないことが前提となる。民主主義が

「頭を割る」行為から「頭を数える」行為へと変わることだと主張される所以がここにある。

この状況を「権力」のあり方から考え直してみると、次のことが分かる。「王政」とは文字通り国王に権力が集中している状況を表すから、「権力のある」国王と、「権力のない」その他の人々という構図になる。イギリスが議会と国王の間で権力を分割したのが民主主義の始まりとされているが、司法権も入れて三権分立となると権力は三つに分割されていることとなる。国の政治に誰が参加するかという点になると、当初は選挙権と国税納付額との間に相関関係があって、国政にいくら以上貢献した人だけに選挙権が与えられていた。その「いくら以上」が次第に下がってきて、最終的にある一定年齢以上の国民（最初は男子のみ）に選挙権が与えられるようになって、普通選挙が確立するようになる。となると、権力はさらに分割され、政治指導者も一般国民もすべてが政治におけるアクターと化していくのが「民主政」となる。つまり、「政治発展」とは、一箇所に固まっていた政治権力がどんどん分割されていく過程のことを意味する。

国際政治はどうか。国際政治においても、パワーを分割するやり方は存在する（国際政治の場合、パワーを「権力」と訳すのは、その分権的構造から考えて、明らかに不適切である）。国際政治全体を安定させるために、同程度のパワーを持った国家が均衡状態にあることが国際関係に安定をもたらすという「勢力均衡（balance of power）」という考え方が存在する。つまり、国内政治における「三権分立」という考え方は、国際政治流に述べれば「勢力均衡」なのである。

しかし、国際政治の場合、勢力均衡が達成されればそれで世界が平和になるかという問題になると、答えは簡単ではない。近代国際政治の始まりは17世紀半ばのウェストファリア体制にあると言われているが、確かにその時期の国際関係は多極構造(multipolar)であり、勢力均衡が国際秩序を維持するための手段であった。しかし、「勢力均衡」によって維持されている「均衡状態」は決して静態的ではなく、常に新しくパワーを持った国家が「均衡状態」を壊そうとして戦争を起こす可能性がある。

また、そもそも「勢力均衡」が本当に平和をもたらすかと言う議論もある。同じようなパワーを持った国家同士の場合、常に前述した不均衡状態に向けての闘争が起きている可能性がある。ならば、パックス・ロマーナのように、圧倒的に強い国家が覇権国として国際関係の秩序を作成する側になれば、残りの国家はその圧倒的に強い覇権国に対して挑戦などしない。そして覇権国が慕われるように周辺国家に安全や経済的利得（つまり、国際公共財）を提供すれば、国際関係は安定した戦争の起きない状況となる。かつての東アジアの華夷秩序のように周辺国は国際公共財の恩恵に与っている限り、そのシステム全体は安定したものとなるという話である。

アジア太平洋地域の場合、この旧華夷秩序とは異なる形であるが、第二次世界大戦後今日までアメリカによる圧倒的優位のもとでアジア地域全体に「安定」がもたらされて来た。いや、その「安定」は極めて崩れやすい状況にあったと言って良い。実際、世界的には「冷戦」であるかもしれないが、アジアの場合イデオロギー対立が原因で「冷戦」でなく、「熱戦」が起こり、実際に多くの人命が戦争で失われている。では、その戦争があったからアメリカをブロック・リーダーとする自由主義陣営が一致団結していたかというと、まったくそうではない。冷戦の最中においても、アジアに残る歴史問題や戦争責任論は止むことはなく、冷戦が終わって何十年も経った今日でもアジアの政府間関係は「不信」で満ち溢れている。世界的な戦争などなくなったと一方で言われながら、中国と日本は世界第二位、第三位の経済大国である。これらが居住者のいない小さな島々の領有権をめぐって日々小競り合いを続けている。「安全」や「安定」とは程遠い状況が、中国の「力による現状変更」によって明らかになっている。もっとも、中国にとってみれば、もともと自分の領域であったものを再度主張したままでということに過ぎないのだろう。自国の劣等感とも相俟って「力による現状変更」自体が、その認識を当事者間で不明確にしている。

第7節　むすびにかえて―「ファースト」の世界

以上のような「富の平準化（の失敗）」、その結果として起こる「パワー・トランジション」、そして各国中央銀行が行う異次元金融緩和政策による「過剰流動性」、それに「中国の台頭」が一緒になった結果、現代国際政治でよく聴く言葉は「○○ファースト」である。トランプ大統領のAmerica Firstは言うに及ばず、プーチンのロシアも、総選挙の近いヨーロッパ各国も選挙を前にして○○ファーストと強調している。そして日本も自国の経済を復興させ、Japan is backと自らの成果を強調している。この○○ファーストの結果、どのような国際政治構造が生まれるのか、21世紀も20年近くを経過しようとする今日、一方で生じるグローバル化、他方でそれを引き戻す○○ファーストとの間で揺れ動いている。[4]

そもそも、通常の生活で殺人は犯罪であるが、戦争になるとそれは逆に名誉と称えられる。歴史的なこの事実から、安全保障というと人を殺すことを正当化している、また一部の軍人や軍事関連産業のための学問だと、批判されてきた。

しかし、ともすれば自然科学の研究など、人類全体の役に立つのか、一部の利害関係者のためだけに役立つのか、その境界線は際どい。科学者が軍事研究に携わらないことを宣言することはよくあるが、その意味するところは特定の軍事や軍事関連産業のために自分の研究成果が用いられないようにするためであり、その意味で科学者も自己利益のために研究成果を利権化しないようにする倫理観が必要とされている。

これと同様のことは、安全保障研究にとっても言える。「危機管理」と一般的に言うが、その「危機」とは自然災害から人災まで多岐にわたる。しかし、どんな台風や地震も、そこに人が住んでいなければ「災害」になることはない。自然災害は「仕方ない」と言われるが、人々が住んでいるインフラや交通網が脆弱で初めてそれは「災害」となる。つまり、「自然災害」が「災害」たる理由の大体は、自然でなく、人間が原因なのである。

この「人災」の最たるものが戦争である。「大東亜共栄圏」「民主主義の戦い」といったリベラルなスローガンを掲げているが、その中身は敵国の兵士はおろか、民間人までをも殺戮する行為である。戦争が正当化されるとき、安全保障研究は一部の軍関係者の利益にだけ直結する危険なものとなりかねない。このような状況では、安全保障研究が「学術研究」として成り立つわけがない。

他方、人間は「平和を達成するためのコスト」にも敏感でなければならない。国際関係が複数の主権国家で構成されている以上、隣の国は何をしているのか、何を考えているのか分からない。自国の武力を放棄して戦争はしませんと言ったところで、隣国も武器を放棄してくれる保証などどこにもないし、隣国自体が戦争をしませんと言っている自国のことを信じてくれるかどうかも分からない。国際関係が「分権構造」である以上、相手国が考えていることは百パーセント分かるわけではない。だから、「騙されないようにする」ためにも、自国民を守ることは安全保障研究にとって重要なことである。

ここで強調したいことは、次の二点である。第一に、戦争とは「国家権力」と「国家権力」とのぶつかり合いであって、個人同士が行う喧嘩とは異なる。個人同士の喧嘩であれば、当事者同士に何らかの喧嘩の原因が存在し、それに対し責任が生じることになる。しかし、国家と国家との戦争は、国家内部の「政府」と「個人」という、もう一つ別のベクトルが存在している。それだけに、通常の人々が巻き込まれなくてもいい紛争に巻き込まれ、死ななくていい人が殺されてしまう。

第二には、人間の歴史は「戦争の歴史」であるとともに、「やらなくていい戦争をやらないように努力してきた歴史」である。もちろん、戦争を避けようとして実際に戦争に突入して行った歴史も多々存在する。しかし、国家と国家との権力のぶつかり合いにおいては、近代国家になるほど「国民」の戦争への動員が必要不可欠となり、それだけにある国の「国民」であったことによって命を絶たれるということが起こってしまうことになった。福祉国家の登場は、20世紀における「全体戦争（total war）」の登場とともに明らかになっていたものであって、それだけに一度起こった紛争を管理する「危機管理」システムが発達していった。

今日では当たり前となっている国境線の画定、常備軍の準備（中世ヨーロッパでは傭兵が普通であった）、宣戦布告の制度といった事柄は、「やらなくていい戦争をやらない」ための制度でもある。そもそも中世ヨーロッパには「正戦論」というものがあり、戦争には正しい戦争と不当な戦争があり、正当な理由のある戦争はやってもよいが、不当な理由づけによる武力発動は一切行ってはいけない。そこには①戦争の目的が理にかなっているか（jus ad bellum）、②戦争を行うにあたっての手段が正当であるか（jus in bello）という二つの基準が存在した。後者に関して、例えば一方の国の軍人が戦闘で怪我をしたにもかかわらず、さらに追い討ちをかけて攻撃したり、制服軍人ではない民間人を殺傷したりするのは、大量殺戮を誘発しかねないことから、戦争遂行の方法としては正当ではないと見なされてきた。

このような考え方によって、やらなくても良い戦争はすべて排除しようとしたが、当時、その戦争が正しいか、不当であるかを判断したのは教会であり、ローマ・カトリックの法王であった。当時は教会権力と世俗権力が並存しており、それぞれが封建制度の中で封土を所有していた。教会の司祭は絶対的な権力を持っており、戦争の正義・不正について判定を下したが、教会が起こした戦争は必然的にすべて正当とされ、その結果として起きたのが宗教戦争である。そのような経緯から考えても、戦争を正当、不当に分けて論議するのは、判断する主体が絶対的権力をもっていないと実効が伴わないし、その判断自体が何に照らして正・不正なのかが判断できない。また、戦争の正義とは別問題として、当時は国家と国家との間に明確な境界線（国境）は存在しておらず、それも戦争を引き起こす一因となっていた。

今日の中国外交は、言説はソフトだが、その行動様式はかなり「韜光養晦」や「平和的台頭」とはかけ離れるようになってきた。特にトランプ政権の誕生によって、習近平の言説が「グローバル中国」を強調する方向にシフトしつつある。

中国はすでにグローバルな視野でものを考えている。米国との新型大国間関係はもとより、第三世界の盟主という立場は変わっていないから、独自の判断でＡＩＩＢ、一帯一路といったユニークな発想を国際社会に投げかけている。発想が個別利益に関するものと言うよりは、国際秩序が今後どうあるべきかに関して中国独自の発想で、ある程度の反対も受けながら、同時に賛同も受けている。

国際秩序像は一見リベラルな言説が多いが、歴史的に見れば必ずしもそうでないことが分かる。本当に「覇権戦争なき」リーダーシップが現れるようになるためには、ソフトでリベラルな言説の背後にあるリアリズムに対して常に準備を怠らぬことである。しかし、「倫理」のみで社会現象としての戦争を防止できるほど人間の心は強くない。「やらなくていい戦争はやらない」ような「制度」構築も必要であり、その意味でどのような政治体制を有しているかが重要となる。また、それを複数の国家間で「国際協調」することも欠かせない。このような「倫理」「制度」「国際協調」の三つが揃ってこそ、目的と手段がひっくり返らない安全保障研究が可能であり、そのためにも研究者同士の連帯が「制度」を構築し、国境を越えた共同研究が「国際協調」を創り出すのである。

注および参考文献

1　スーザン・ストレンジ『カジノ資本主義』岩波書店、１９９８年。この本の中には、すでに20年以上前の段階で、それまでの商品経済に基づく国際相互依存がマネーの相互依存によっていっそう複雑化し、経済上の格差が国単位でなく、国際社会全体で二極分化することが主張されている。実際、過剰流動性が当たり前となった今日、20年前に書かれたこの本の通りに国際マーケットは動いていると言える。

2　David A. Lake, Entangling Relations : American Foreign Policy in Its Century (Princeton : Princeton Univercity Press, 1999).

3　平川幸子『「二つの中国」と日本方式』勁草書房、２０１２年によれば、彼女のアメリカ留学時代、Alan Wachmanをはじめとする中国研究者の授業の中で、この日本方式（Japanese Forumula）という用語は言及されていたし、キッシンジャー、鄧小平、宋美齢によってもこの用語は使われたと言う。平川著書、第一章、またあとがき。

4　面白いことに、オバマ前アメリカ大統領はnationと呼び、トランプ新大統領はcountryと言うことが多い。国家を構成員の観点から見るのか、場所的概念から見るのかによって、政治指導者の強調点の違いが見える。

第2章 オバマ政権のリバランスの功罪

第1節 リバランスの考え方

Ｇ・Ｗ・ブッシュ政権はアジア太平洋地域への戦略的関与を深める決定を下してそれを実行に移し[1]、オバマ政権は前政権の主な政策路線を踏襲しながら、２０１１年11月に「ピボット」ないし「リバランス」と銘打ってそれを発展させた。冷戦終結後も米国がアジア太平洋地域への関与を深める戦略を採用しているのには、いくつかの理由がある。第一に、この地域が飛躍的な経済成長を遂げたため、米国としては、アジア太平洋全域から経済活力を取り込みたいという思惑がある。第二に、この地域でパワーシフトが急速に進行し、そこから安全保障競争が激化するなどのリスクが生じているため、米国としては、そうした安全保障競争をなるべく緩和し、アジア太平洋地域が成長軌道から外れないように、安全を供給したいとの考えがあるとみられる。第三に、様々な地域制度が存在しながらも、異なる政治体制の国々がひしめき合い、規範やルールが必ずしも域内で十分に共有されていないため、米国には、冷戦期以来推進してきたリベラル国際秩序を構成する様々な規範をアジア太平洋でも普及させ、予測可能性の高い地域秩序を築きたいという狙いもあるようだ[2]。

つまり米国は、政治体制も経済発展の度合いも異なる諸国家間でパワーシフトが進行するアジア太平洋地域において、安全を供給し、ルールに依拠した地域秩序を醸成することによって、この地域から安定的に経済活力を取り込もうとしているのである。米国は、アジア太平洋地域の安定と統合にこそ戦略的な利益を見出しており、地域の分断は回避すべきだと考えているとみていい。

地域のパワーバランスが保たれることによって、力による現状変更行動が抑止され、開放的な秩序を保障するルールが域内に広く浸透し、域内諸国が米国と活発な経済関係を取り結ぶことは、日本の平和と繁栄にとっても好ましい環境であることは間違いない。安倍政権は積極的平和主義という看板の下で、日本が地域及びグローバルなレベルで平和を国際協調に基づいて支えるための取り組みを精力的に展開し、法の支配を基盤とした国際秩序の形成を進めようとしてきた。アジア太平洋地域で日米が追求している戦略的な利益は合致してきたと言えよう。

しかしながら、リバランスには限界があったのもまた事実である。そこで本章では、主としてアジア太平洋地域におけるオバマ政権の軍事的・外交的アプローチを振り返りながら、リバランスの安全保障面における特徴を明らかにする。その上で、リバランスのアプローチに付きまとっていた限界やその背景要因を指摘することにしたい。

第2節　アジア太平洋地域における安全保障アプローチの特徴

アジア太平洋地域では、中国は国力増強のイメージを背景に、準軍事的な手段を用いて領域的現状を一方的に変更するという形で安全保障上の利益を再分配しようとしており、また北朝鮮は核武装に邁進しながら、制裁解除と核保有国としての地位獲得を目指している。こうした情勢の中で日米がアジア太平洋地域で直面する最大の戦略的課題は、リベラル国際秩序をいかに推進・普及しつつ、様々な利益を獲得・拡大しながら台頭する中国や核武装を目指す北朝鮮にどう向き合っていくかということであろう。

オバマ政権がこれまでアジア太平洋地域で展開してきた安全保障アプローチは、アジアにおける米国の利益を追求する上で理に適うものであり、ワシントンで超党派の合意を得てきたと言われる。オバマ政権期の安全保障面での取り組みを振り返ると、次の二つの特徴が浮かび上がってくる。第一に、オバマ政権は通常戦力を主体とした軍事的プレゼンスを北東アジアのみならず、東南アジア方面にも拡大することによって一般的抑止を確保してきた。第二に、米中関係の多元性を反映して、オバマ政権は威嚇に基づいた即時的抑止アプローチは避け、主として安心供与に基礎を置いたアプローチを追求してきた。最近では、中国によるスカーボロ礁の埋め立てを牽制するために、即時的抑止を目指す対応も見られるようになってきたが、威嚇による中国の牽制は例外であろう。ここではまず上記に挙げた、アジア太平洋地域におけるオバマ政権の安全保障アプローチの特徴を二つ指摘したい。

(1) 軍事的アプローチ―通常戦力の重点配備による一般的抑止

米国がアジア太平洋地域で直面する戦略上のリスクは、中国が開発・整備してきた「接近阻止・領域拒否(Anti-Access/Area Denial―A2/AD)」と呼ばれる軍事的能力(サイバー、宇宙、電子戦、各種海軍力、長距離ミサイル、対艦ミサイル、ステルス戦闘機、C4ISR能力などの総称)のもたらす政治的リスクと軍事的リスクとして理解できる。

中国のA2/AD能力が平時にもたらす政治的リスクとは、中国が経済力のみならず、軍事力も増強させることによって、その潜在的な威嚇力が増し、アジア太平洋諸国が中国の要求に屈服しやすい状況が生じることを指す。これは国家間の関係がルールに定められた権利・義務関係によって規定されるのではなく、力によって決せられるような世界が出現することを意味し、米国の標榜するルールに依拠した地域秩序というヴィジョンとは相容れない事態を招く重大なリスクとなっている。もちろん航行・飛行の自由という、米国にとって極めて重要な権利が侵害されかねないとの懸念もある。

また、中国のＡ２／ＡＤ能力が有事にもたらす軍事的リスクとは、米国の一般的な抑止力(general deterrence)を支えていた米軍部隊が、Ａ２／ＡＤの射程圏内に収められ、脆弱性を増している状況を指す。米国がアフガニスタンとイラクに武力介入し、反乱鎮圧や対テロ作戦を中核に据えた戦力を構築してきたが、この間に兵器近代化を進めてきた中国やロシアは、欧州やアジア太平洋地域で米軍部隊を効果的に攻撃できる能力を手に入れている。その結果、米軍の報復能力は依然として高いものの、その効果が相対的に減殺されるというリスクが生じている[3]。

オバマ政権は、これらのリスクを克服することによって抑止力を担保しようとしており、アジア太平洋地域においては、次のような取り組みを進めてきた。

第一に、オバマ政権はアジア太平洋地域における軍事プレゼンスを拡充させてきた。米軍は海軍・空軍の部隊をローテーション配備する拠点を東南アジアやオーストラリアで広げ、軍事的プレゼンスを軽量化させながら拡充する取り組みを進めてきた。２０１１年11月にオバマ大統領がオーストラリアを訪問してリバランスを発表した際、同国のダーウィンに海兵隊部隊をローテーション配備する方針を明らかにし、クリントン国務長官（当時）もシンガポールに沿海域戦闘艦（ＬＣＳ）をローテーション配備する方針を明らかにした[4]。その後14年5月に、米国はフィリピンと防衛協力強化協定(ＥＤＣＡ)を締結し、米海兵隊部隊がフィリピン国内の基地にやはりローテーション配備されることになった[5]。また、単に米軍部隊をローテーション配備するのみならず、各国との合同軍事演習や訓練を活発化させて、同盟国や提携国の軍隊との連携能力の向上に努めてきた。

第二に、米軍部隊を有事、特に通常戦の際に効果的に運用するための作戦概念が活発に模索されてきた。先に触れた中国のA２／AD能力を打破するためには、米軍部隊を巧みに運用することが必要となる。そこで米軍は、２０１２年１月に、「統合作戦上のアクセスに関する概念（Joint Operational Access Concept）」を発表して、陸・海・空・宇宙・サイバー空間の中から状況に応じていくつかの次元で優位を確保し、もって他の次元での脆弱性を相殺するという、「ドメイン横断的な相乗効果(cross-domain synergy)」を駆使することがA２／AD環境においては肝要とする考え方を披露し、そのために30種類の任務遂行能力を強化し、米軍内の統合度を増す取り組みを進めてきた[6]。また、このJOACの下位概念として位置づけられている「エアシーバトル（AirSea Battle）」概念は、すべての次元（海、空、陸、宇宙、サイバー空間）にまたがる次元横断的な作戦を実施し、ネットワーク化された統合軍が深部攻撃(Networked, Integrated Attack-in-Depth）を行うことによって、必要な場所で敵のA２／AD能力を撹乱（disrupt)、破壊（destroy)、打倒（defeat）するというものである（NIA／D３）[7]。その後、15年１月に四軍の責任者が了解覚書を取り交わし、ASBを「JAM-GC（Joint Concept for Access and Maneuver in the Global Commons)」へ改称して発展的に更新する作業が進められた。各軍では、A２／AD能力に対抗するための戦術や作戦概念を、ウォーゲームを通じて模索する動きが活発化している[8]。

第三に、アジア太平洋地域への米軍部隊の重点配備と最新鋭兵器の優先配備が進められ、新たな軍事的能力の開発にも取り組んできた。米国防省は、在外米軍の主要な部分をアジア太平洋地域に重点配備する方針を持っている。２０１２年６月にパネッタ国防長官（当時）は、20年までに海軍部隊の約６割を太平洋地域に配備する方針を表明し、後任のヘーゲル国防長官（当時）やワーク国防副長官もこの方針が維持されていることを確認してきた[9]。米軍はF―22やF―35、P―8偵察機、E―2D早期警戒管制機、ズムウォルト級駆逐艦といった米軍の最新鋭兵器のアジア太平洋地域配備を進めてきた。また、16年夏にはグアムのアンダーセン基地にB―2、B―1、B―52爆撃機が同時配備され、19年までに南太平洋に海兵遠征隊（Marine Expeditionary Unit）と海軍の水陸両用即応群（Amphibious Ready Group）を追加配備する計画も報じられた[10]。

さらに、国防省は前記の作戦概念で必要となる戦力や、中国との長期的な戦略的競争で必要となる新たな戦力も開発しようとしている。ヘーゲル国防長官（当時）は２０１４年11月に、国防革新イニシアティヴ（Defense Innovation Initiative）なる取り組みを通じて第三次オフセット戦略を追求する方針を発表した。これらの取り組みは、米軍が既存の兵器を革新的な方法で運用したり、先端技術を兵器化し、技術とシステムと作戦概念を三位一体として新たな軍事的能力を創出することによって米国の軍事的優位を確保し、もって大国間の通常戦を抑止することを目指すものである[11]。カーター国防長官（当時）は、国防省の戦略的能力室（Strategic Capabilities Office）や長期研究開発計画（Long Range Research and Development Program）を活用して、無人潜水艇やB―21長距離爆撃機、新型ヴァージニア級潜水艦、さらにはサイバー戦、電子戦、宇宙戦のための新たな軍事的能力を開発したり、既存の兵器を新たな方法で運用する取り組みを進めたりして、米軍の抑止力を高めていると説明した[12]。

以上のように、米国は中国によるＡ２／ＡＤ能力の増強に対応すべく、通常戦力のプレゼンス、能力、運用の面での取り組みを強化して、軍事的関与を深めてきた。国防予算が削減される傾向にあっても、アジア太平洋地域の主たる安全保障供給国としての役割を果たす意欲は、少なくとも国防エスタブリッシュメントの間では従来以上に強まったと言えよう。

（2）外交的アプローチ—安心供与の重視

アジア太平洋地域において米国が圧倒的な軍事的優位を維持している事実は、現状変更を図ろうとする中国を、準軍事的な手段を用いた一方的行動へと向かわせることになった。そうした中でオバマ政権は中国に対して、①報復対象行為を事前に特定し、報復措置を具体的に示すことによって、問題行動を牽制する即時的抑止の直接的アプローチを避け、②むしろ中国が問題行動を起こしたのを受けて、事後的に米国の同盟国・提携国に対して各種の安心供与策を講じるという間接的なアプローチをとってきた。

オバマ政権が、安心供与を基調とするアプローチをとったのは、①アジア太平洋地域において中国が台頭を遂げ、その結果中国と周辺国との間で安全保障競争が激化するリスクをできるだけ緩和させたいとの地政学的な思惑があり、②米国が米中関係を制度化し、中国に安心を供与すれば、米中関係が安定する、あるいは中国の行動が穏健化するとの前提を当初とっていて、③抑止アプローチをとれば米中間の緊張が際立ち、中国との経済関係を維持したい東南アジア諸国が米国との安全保障協力を躊躇するとの判断があったからだと考えられる。

もし米国の同盟国と中国との間で武力紛争が発生すれば、米国は同盟条約上の義務に基づいて同盟国を支援することになる。しかし、その結果、米中関係は大いに軋み、米国が中国との経済的・社会的交流から得ている利益も大きく損なわれかねない。他方、米国と同盟関係にない国が中国との武力紛争に至った場合でも、米国はいかなる対応を取るべきか難しい判断を迫られることになる。したがって、中国が米国に対して抱く不安や、中国とその周辺国が互いに抱く不安を緩和し、中国との武力紛争が発生するリスクをできるだけ抑えることが米国にとっての戦略的課題だと政権内で考えられていた可能性がある。

また、オバマ政権が、あらかじめ報復対象行為を具体的に明示することにより、米国の報復意図を宣言するなどして、威嚇に基づく即時的抑止のアプローチをとっていたとすれば、中国はそれを封じ込めだと理解して反発し、紛争のリスクが高まってしまう。のみならず、中国と緊密な経済関係を取り結んでいる東南アジア諸国は、対中強硬姿勢をとる米国の政権と安全保障協力を強化すれば、中国政府の逆鱗に触れ、中国市場から締め出されることを怖れて、米国との関係強化に消極的な姿勢をとるとの推定も政権内に存在していた可能性がある。

① 二重の安心供与（Dual Reassurance）アプローチ

オバマ政権は、前記のような考えの下で、「二重の安心供与」とでも言うべきアプローチをとった。すなわち、中国に対しては、「国際ルールを遵守する限りにおいて、米国は平和的で繁栄する中国の台頭を歓迎する」という基本的な立場を表明して、対中封じ込めの意図を否定するとともに、米中戦略・経済対話（S＆ED）なる政策協議メカニズムに膨大なコストと労力を費やして、米中間で多分野にわたる政策協調の活性化を真剣に模索したいとのシグナルを中国に送り続けた。米国の対中政策が、中国の封じ込めを意図したものではなかったのは間違いない。

一方、米国の同盟国や提携国に対しては、米国は中国との関係改善を求めながら、各種の防衛・安保協力を拡充し、緊迫した事態が生じると、緊張を招くような行為の自制を求めてきた。そこに込められていた米国の同盟国・提携国に対する暗黙のメッセージは、「中国を挑発しない限りにおいて、米国は同盟国・提携国の利益を守る」というものであった。

米国がアフガニスタンとイラクから兵力の撤退を進め、連邦議会が2011年8月に予算管理法を可決して、米国が緊縮財政路線に傾斜する動向が鮮明になると、東アジア諸国は米国が内向きになるのではないかとの不安を抱いた。リバランスの発表は、こうした不安を取り払い、米国がむしろ従来以上に活発にアジア太平洋地域に関与していく戦略的意図を表明するためのものだった。中国が、米国とその同盟国に封じ込められるという怖れを抱かず、米国の同盟国・提携国も、中国の台頭を怖れないとすれば、アジア太平洋地域での安全保障競争はさほど激化しないはずであった。

ところが、中国はリバランスに対して疑念を示した。このためオバマ政権は当初、そうした中国の懸念を払拭しようとした。オバマ政権は、2013年に中国が提唱した「新型の大国関係」に前向きな姿勢をとったり、リバランスの説明から軍事的な要素を抜き去ったりするなどして、中国に安心を供与しようとした。しかし、安全保障上の利益を一方的に拡大しようと目論んでいた中国は、行動を穏健化させるどころか、むしろ現状変更行動を活発化させた。中国は、スカーボロ礁でフィリピンと対峙したり、東シナ海で防空識別圏（ＡＤＩＺ）を設定したり、ベトナム沖で石油掘削を行ったり、南シナ海で人工島の造成に邁進したのである。

② 同盟国・提携国重視の安心供与アプローチへの傾斜

中国がこうした問題行動を重ねるのに対応して、オバマ政権は同盟国・提携国への安心供与策を強化し、中国への安心供与を若干後退させた。米国政府は2014年1月頃から南シナ海における中国のいわゆる九段線には国際法上の根拠はないと批判し始めたほか[13]、オバマ大統領は日米安保条約第5条が尖閣諸島にも適用されると公言し[14]、フィリピンとは防衛協力強化協定（ＥＤＣＡ）を締結、海洋安全保障イニシアティヴ（ＭＳＩ）なる能力構築支援のための資金援助プログラムも創設して[15]、日米防衛協力の指針を改定し[16]、ベトナムへの武器禁輸を全面解除する[17]などして、同盟国・提携国への安心供与策を強化した。他方、中国に対しては、米国は「新型の大国関係」なる用語に一切言及しなくなり、米海軍は南シナ海で航行の自由作戦を実施し[18]、国防省のウェブサイトにはリバランス専用のページ[19]を設けるなどして、従来よりも厳しい対応をとった。

これら一連の対応策の最大の特徴は、航行の自由作戦とスカーボロ礁での警戒・監視活動を例外として、ほとんどのものが間接的アプローチに立ったものということであろう。つまり、米国は中国の問題行動に対して、水面下でも厳しい外交上の抗議を行ってきたとも言われる。しかし、中国の行動を牽制するための対応策は、中国の原因行為に対して直接的なコストやリスクを課すものではなく、米国の軍事プレゼンスの全般的な拡散と、米国の同盟国・提携国の能力強化など、中国に間接的にコストを課すものであった。しかもこれらの間接的アプローチに基づく諸施策は、中国を名指しせずに、五月雨式に発表・実施されてきた。例えば、２０１６年５月に米国がベトナムへの武器禁輸を全面解除した際にも、オバマ大統領は記者会見において、この措置は中国を念頭に置いたものではないと説明した[20]。

第3節　リバランスの限界

（1）　準軍事レベルでの中国に対する抑止の失敗

オバマ政権のアジア太平洋での安全保障アプローチは、通常戦力による現状変更、すなわち伝統的な侵略行為を抑止してきた。しかし、その一方で、「サラミ・スライシング」なる俗称で知られる、中国の漸進的な既成事実化戦術による現状変更行動を思い留まらせるまでには至らなかった。オバマ政権は、中国の既成事実化戦術に対して、即時的抑止に基づく直接的アプローチを取れずに、事後的に同盟国・提携国に安心供与策を講じるという間接的なアプローチを取ってきた。航行の自由作戦やスカーボロ礁における警戒・監視活動は、オバマ政権が例外的に承認した米軍による直接的アプローチの数少ない例であろう。

ではなぜ、オバマ政権は中国の問題行動に対して直接的な対抗措置を講じることを忌避したのだろうか。

第一に、オバマ政権は、大統領が重視する対外政策アジェンダを前進させるためには中国の協力が必要と考えてきたため、もし米国が中国に対抗措置を講じれば中国が報復して、米中関係が厳しい対立関係に陥り、両国間の協調案件の進展が阻害されることを懸念した可能性がある。オバマ大統領は、気候変動や核不拡散の前進、アフガニスタンの安定、グローバル経済の管理といった課題を重視しており、大統領とその側近らは、これら諸問題の解決へ向けた取り組みにおいて中国が果たす役割は小さくないと認識していたとみられる。他方、西太平洋地域では、中国が他国のEEZ内で天然資源を奪取したり、人工島を造成するなどして現状変更を進めている。こうした状況の中で、米国が懲罰的な対抗措置をとり、それに中国が反発すれば、少なくとも二つの影響が出る可能性があった。まず中国がオバマ大統領の重視する政策課題への協力を拒否し、各種のイニシアティヴが滞るかもしれない。また、サイバーなどの新分野における国際ルールを策定するための交渉が中断されるかもしれない。こうした可能性が生起すれば、米中協調案件の進展が阻まれかねないので、中国が協力を拒むほどの反発を招くような対抗措置は避けようとしたと考えられる。

第二に、米国が中国への直接的な対抗措置を講じる意義について、政権内で意見が分かれ、コンセンサスが形成されていなかった可能性もある。一方では、もし米国が中国に対抗措置を講じれば、前記のような悪影響が出るものの、中国はおそらく行動を改めないので、米国による対抗措置は、単に米中関係を緊張させるだけで、事態の改善につながらないという見方がある。他方、米国による対抗措置に中国が報復すれば、米中関係は確かに傷つくだろうが、それでも対抗措置を講じて、米中関係の一部を犠牲にすることにより、問題となっている安全保障上の利益を守る米国の決意の強さを中国にシグナリングすべきとする見方もあったようだ[21]。国務省や国防省、米軍内で安全保障問題を所掌している部署などは、中国の現状変更行動に対して厳しい見方を取っていたようだが、オバマ大統領とその側近たちは、中国との緊張を最小限に抑えるべきとの判断を持っていたように見受けられる。このため、中国の現状変更行動に対して踏み込んだ対応をとらなかったと考えられる。

これは、米国の大統領が重視する国際問題がどのような政策アジェンダを含んでいて、それらの政策アジェンダの推進において米国がどの程度中国の役割を重視するかによって、米国の対中アプローチは変わってくることを示唆している。すなわち、米中関係の構造を大統領が主観的にどう捉えるかということ次第で、米国の対中アプローチは変化する。もし大統領の重視する政策アジェンダ群の推進において米国は中国を頼らなければならない、あるいは中国の協力を引き出さなければならないという判断が強く働けば、対立案件における米国の対応は慎重なものとならざるを得ない。他方で大統領が、自ら果たしたい諸々の政策アジェンダにおいて中国の果たす役割は小さいと判断すれば、米中対立案件における米国の対応は、中国との軋轢を辞さない、毅然としたものになりうる。

トランプ大統領とその側近らが、いかなる対外政策アジェンダを重視するのか、それらの実現において中国の果たす役割をどう評価するかという対中アプローチのあり方は、米中関係のみならず、米国と同盟国・提携国との関係、米国の同盟国・提携国と中国との関係を大きく左右する。当面は北朝鮮問題と経済問題で中国の協力を引き出すことを対中政策の柱としているようだが、これらの問題で中国がトランプ政権の期待に応えるかどうかによって、トランプ政権のその後の対中アプローチが圧力重視型か協調重視型かが決まってくるとみられる。

(2) 事後対応策の限界

いわゆるグレーゾーン問題に対処するための南シナ海沿岸諸国のリソース不足も問題となっており、これに対応するための米国の取り組みは活発化したが、十分な規模と速度を伴って進められたとは言えず、そこには受入国側の問題もあった。

米国が高度な通常戦力の整備に専念すると、中国が通常戦力未満の準軍事的手段を用いて現状変更を働くという戦略的な相互作用が発生し、グレーゾーンでの中国による現状変更のリスクが現実化していることはすでに指摘した。米国による直接的な対抗措置は、これまでのところ南シナ海における航行の自由作戦とスカーボロ礁の警戒監視活動の実施にとどまっており、従来の米国の対応策は、域内諸国へのキャパシティ・ビルディングを増強したりするなど、間接的アプローチによるものが大半を占めている。そこには海洋監視能力の強化、合同軍事演習、海上法執行機関の巡視船の供与、法執行訓練などが含まれている[22]。

しかし、これら間接的アプローチに基づく対応策は、五月雨式に発表され、漸次実行されるという「しっぺ返し（tit-for-tat）アプローチ」に立つものだったので、おそらく中国側は、西太平洋地域における支配的地位の確立という自国の狙う戦略的利益と比べれば、米国の一連の対応策によって課されるコストなど取るに足らないものだと考えていた可能性が高い。したがって、米国による間接的アプローチによる防衛・安保協力の拡大は、中国に甘受可能なものとして理解され、対中牽制効果も薄れたと考えられる。その結果、中国による現状変更行動や国際法上の不法行為を許すリスクが残ってしまった。

なお、この点に関連して問題となるのは、そもそも中国に経済的に依存する国々が、米国や日本などからキャパシティ・ビルディングという形で支援を受けていても、いざ中国との間で問題が起こった際に、中国による経済的手段を使った報復を恐れて、中国による不法な「管轄権」の執行に立ち向かうのを控える可能性である。これはキャパシティの問題というよりも、対中経済依存に起因する域内中小国の政治的意思の問題だと言えよう。日米が第三国に対してキャパシティ・ビルディングを実施したとしても、それが域内におけるルールの遵守や執行に役立たないとすれば、リソースの無駄遣いになるリスクすら生じる。

キャパシティ・ビルディング自体は推進され続けるべき取り組みだが、それを有効ならしめるためには、中国を牽制するのに必要な能力の種類と規模を検討し、然るべき時期までにそうした能力の構築を目指して、同盟国間で連携しながら適切な規模とペースで能力構築支援プログラムが進められる必要がある。また、域内中小国が中国からの経済的報復の恫喝に屈してしまう可能性を最小限に留めるために、日米がそれら諸国の脆弱性を緩和するような緊急経済・金融支援策をあらかじめ用意しておくことも必要だと考えられる。

（3）　リソース不足への懸念

米国のリバランスには、リソース不足という問題が付きまとってきた。すなわち、通常戦力のレベルで、中国との平時における長期的な戦略的競争を繰り広げていくのに必要な国防リソースを確保できるかという、近年の国防費削減が引き起こしてきた問題である。

米国は、中国のA2／AD能力に対抗するための取り組みを進めてきたということは前節で述べた通りである。しかし、戦略国際問題研究所（CSIS）が連邦議会から受託されて実施した、アジア太平洋における米国の国防戦略の検証報告は、戦力の整備が現行の状態のまま続けば、この地域における軍事バランスは米国にとって不利になっていくとの見方を示した。2011年8月に連邦議会で可決された予算管理法が依然として国防費に上限を設けているため、関与・抑止・戦闘という米軍の三つの機能をアジア太平洋地域で十分に発揮するためのリソースが不足していると指摘している[23]。JOAC（やJAM－GC）に示される作戦概念に基づいた作戦計画の実行に必要な戦力は、兵器近代化によって整備されていく必要があるが、国防予算の制約により、必要な投資が先延ばしにされているという、いわゆる「舳先の波（bow wave）問題」と呼ばれる支障が生じることも懸念された。既存兵器の退役に間に合わせるための次世代兵器の開発に必要な投資が一挙に必要となれば、国防費の増額か、国防予算内での費目再配分などの必要に迫られ、国防省の事業体系が不安定化するリスクが指摘された[24]。

第4節　今後のアプローチ

オバマ政権がリバランスを打ち出した後、2014年春にロシアがクリミア半島を違法に併合し、さらにウクライナ東部に軍事干渉したほか、同年夏にはISISが支配領域を広げ、それに呼応するテロリズムが欧米で散発した。また、16年春にはイギリスが国民投票で欧州連合から脱退する決定を下した。米国を取り巻く国際環境は、ここ数年で大きく変化した。アメリカの安全保障上の利益がグローバルな広がりを持つ中で、それらを限られたリソースでいかに守っていくかが問われている。オバマ大統領は、米国本土の安全保障を直接的に脅かすテロの脅威に対しては、無人機と特殊部隊を使い、現地国の軍隊と連携しながら隠密裏に武力を行使してきた。その一方で、ウクライナ問題や南シナ海問題など、中国やロシアといった大国の絡む安全保障上の問題については、武力行使や紛争の激化を招くような米国自身の対応を控え、地域諸国による自主的な対応策を支援する姿勢をとってきた。長年にわたるイランの核開発問題についても、外交交渉によって危機をひとまず回避する方策を選んだ。オバマ大統領は、米国の軍事力を中東と欧州からアジア太平洋にシフトさせ、これら世界の主要地域において軍事力だけではなく、国際協調的な外交と開発援助などの手段を駆使して、米国の影響力を保全しようとしてきた[25]。これはオバマ大統領が、アフガニスタンとイラクへの武力介入を終結させ、米国が再び活力を取り戻すための国内再建に専念することを至上目標としてきたことの帰結と言えよう。

　オバマ大統領が、アフガニスタンやイラクへの武力介入を終結させ、米国の経済成長の基盤を再構築しようとしたからこそ、アジア太平洋への関与を戦略的な優先課題とするリバランスを打ち出したとも言えよう。米国が、アジア太平洋地域に軍事力を含む国家のリソースを重点的に投入して、この地域の安定的な平和と繁栄を支え、他の地域に過剰に戦略的関心を奪われない状況が維持されることは、日本の安全保障にとっても好ましかった。

　その意味で、オバマ政権のリバランスは、総論としては日本にとって好ましいアプローチだったと言えるが、中国の巧みな現状変更行動を食い止めることは出来なかった。現在進行している中国による現状変更のリスクを放置すれば、中国は一方的行動によって安全保障上の利益の再配分を実現するかもしれないが、それは国際的な規範に反して進められているので、西太平洋に「新たな常態」が強引に作り出されたとしても、それを承認する国際的な合意は得られない。そうなれば、アジア太平洋は不信と緊張に満ち、各国の対応次第で地域は分断されかねない。正統な秩序を欠いた地域は、絶えず不安定さに見舞われるので、この地域に張り巡らされてきたサプライチェーンも撹乱されやすくなり、アジア太平洋は成長の軌道から外れる。したがって、日米はこうした事態を避けるために、オバマ政権がとってきた安全保障アプローチが直面しているリスクを、今後できるだけ解消しようと努めるべきであろう。

しかしトランプ大統領も中東・ペルシャ湾地域では、ISISのみならずシリア、イラク、リビア、イラン、サウジアラビア、イスラエル、エジプト、トルコなどが織り成す、複雑極まりない安全保障環境に対処していかなければならない。もしトランプ大統領が、中東・ペルシャ湾地域の情勢不安定化に米国の核心的利益が懸かっていて、域内諸国との外交だけでは利益を守れないと判断し、米国自身が様々な規模と態様の軍事的手段を活用すべきとの決定に至れば、少なくとも政権首脳陣の時間と戦略的関心が、アジア太平洋地域から他の地域へと逸れる可能性もないとは言えない。もちろん北朝鮮に戦略的関心を注ぎ続ける可能性も十分ある。

もし仮にアジア太平洋、欧州、中東・ペルシャ湾地域において、リベラル国際秩序を下支えする規範が損なわれる事態が同時進行するとすれば、主たる安全保障供給国（primary security provider）としての米国の有限なリソースと政権首脳陣の戦略的関心を各地域が奪い合うような状況が生まれる。したがって、米国の戦略的関心とリソースがアジア太平洋地域に十分振り向けられるようにすべく、日本としても欧州や中東・ペルシャ湾地域の情勢安定化に資する取り組みを積極的に展開する必要があろう。

また、トランプ政権は、二国間関係の中で、中国を含む主要国と様々な取引（ディール）を取り交わすようなアプローチをとるのではないかと言われている。米中間のディールの中身が、日本や東アジア諸国の安全保障上の利益を損なうような内容とならないようにすべきなのは言うまでもない。安全保障と経済をめぐる様々な問題について中国と将来的に何らかの合意に至るのだとすれば、それが米国と地域諸国にとって納得のいく内容とするためには、日米両国に実効的なレバレージをもたらしうる戦略的なアプローチが必要となる。日米の戦略的アプローチは、中国が一方的な行動と高圧的な対外姿勢をとっている現在、リバランスの枠組みを超え、包摂性（inclusiveness）に加えて排他性（exclusivity）、そして協調（cooperation）に加えて対抗（balancing）、さらに地域内（intra-region）に加えて地域間（inter-region）の論理を含むものへと進化しなければならない。アジア太平洋地域に新たな政治的均衡が形成されるのがいつになるのかは全く不明だが、日本としては、自国の安全保障・経済上の利益を最大限確保できるように、引き続き日米同盟を堅持し強化していくべきである。

注および参考文献

1 Nina Silove [2016], "The Pivot before the Pivot: U.S. Strategy to Preserve the Power Balance in Asia," *International Security*, Vol. 40, No. 4, pp.45-88.

2 The White House, "Remarks by President Obama to the Australian Parliament," November 17, 2011 at https://www.whitehouse.gov/the-press-office/2011/11/17/remarks-president-obama-australian-parliament ; Hillary Clinton, "America's Pacific Century," *Foreign Policy*, October 11, 2011 at http://foreignpolicy.com/2011/10/11/americas-pacific-century/.

3 General Norton A. Schwartz and Admiral Jonathan W. Greenert, "Air-Sea Battle: Promoting Stability in an Era of Uncertainty," *The American Interest Online*, February 20, 2012 at http://www.the-american-interest.com/2012/02/20/air-sea-battle/.

4 The White House, "Remarks by President Obama and Prime Minister Gillard of Australia in Joint Press Conference," at https://www.whitehouse.gov/the-press-office/2011/11/16/remarks-president-obama-and-prime-minister-gillard-australia-joint-press; Hillary Clinton, "America's Pacific Century,"; Jonathan Greenert [2011], "Navy 2025: Forward Warfighters," *Proceedings*, December 2011.

5 The White House, "FACT SHEET: United States-Philippines Bilateral Relations," April 28, 2014 at https://www.whitehouse.gov/the-press-office/2014/04/28/fact-sheet-united-states-philippines-bilateral-relations.

6 The U.S. Department of Defense, Joint Operational Access Concept—Version 1.0, January 17, 2012, pp.14-17, 34-35, at http://www.defense.gov/Portals/1/Documents/pubs/JOAC_Jan%202012_Signed. pdf.

7 Air-Sea Battle Office, *Air-Sea Battle: Service Collaboration to Address Anti-Access & Area Denial Challenges*, May 2013, at http://archive.defense.gov/pubs/ASB-ConceptImplementation-Summary-May-2013.pdf.

8 Terry S. Morris, Martha Van Driel, Bill Dries, Jason C. Perdew, Richard H. Schulz, Kristin E. Jacobsen, "Securing Operational Access: Evolving the Air-Sea Battle Concept," *The National Interest*, February 11, 2015 at http://nationalinterest.org/feature/securing-operational-access-evolving-the-air-sea-battle-12219; Harry J. Kazianis, "Air-Sea Battle's Next Step: JAM-GC on Deck," *The National Interest*, November 25, 2015 at http://nationalinterest.org/feature/air-sea-battles-next-step-jam-gc-deck-14440.

9 The International Institute for Strategic Studies, "The US Rebalance Towards the Asia-Pacific: Leon Panetta," June 2, 2012 at https://www.iiss.org/en/events/shangri%20la%20dialogue/archive/sld12-43d9/first-plenary-session-2749/leon-panetta-d67b; The International Institute for Strategic Studies, "The US Approach to Regional Security: Chuck Hagel," June 1, 2013, at http://www.iiss.org/en/events/shangri%20la%20dialogue/archive/shangri-la-dialogue-2013-c890/first-plenary-session-ee9e/chuck-hagel-862d; Council on Foreign Relations, "Deputy Secretary of Defense Robert Work on the Asia-Pacific Rebalance," September 30, 2014 at

http://www.cfr.org/asia-and-pacific/deputy-secretary-defense-robert-work-asia-pacific-rebalance/p35728. なお、ワーク副長官は、米海軍のみならず、空軍の部隊についても、約6割がアジア太平洋地域に配備されると説明した。オウコイン第七艦隊司令官によれば、米海軍は潜水艦部隊の6割はすでにアジア太平洋地域に配備済みで、２０１９年までに水上艦隊の6割をこの地域に配備することを目指している。"U.S. Navy to have 60% of surface ships in Indo-Asia Pacific region," *The Economic Times*, April 11, 2016 at
http://economictimes.indiatimes.com/news/defence/us-navy-to-have-60-surface-ships-in-indo-asia-pacific-region/articleshow/51778769.cms.

10 U.S. Air Force, "Bomber trio participates in first integrated bomber operation in Pacific," August 17, 2016 at
http://www.af.mil/News/ArticleDisplay/tabid/223/Article/917363/bomber-trio-participates-in-first-integrated-bomber-operation-in-pacific. aspx ; Megan Eckstein, "Marines, Navy To Create Southern Pacific ARG/MEU Rotation By 2019," *USNI News*, June 29, 2016 at
https://news.usni.org/2016/06/29/marines-navy-to-create-southern-pacific-argmeu-rotation-by-2019.

11 ＤＩＩと第三次オフセット戦略の詳細については、拙論第3節を参照。森聡［２０１６］、「アメリカのアジア戦略と中国」、久保文明・北岡伸一監修『希望の日米同盟―アジア太平洋の海洋安全保障』中央公論新社。

12 The International Institute for Strategic Studies, "The United States and Challenges of Asia-Pacific Security : Ashton Carter," May 30, 2015 at
https://www.iiss.org/en/events/shangri%20la%20dialogue/archive/shangri-la-dialogue-2015-862b/plenary1-976e/carter-7fa0 ; The U.S. Department of Defense, "Remarks by Secretary Carter and Q&A at the Shangri-La Dialogue, Singapore," June 5, 2016 at
http://www.defense.gov/News/Transcripts/Transcript-View/Article/791472/remarks-by-secretary-carter-at-the-shangri-la-dialogue-singapore.

13 U.S. Department of State, "Maritime Disputes in Asia—Testimony of Daniel R. Russel, Assistant Secretary, Bureau of East Asian and Pacific Affairs," Testimony Before the House Committee on Foreign Affairs Subcommittee on Asia and the Pacific, February 5, 2014 at

http://www.state.gov/p/eap/rls/rm/2014/02/221293.htm ; "U.S. 'could change military posture' if China sets up second ADIZ," Kyodo, February 1, 2014 at
http://www.japantimes.co.jp/news/2014/02/01/national/u-s-could-change-military-posture-if-china-sets-up-second-adiz/#.V7qwhZXr3IU.

14 The White House, "Joint Press Conference with President Obama and Prime Minister Abe of Japan," April 24, 2014 at
https://www.whitehouse.gov/the-press-office/2014/04/24/joint-press-conference-president-obama-and-prime-minister-abe-japan.

15 The International Institute for Strategic Studies, "The United States and Challenges of Asia-Pacific Security : Ashton Carter," May 30, 2015 at
https://www.iiss.org/en/events/shangri%20la%20dialogue/archive/shangri-la-dialogue-2015-862b/plenary1-976e/carter-7fa0 ; The White House, "FACT SHEET : U.S. Building Maritime Capacity in Southeast Asia," November 17, 2015 at
https://www.whitehouse.gov/the-press-office/2015/11/17/fact-sheet-us-building-maritime-capacity-southeast-asia.

16 The Ministry of Defense of Japan, "JOINT STATEMENT OF THE SECURITY CONSULTATIVE COMMITTEE," April 27, 2015 at
http://www.mod.go.jp/e/d_act/anpo/js20150427e.html.

17 The White House, "Remarks by President Obama and President Quang of Vietnam in Joint Press Conference," May 23, 2016 at
https://www.whitehouse.gov/the-press-office/2016/05/23/remarks-president-obama-and-president-quang-vietnam-joint-press.

18 Ankit Panda, "South China Sea : US Navy Destroyer Asserts Freedom of Navigation Near Fiery Cross Reef," *The Diplomat*, May 10, 2016 at
http://thediplomat.com/2016/05/south-china-sea-us-navy-destroyer-asserts-freedom-of-navigation-near-fiery-cross-reef/.

19 The U.S. Department of Defense, "DoD Focus on Asia-Pacific Rebalance," at
http://www.defense.gov/News/Special-Reports/0415_Asia-Pacific-Rebalance.

20　The White House, "Remarks by President Obama and President Quang of Vietnam in Joint Press Conference," May 23, 2016 at
https://www.whitehouse.gov/the-press-office/2016/05/23/remarks-president-obama-and-president-quang-vietnam-joint-press.

21　筆者が２０１３年６月から15年３月までワシントンＤＣに滞在した際に実施した意見交換や参加した会議での議論から、こうした二つの考え方があるように見受けられた。

22　具体例については、次を参照。The White House, "FACT SHEET：U.S. Building Maritime Capacity in Southeast Asia," November 17, 2015 at
https://www.whitehouse.gov/the-press-office/2015/11/17/fact-sheet-us-building-maritime-capacity-southeast-asia.

23　Center for Strategic and International Studies, *Asia-Pacific Rebalance 2025：Capabilities, Presence, and Partnerships*, (esp. Chapter 5) January 2016 at
https://csis-prod.s3.amazonaws. com/s3fs-public/publication/160119_Green_AsiaPacificRebalance2025_Web_0.pdf.

24　Todd Harrison, *Defense Modernization Plans through 2020s：Addressing the Bow Wave*, Center for Strategic and International Studies, January 2016 at
https://csis-prod.s3.amazonaws.com/s3fs-public/legacy_files/files/publication/160126_Harrison_DefenseModernization_Web.pdf.

兵器システムの基盤となる技術が、広く民間でもグローバルにアクセス可能な現代においては、新技術を兵器システムに迅速に取り込んでいくことが重要な課題となっているが、①兵器取得プロセスの改革が首尾よく進むかどうか、そして、②兵器近代化のための予算が十分に確保できるかどうかも不透明である。兵器取得プロセスの改革をめぐっては、取得・技術・兵站（ＡＴ＆Ｌ）担当のＪ・ケンドール国防次官がＢＢＰ３・０なるイニシアティヴを推進するなどして取り仕切ってきた。

しかし、従来の兵器取得プロセスは、時間がかかる上に、コスト超過がはなはだしいとして、上院軍事委員会のＪ・マケイン委員長は、兵器の開発から配備までの責任を、各軍に分権的に委ねるべきとする改革案を出している。また、下院軍事委員会のＭ・ソーンベリー委員長は、２０１８年以降に開発される主要兵器は、モジュール（換装可能なパーツ）型のオープン・アーキテクチャーを採用することを必須の条件とする改革案を出して、各種の兵器プラットフォームが、その時々の先端技術を取り込めるような構造を持つように仕向ける制度の構築を提唱している。

他方、米国防予算については、２０１３年に強制削減が発動されて以降、本体予算（base budget）の伸び率がゼロだったが、15年秋の連邦予算に関する超党派の政治合意により、16年度と17年度の伸び率は上向きに転じた。しかし、これまで国防予算が削減されてきた結果、兵器近代化は先延ばしにされてきたため、国防専門家の間では、財政的な制約によって兵器近代化計画が遅れをとる問題を、本文で述べた通り、「舳先の波（bow wave）」と名付けて懸念している。こうした兵器近代化のための財政的裏付けをとれない現状もあって、国防省の戦略能力室は、既存の兵器システムを新たな方法で運用することによって、従来にはない軍事的能力を生み出す取り組みを活性化させようとしている。

25　Derek Chollet［2016］, *The Long Game : How Obama Defined Washington and Redefined America's Role in the World*, New York : Pubic Affairs, pp.52-61.

第3章 中国 不安定下の安定ー習近平のダモクレスの剣

第1節 G2論の誘惑

中国にあって、「国際秩序」とは、一般に、世界の勢力布置連関の基礎の上に形成される国際行動準則およびそれに相応した保障メカニズムと解されており、国際法体系、国際間協議、国際的慣例および国家組織等から構成されるものとされている。各国には自国の国情に即した政治社会制度、経済モデル、発展の道を自主独立に選択する権利がある[1]と強調するのは、中国の国際関係学研究分野を代表する王緝思・北京大学国際関係学院院長（中央党校国際戦略研究所所長）であり、いわばバンドン会議以来の平和共存五原則に基づく国家主権の強調が中国の学界に汎通的な国際秩序理解といえる。

その中にあって、米ソ両大国の冷戦構造瓦解以降は、中国自身の国力の増強も相俟って、ソ連崩壊後の米国主導による〝一超多強〟構造から〝多極化〟世界へと進行する潜在的可能性はますます減少しており、今や〝（米中）両超多強〟パターンへと変化しつつある[2]との認識も掲げられている。

そもそも「G2論」とは、フレッド・バーグステン（ピーターソン国際経済研究所長、PIIE）による米中首脳の定期協議の場としての「G2」の創設提言[3]が起点ではあるが、この過剰なまでの自信に溢れた〝両超多強〟＝G2（米中二大国）論は、ハードライナーとしてよく知られる閻学通（清華大学当代国際関係研究院院長）の２０１１年末の発言が嚆矢である。人民解放軍内部にも、米中「分割管理」構想が存在するものとみられ、米太平洋軍司令官ティモシー・J・キーティング（Timothy Keating）海軍大将は中国海軍高官から「空母を開発するから、太平洋のハワイから東部を米国がとり、西部を中国がとるというのはどうか」と打診された事実を明らかにしている（08年3月米上院軍事委員会公聴会）[4]。中国側は公式にはこの太平洋分割統治論を否定しているが、外ならぬ習近平国家主席自身、米国との「新型大国関係」を掲げ、「広大な太平洋には中米2大国を受け入れる十分な空間がある」との発言を繰り返している[5]点は極めて示唆的ではある。

というのも、阿片戦争以来、欧米列強の侵略により、領土と主権を簒奪されたという「歴史記憶」に彩られ、且つ又建国直後、朝鮮戦争で米軍と戦火を交え、冷戦構造の中で米国と対峙したという記憶も新たな中国にとって、その米国と自らを同列視するG2論あるいは「米中新型大国関係」という図式は、習近平が掲げる「中華民族の復興」、「中国の夢」にとって途轍もなく魅力的に映るからである[6]。

贅言を要するまでもなく、米中は、ともに国連安全保障理事会の常任理事国にして、世界第1、第2の経済大国であり、世界最強の軍事大国米国に対し、中国も、近年テンポが落ちたとはいえ改革開放路線による高い経済成長を通じ、軍事力を着々と強化しつつある。米中関係は世界で最重要の2カ国関係であるのみならず、同時にグローバルな国際政治経済秩序に大きな影響を与える極めて特殊な2カ国関係でもある。米中関係が健全で安定的であることは、双方の利益になるだけではなく、世界全体の平和と安定、繁栄のためにも不可欠の要素である。

この米中両大国間の関係如何が、本書の全体テーマであるアジア太平洋地域における新秩序形成に大きな役割を果たすことになることは論を俟たない。果たして、米中両大国の関係はどのように展望さるべきか、とりわけドナルド・トランプ第45代米大統領という「想定外」の事態の出来を受けて、この最重要のバイラテラルな関係はどのように推移することになるのか。頭記した国際秩序概念に基づき、中国が企図する「新国際政治経済秩序」とは、戦後世界を構築してきた伝統システムとどのような関係に立つものなのか。協調的なものだろうか、あるいはそれに対抗的にして挑戦的なものなのだろうか？　それとも、かつての朝貢貿易に基づく華夷秩序の再興を夢見ているのだろうか？

本章は、そうした米中関係のありようを展望するための補助線作業として、専ら中国の内政を主題として取り扱う。というのも、中国がアジア太平洋地域における秩序にどこまで関与し得るのか、どのような秩序をあらましきものと捉えているのか。そうした外政に対して、中国の内政からはどのような要請がなされているのか…アジア太平洋地域における新たな秩序に関する中国の関与を検討する際のキーファクターこそが、本書別章でも指摘されている「中国の構造転換能力」であり、まさしくそれは中国政治の現段階の課題そのものだからである。

従来、党大会の開催を控えた年にあっては、中国政治の焦点は、中南海における党・国家人事を核とした内政こそが最大の課題となるやに思われて来た。だが、２０１７年、現代世界が未曾有の不確実性の時代を迎えつつあることを象徴する、国際社会を震撼させる「トランプ・ショック」の浮上を受けて、中国政治も、米中関係を中心とした外政面の動向が大きな影を落とす情況が生まれつつあるようにも映る。果たして、中国は米中貿易、南シナ海における海洋権益、サイバー、宇宙空間等の各分野において、どこまで対米〝取引交渉〟（ディール）に成功するのであろうか。

実は、こうした外政「取引」面における中国の妥協の余地は決して大きくない。というのも、やはり中国共産党第19回大会を睨んだ内政上の課題が習近平政治に大きな影を落としているからである。髪の毛1

本で吊るされたダモクレスの剣が習近平の頭上には存在しているともいえる。本章では、経済の《新常態》の反映としての中国政治の新たな環境要因を剔抉し、習近平が直面する政治課題を素描することで本書全体のテーマに貢献することとしたい。

第2節　中国政治の新環境

（1）　多元化・錯綜化

ドイツ、日本を抜き去り、世界第二位のGDP規模に躍進し、米国を凌駕せんという勢いを中国にもたらした背景は、いうまでもなく中国共産党の〝工作〟方針の大転換である。まさに政治主導により、今日の隆盛がもたらされたのではあるが、その類稀な高度成長の結果として、政治領域に新たに誕生した諸アクター間のさまざまな利害衝突を如何に円滑裡に調整し得るか、これが、中国政治における喫緊の主要関心となっている。具体的には、さまざまな側面における中国政治社会構造の多元化・錯綜化傾向に如何に対処するか…この課題が屹立している。

①　新中国人

先ず、多元化・錯綜化という文脈で、第一に指摘さるべきは、国のかたちを論ずる際の最も基本的な構図としてのデモグラフィック（＝人口動態）な構造変動であろう。

というのも、習近平が今日対峙している中国大衆とはかつて毛沢東が率いた民衆ではない。14億に迫ろうとする中国総人口において、「解放後世代」、すなわち、１９４９年の革命後に生まれたひとびとは、今や全体のおよそ9割の比率に達している（２０１１年センサスに基づくならば91・8％）。また、「第二の革命」とも称される改革・開放政策への着手以降、この国に生まれた世代としての「八〇后《パーリンホウ》」世代、そして（第二次）天安門事件（89年）を知らない「九〇后《ジウリンホウ》」世代の比率もそれぞれ66・8％、48・5％を占める。「改革開放前を知らない」〈新中国人〉は、中国の版図上に暮らすひとびとの半数余に拡がっている（**図表３—１**）。

この結果として、政権側が採用し得る政治的手法も、ガバナンスの方式も、当然往時とは異なるものとならざるを得ない。

なんとなれば、１９４９年以前の辛苦に満ちた悲惨な歴史を直接自らの経験として体験した層は今や中国社会の遥か後景に去り、49年人民革命の「偉大な成果」はもはやひとびとに直接実感されるべくもないからである。毛沢東がかつての悲惨な日々を思い起こすことでポスト革命社会を肯定せよと呼びかけたひとびとは

【図表３—１】　中国の人口構造（年齢組別相対累積度数）

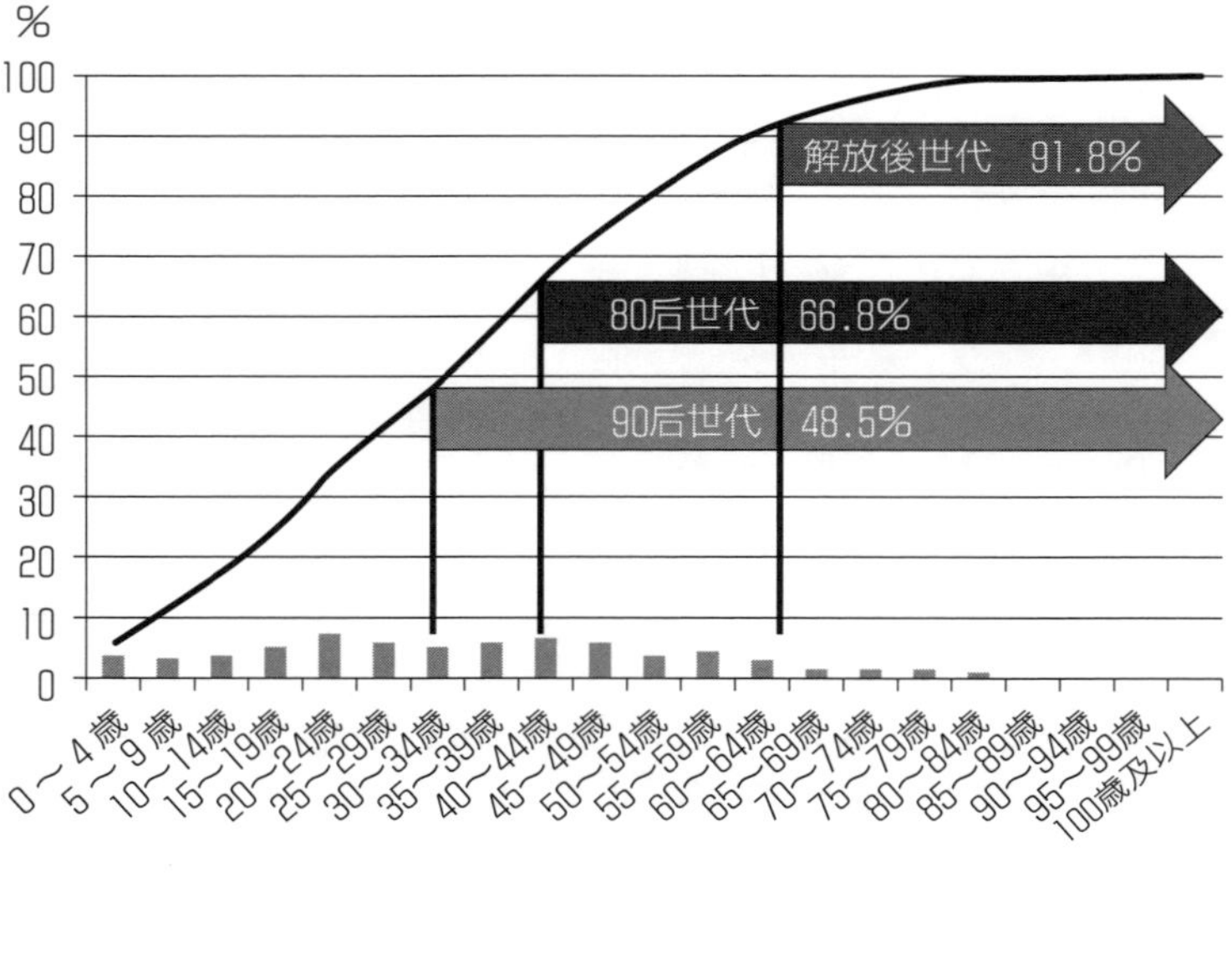

最早存在してはいない。後述するように、革命の成功こそが中国共産党の支配の正統性の根源に外ならないという〝説得〟は、もはやひとびとの直接体験を通じて確認されるものではあり得ない。

こうしたデモグラフィックな変化から、今日の最高指導者に残された方策は、革命経験の世代間継承あるいは革命教育という擬似的経験の外部注入のみとならざるを得ない。中国共産党が執政党の位置にとどまる理由をこうした大衆からの正統性調達ツールに固執する限り、如何にして教育・メディア・ルートを通じた革命成就の「追体験」を成功裡にこれらの新メンバーに施すか、これこそが、習近平にとっての大きな課題となる。

もちろん、その一方で、ひとびとに〝豊かさ〟のパイを配分することで党支配の正統性を調達するチャンネルも想定される。だが、それを企図した1980年代末以来の改革開放政策も、永遠にその輝きを放ち続けることはできない。《新常態》という高度成長からの訣別宣言は、これを加速するものでしかない。

これに加えて、人口動態上の構造変化としては、先進国事例を遥かに上回るスピードで高齢化が忍び寄っており、〝未富先老〟という謂に尽くされるように、少子高齢化への対応が遅れていることは大きな課題である。養老費用の分担という経済問題に加えて、シルバー民主主義の浮上というルートを通じ、世代間抗争政治の可能性も否定できない。

識字率の向上をも含めるならば、毛沢東最高指示につき従ったかつての貧しき従順な中国民衆とは異なる〈新中国人〉群像が、習近平の前に立ちはだかっている。

② 社会意識

こうした「新世代人」を含めた新たなガバナンス対象に習近平が立ち向かうことになるが、〈新中国人〉

の一様ならざる新たな社会意識が錯雑に存在しており、ここから政治社会的《新常態》における第二の課題が生まれている。

マズローの「欲求段階論」に従うまでもなく、中国経済の地域的発展テンポの偏頗と同様に、ひとびとの欲求レベルにまだら状をもたらしている。生命維持の基本的欲求段階にとどまる層から、〝小康生活〟水準に達し、自己実現欲求の高みに達しているひとびとが同時に存在しているのが、今日の中国である。相異なるレベルの欲求の同時存在から、単一の政策によってあらゆる欲求を満足させることはできない。精妙な政策運営が求められる所以がここにある。

a　大国意識

錯綜するまだらな社会意識という状況下にあっても汎通的に存在するものは、いうまでもなく、急速な経済成長に伴う経済大国化による大国意識の浮上であり、その急速な浸透は著しい。かつて毛沢東が1958年段階〝超英赶美〟（＝15年で英国を追い抜き、20年で米国に追いつく）というスローガンを掲げたその根底には中国の後進意識があったが、今日の大国意識の勃興はこの後進コンプレックスを払拭するものである。64年の第3期全国人民代表大会で政府工作報告として提起され、75年の第4期全国人民代表大会において周恩来が定式化した「4つの現代化」、すなわち、中国工業を〝世界の前列〟に立たせ、農業・国防・科学技術の現代化を全面的に達成するという目標設定に対して、この大国意識は途半ばとはいえ、既に一定の〝達成感〟すら与えるに充分なものであろう。

「これからの世界政治をリードするのは？」との問いに対する中国の認識[7]をみれば、そこには米国と相並び立つ中国の存在が強く意識されている（**図表3―2**）。とりわけ有識者層においてはその傾向が著し

【図表３―２】 これからの世界政治をリードする国・地域は？

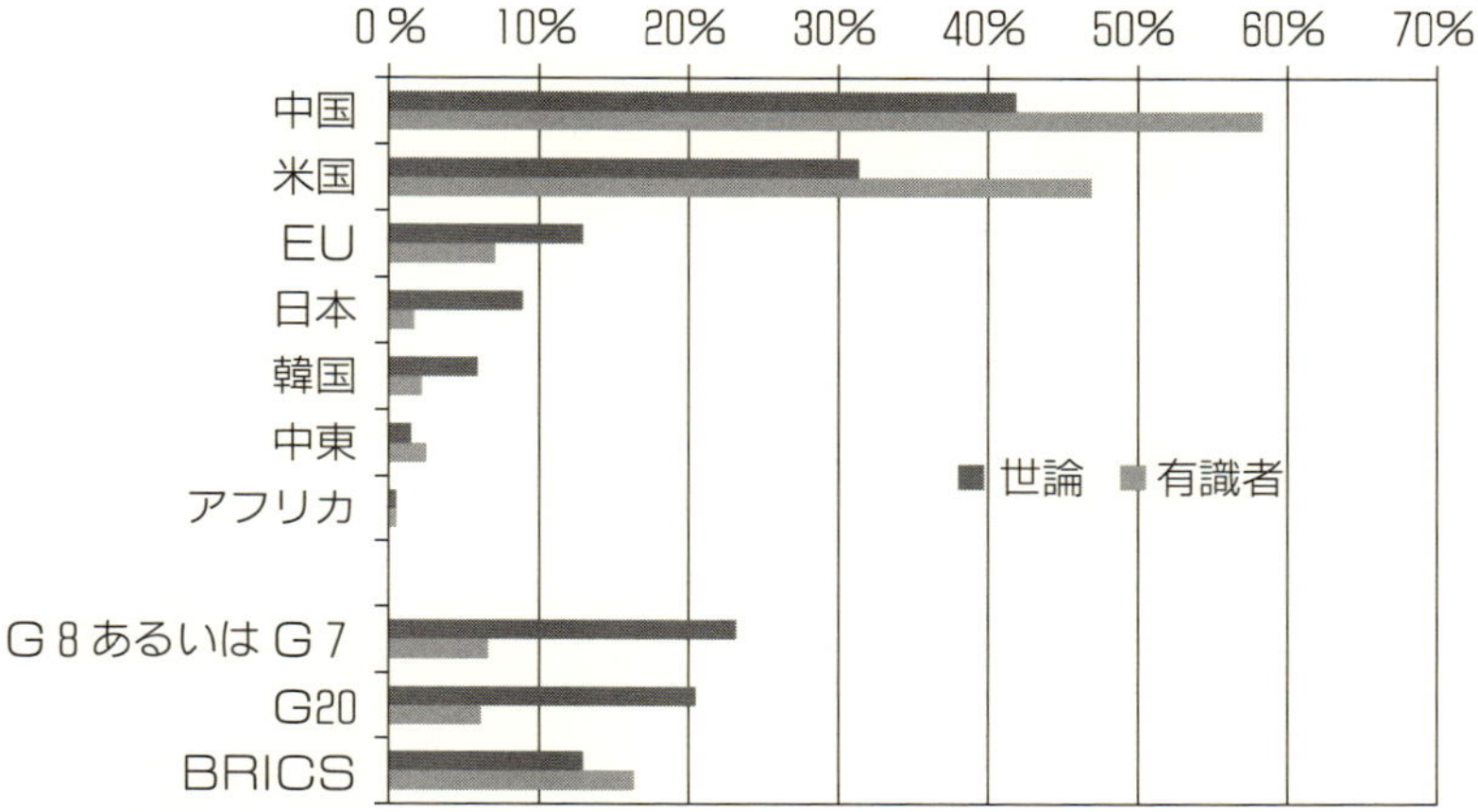

出所：言論 NPO データ（2015）に基づき，筆者作成。

【図表３―３】「中国は世界性強国となったのか？」

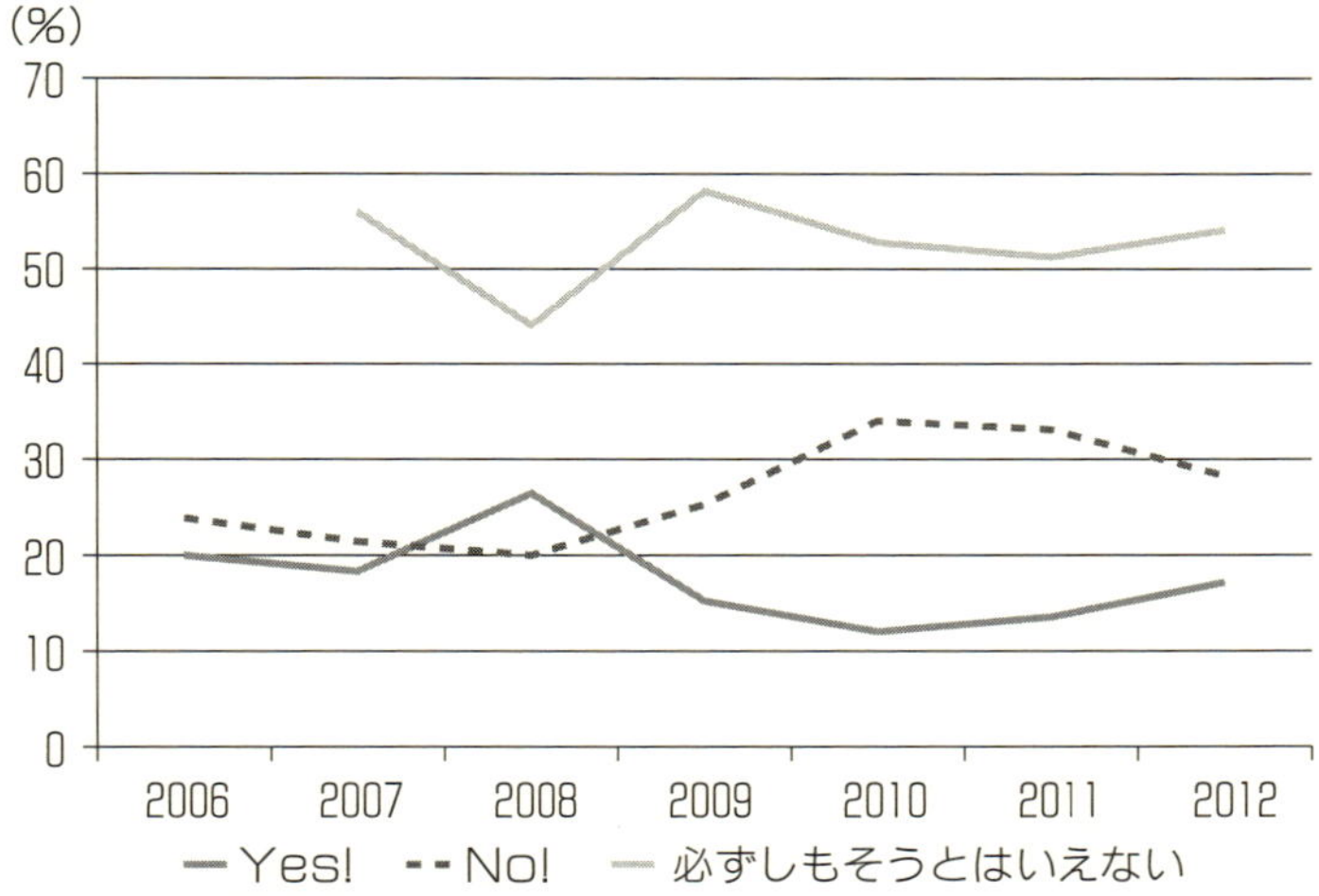

出所：『中国民意調査』2013，p.56。

く、そこには前述したG2論（「米国と中国が世界をリードする」）の浸透ぶりすら窺われる。発展途上国の盟主を自認し、国連安全保障理事会常任理事国という従来からの政治大国自画像が経済大国化という事実によって、更に強固なものとして浸透・定着しつつあるようにも見受けられる。

だが、経済、政治面のみならず、世界にあって一目置かれる存在としての「世界性強国」という概念を問いに掲げるとやや様相は異なって来る（**図表3―3**）。「既に世界性強国となった」との回答は、傾向的には微増してはいるものの、2割以下にとどまり、北京オリンピックの開催年、2008年を除けば、「世界性強国ではない」との否定的回答を上回ることはない[8]。「まだ全面的には世界的強国とは言えない」という半ば肯定、半ば否定の立場が多数を占めているところに、中国民衆の判断保留の冷静さを見出すこともできる。この評価分布には、情報アクセス量の多寡との相関が予感されるが、実際のところ、この回答を学歴別に見た場合、高学歴となるにつれ、判断留保の立場が強くなり、楽観的な全面肯定論は影が薄くなっている。

b　民族的アイデンティティ

上述の通り、慎重且つ冷静な側面も窺われるこの大国意識から、中華民族としてのナショナルな昂揚感が増幅の一途を辿ることになる。というのも、かつては世界に冠たる中華が弱小であったがゆえにこそ、〝勿忘国恥〟というスローガンに象徴されるように海外列強勢力に主権と国土を浸食されてしまったという汚辱に満ちた歴史の記憶[9]が重なるからである。海外列強に蚕食されて来た中国が主権と独立、統一を果たしたとして、革命直後「建国の情熱」が当時巻き起こったことにも同定される「大国化の熱情」の発露といってよい[10]。

大小、強弱を問わず、どの民族集団、国家にも「選ばれしもの」という選民意識が多かれ少なかれ、存在するが、中国の場合、「中華」という表現にも尽くされる通り、「世界に冠たる」、「世界の中心」という選民意識はとりわけ強い。「恥辱の歴史」というトラウマとも相俟って、この大国意識に裏打ちされた民族的アイデンティティはより強固なものとならざるを得ない。

こうした諸個人レベルにおいて原初的に発生する個別の昂揚感に対し、時にこれを積極的に活用し、時としてこの暴発を抑制するという精妙なコントロールが中国政治に要請されている。

C 〝維権〟意識

相互に矛盾する錯綜した社会意識の存在は政権側にステアリング操作の妙を求めることとなるが、問題はこうした国民各層に遍く浸透する大国意識、民族主義的情緒のみではない。これらに加えて、近年中国の各階層に高まりを見せている各種の権利擁護意識も同様に習近平リーダーシップに政策運営の精妙さを求めることになる。

経済成長の結果としての所得上昇、生活水準の向上に関して、獲得した現状水準を確保、更にはより向上させようとの強い思いが〈新中国人〉に発生することは当然の帰結とも言える。況してや、年々歳々の生活水準の向上を皮膚感覚として植え付けられた「80后世代」以降は〝小皇帝〟とも揶揄される一人っ子世代でもあり、特にその自己主張は声高なものとなろう。根強い生活防衛意識とも相俟って、より一層の改善を追求し、逆に現水準からの低下をもたらすこととなるあらゆる現状変更措置には断固反対するという意味では、文字通りの保守的、体制順応的な意識の顕在化とも見られる。

自らのミクロ生活領域の防衛意識として、とりわけ都市住民にあってはそれぞれの「生活の質」の保全、向上に直結した要求が高まっている。食の安全、生活ゴミの収集処理あるいは住環境一般に関わるものとして社会治安、犯罪、騒音、水質、大気汚染等の生活環境意識がますます強化されている。

だが、ここで、特に注目すべきなのは、公然たる政治的主張を掲げた運動形態とは無縁の筈のこうした市民の環境運動、市民活動がしばしば政治性を帯びることとなる点である。これは、日本の公害反対運動、基地反対闘争等の事例を想起するまでもなく、この種の生活防衛意識を一面的に保守的、体制順応的と把握することは事態を見誤ることにもなりかねない。現体制の擁護者なのか、変革の担い手なのか…保守層であると同時に変革の起点ともなり得るこうした〝住民〟運動に対しては、当局としてもその対応は慎重にならざるを得ない。

更に、その生活水準の向上、衣食住レベルが一定程度満ち足りたところからは、「衣食足りて礼節を知る」の謂にある通り、物質的欲求を超えた新たな精神的欲求が生まれて来る。マズローの欲求段階説に拠るまでもなく、個としての欲求から、公平、公正、正義、道徳といった抽象的全体へと関心が高まるということれまでの各国の発展過程における経験知といってもよい。例えば、「群体性事件」と称される集団的騒擾事件の背景には、農村の土地補償金その他自らのミクロ利益に関わる物質的利害関心から激しい群衆行動へとエスカレートするという情動発散的な側面[11]も見られるが、これに加えて「わが手に本来あるべき権利、権限を政治によって踏み躙られた」との文脈から、その権利恢復、維持を求めるという現代中国市民一般に汎通する〝維権〟心理こそ根底に見出すべきであろう。

つまり、習近平リーダーシップにとって、こうした社会意識のありようが更に頭痛のタネとなるのは、それがまだら状に重層的に重なって同時併存していることにある。ポストモダンどころか超ウルトラモダンの世界がメガ都市の一部に拡がる一方で、同時に前世紀の未開発世界が厳然と存在している。いわば複数の時間が圧縮された世界が現代中国空間ともいえる。この欲求水準段階のまだら状分布は、世代間の意識のズレとも相俟って、政策当局の対応がモノトーンの単純粗放なものであってはならないことを厳に戒めている。中国ガバナンスはこうした欲求段階の異なるレベルへの政策対応を同時に達成しなければならないという政策技術的困難に直面している。

③ 社会階層構造

こうした〈新中国人〉の文字通り千差万別の意識の背景には、畸形的な中国の社会階層構造がある。畸形的と称するのは、経済活動の中心的存在にして、社会主義中国の〝主人公〟たるべき労働者と農民が下層を占め、ピラミッドの中央部に位置すべき中間層が依然小さな存在にとどまっており、そしてピラミッド構造のトップに位置する富裕層はどのようにしてその富を蓄えたのかが不透明のままという現状の階層構造が必ずしも理想的なものとはいえないからである。さらに問題視されるのは改革開放以来形成されてきたこうした社会階層構造が次第に固定化されつつあるという点であり、危険な兆候とも懸念される。

現代中国における階層構造としては、①最大数量を誇る農民階層、②都市・農村間の過渡的存在としての農民工、③改革の〝痛み〟の直接の対象としての労働者、④過去の歴史から蘇った私営起業家、⑤現状に憤懣やる方ない知識分子、そして、⑥怨嗟の対象としての新たな買弁階層ともいうべき官僚層[12]と⑦アノミー集団と総括される[13]。その階層分布は、**図表3―4**に示した通りであるが、5・6億人が中位階層下位に位置し、総人口のほぼ7割を占め、中間層（中位階層中位）はわずか13・3％の構成比しかなく、まさしく畸形構造である。下層も含めれば、8割以上の労働者、農民が社会的中下層・下層の地位に甘んじている。逆に言えば、労農大衆を主人公とする社会主義中国にあって、現実の下層階層とは労働者、農民そして農民工から構成されることになる。まさしく中国の不安定性の根源はこのレトリックと現実とのギャップにある。

第二の特徴は、いわゆる中間層の形成が不十分であることであるが、これはリプセット仮説の反証事例でしかない。むしろ、大半が下層に属する事態を、自らの生活水準を向上させよう、自己の境遇を好転させようとの上昇願望が依然強烈なレベルにあるとの理解に立てば、これは社会変動を招来する不安定要因とも解されることとなる。

そして、上層階層が手中にする財富と権力の源泉は必ずしも透明なものではない点が最大の懸念材料である。如何にして彼らは社会的上位のポジションを獲得することに成功したのか、その成功ルートには、社会的に熱い視線が浴びせられるにもかかわらず、不透明なままである。不正な手段ゆえの蓄財ではないかとの疑念も払拭できず、その結果、トップ階層といえども、必ずしも社会的声望は高くはない。

更に言えば、階層分化の結果としての各階層間の財富、威信、権力の分配関係も畸形的である。知識分子の声望は高いとしても、経済的地位は低く、財富では高地位の私営

【図表 3 — 4】 中国の階層分布

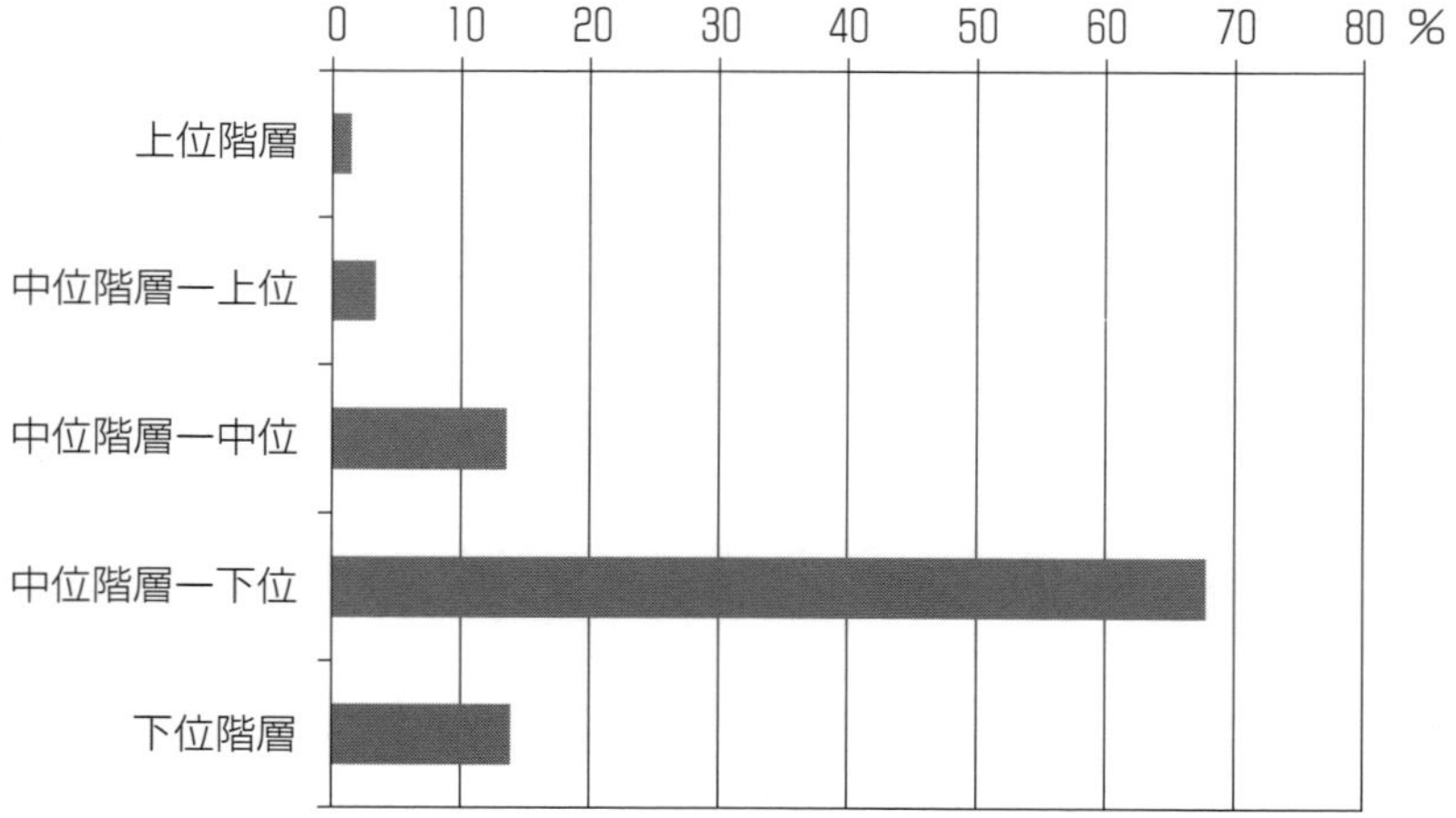

起業家の社会的声望は低い。官僚層の権力地位は高いとしても経済的には低位にとどまる。「銭精英（マネーエリート）」、「権精英（パワーエリート）」そして「知精英（インテレクチュアルエリート）」間の不整合であり、まさしくこの不整合情況から、それぞれの不足資源を交換するという意味での〝権銭交易〟、すなわち、官僚腐敗が発生することになる。

こうした情況が生まれる背景には、行政権力の絶対性、〝官本位制〟、戸籍制度、教育資源分配の不均衡等があるが、とりわけ憂慮されるのは、不均衡の再生産構造の定着である。例えば、農村出身あるいは貧困家庭の子女が借財を重ねるなど艱難辛苦を経て、ようやく大学を卒業し、何とか職を得たとしても、その俸給のほとんどは学費弁済に回される。もし、就職に失敗するような事態となれば、本人は「アリ族」となり、実家はたちまち困窮に陥る。〝富二代〟と称されるように中位階層の花形職業は世代を超えて継承されるのに対し、労農子弟が職に就ければそれだけで幸運といわねばならないのが現実である。いわば、〝富二代〟、〝官二代〟、あるいは〝紅二代〟に対する〝窮二代〟の発生である。

(2) 網絡化

中国が全球化、すなわち、グローバリゼーションの恩恵を最大限享受する寵児たることは言を俟たない。だが、グローバリゼーションとは、単なるカネ、モノ、ヒトの国境を越えた移動のみではない。中国政治の文脈にあっては、情報の瞬時の移動、それに伴う意識の無国境化こそがグローバリゼーションの直接的な帰結である。

グローバリゼーションが中国にもたらした直接の帰結として、今や中国のひとびとが手中にする情報の受発信手段、利害表出ツールがかつてとは決定的に異なってきている。

２０１６年12月現在、ネット利用者（〝網民〟）数量はヨーロッパの総人口にも匹敵する規模の７・31億人に達しており、総人口に対する普及率は53・２％と15年以来、過半を超えている（中国互連網絡信息中心『第39次調査統計』ＣＮＮＩＣ ２０１７）。北京、上海の普及率はそれぞれ77・８％、74・１％と先進国水準に達しており、その急速な伸びからすれば、欧米日のＩＴ先進国へのキャッチアップも充分予想される。うち、農村〝網民〟も２・01億人規模と農村人口における普及率33・１％に達しているところからすれば、中国におけるインターネットの浸透を都市部住民と高学歴・高所得層に限定された個別的な現象と把握することはもはや適切ではない。とりわけ〝微信〟（WeChat 中国版ＬＩＮＥ）利用者は５・49億人（騰訊「２０１５年業務報告」）に達しており、〝微博〟（中国版twitter）と共に、迅速性はもとより、場所と時間を選ばぬ情報授受の随意性において、他の追随を許さぬコミュニケーション手段となっている。

更には、烏坎村事件の顛末に代表されるように、ネットを通じて海外メディアとの「連繫」合作を探る動きもみられ、海外チャンネルを活用した中国「市民」の政治利害表出という可能性も生まれている。

顧みれば、かつての旧世代中国人にとって「許される」政治的表出行動とは、上からの各種政治運動への〝動員〟に対して、積極的（ないし消極的）に参加することか、あるいはせいぜいのところ大字報どまりであったが、識字率の上昇とも相俟って、ＩＴ社会の出現により、今や多くのひとびとにとって、インターネットこそが最大かつ最有効な手段となった。

このため、当局側は「ネット安全」を掲げたインターネット規制を強めざるを得ない。２０１６年秋には「中華人民共和国網絡《ネット》安全法」を正式採択（17年７月施行）、個人情報保護やインターネット詐欺対策を掲げてはいるが、ネット接続業者に対する個人情報の収集・提出義務、中国内で得られたデータの持ち出し禁止条項など、「ネット空間における国家主権と国家安全を擁護する」（同法第１条）という目的意識が色濃い。60数本にもおよぶネット関連法規定に基づき、ゲートウェイプロキシサーバとファイアウォールによりIPアドレスをブロックする「金盾工程」（公安部所管）により、特定ウェブサイトへのアクセスの禁止、個人のインターネットアクセスへの監視が行われている。1月末には、国務院工業信息化部が、無許可のVPNの使用など、当局の許可を得ないインターネット接続を禁じるVPN規制通達を発し、規制はなお強化の方向にある。

〝上有政策、下有対策〞という俚諺に尽くされるように、グローバリゼーションの「窓」としての中国ネット空間は、権力サイドと市民のせめぎあいが拮抗するいわば主戦場ともなっている。

第3節　信頼なき信任

こうした《新常態》としての中国社会のさまざまな構造変動からもたらされる緊張が、大きな「内圧」として〝蓄圧〞されつつあり、これに如何に対抗するかが、習近平体制にとっての主要な政治関心とならざるを得ない。なぜなら、政治とは民意のありように対応すべきものだからである。

そもそも為政者にとって、政治手法の選択肢は限られている。①為政者個人の絶対的なカリスマ指導性に依拠するか、②政治指導の根源を制度的保障に求めるか、あるいは③暴力装置に依拠した強圧的な抑圧手段に訴えるか、逆に④大衆迎合的なポピュリズム手法を採用するか…統治手段はさして多くはない。

とりわけ現代中国にあっては、社会主義の制度的優越性レトリックに裏打ちされた毛沢東の個人カリスマは毛沢東期の大きな特性ではあったが、反知性主義の伝統と民衆間の暴力的表出への熱狂とも無縁ではなかった。ポスト毛沢東期入り後、個人カリスマはせいぜいのところ、「改革開放の総設計師」とされる鄧小平どまりで、その後にあっては自らの名を冠した政治「理論」の党規約への追加等カリスマ性の獲得を目指すも、ポスト鄧小平の指導者群に昔日のカリスマ依拠のガバナンス特性を見出すことはできない。統治対象としての〈新中国人〉の意識変容が最早カリスマ支配の統治構造そのものを不可能なものとしているからである。

かくしてカリスマ性を欠く習近平指導部としては〝維権〟、すなわち、「市民」間に勃興する意識覚醒への対応と〝維穏〟、すなわち、上から秩序維持努力のせめぎ合いを続けざるを得ないであろう。そのためには、指導力掌握、権力基盤拡充のための努力を政策として進めると同時にひとびとの不満の向かうところに的を絞ったポピュリスト的（＝大衆迎合的）政策を進めると同時に外部世界の不興ものかわ暴力装置の使用をも畏れぬ強圧的な抑圧政策も進めることになろう。この意味では、「〝維権〟と〝維穏〟のベストミックス臨界点」の摸索が継続されることになる。

（1）　社会的信任

では、そうした〝維権〟と〝維穏〟のせめぎ合いとして、現代中国における社会的信任水準を公平度認識という基準に即して検討してみよう。

果たして、ひとびとはどの程度現状のシステムに不満を持ち、あるいはそのありように信頼感を持っているのであろうか。中国社会科学院社会学研究所の調査によれば、社会の公平状況への全般的な判断は、「公平だ／とても公平だ」の両者計が68・2％と極めて高い[14]。しばしば格差不平等の代表事例として指摘される大学入試制度、公共医療制度に関しても、それぞれ同74・8％、68・7％の回答者が公平と看做している。

だが、個別に見ると、結果としての分配への不満が最大要素となっている点は示唆的ではある。財・所得分配が不公平との回答は51・7％と過半数を超えており、分配制度への信任度の低さが最も印象的である。

この背景をなすものが、戸籍制度、就業制度、社会保障制度の不均衡認識である。とりわけ都市・農村間の大きな制度的障壁としての戸籍制度に由来する都市市民と農村住民との間の就業、社会保障、医療、教育等に関わる権利の不公平感は著しい。「公平ではない／極めて不公平だ」の両者合計は、50・5％と過半に達している。

(2) 社会矛盾の認知

次に、一歩進めて、ひとびとは現状の社会事象に関してどのような側面に矛盾を感じているのだろうか。中国社会科学院社会学研究所は、貧富の格差から、官民関係、労使関係、そして地域、宗教、民族に至るまでの矛盾を掲げ、社会矛盾の認知度を訊ねているが、所得格差への認知が45・2％と最も高い数値となっている。これに続くのが「官民矛盾」、「労資矛盾」であり、それらへの認知は、それぞれ37・4％、29・4％とされ、いわゆる公職人員とされる官僚層および企業内部における管理者サイドが所得面においても優位に立っているとの認識がこれに反映されているものと解釈することもできる。外部的には、地域間格差が問題視されているのではあるまいかとも予測されるところではあるが、実態としては「地域矛盾」はさして大きな関心を呼んではいない。同様に、中国外からはしばしば問題視される少数民族問題、宗教問題への矛盾認知は1割程度にとどまっている。

（3） 政治参加と政治信任

ならば、こうした社会的公平感と社会矛盾の認知に基づき、現代中国に生きるひとびとはどのような政治的表出行動を行っているのであろうか。

結論的には、積極的な政治参与は必ずしも現代中国人の行動特性とはなっていないことがうかがわれる。「2012年以来、参加した政治社会活動は？」との問いに対して、準備された回答項目の殆どに対して、8〜9割の回答が否定的である。外部観察者としてのわれわれは外電等により、中国における群体性事件、信訪（＝陳情）、デモ、ストライキあるいはテロといった騒擾事件の発生、そして過激なＳＮＳへのポスト等に眼を奪われることしばしばではあるが、この調査結果に依拠する限り、これら積極的な政治アクションへの参加者は僅少である。デモ、ストライキへの参加経験者は回答者中1％未満であり、周辺と政治問題を語るという行為選択も2割程度にとどまっている点は、政治好きとの中国人への全般的印象を裏切るものではある。

1986年の『中華人民共和国村民委員会組織法（試行）』の公布以来、既に30年余の歴史を有する村民（居民）委員会選挙に関する参加も、43・3％と半分にも達していないのはやや驚きではある。「民主の小実験」として、対外的ショーアップを図っているにもかかわらず、また、地域によっては8割、9割の高率が報じられることも珍しくはない「参選率」にもかかわらず、この低参加経験はどのように解釈されるべきだろうか。有効参加感覚、すなわち、各種政治参加の効能感を問うた別調査結果によれば、村民（居民）委員会選挙への否定的回答は59・4％に達しており、過半数のひとびとがその有効性に疑念を抱いていることになる。これに加えて、委託投票、代理投票という中国特有の投票形態から、有権者の現実の投票行為に直結していないという意味で、「参選率」が現実の投票率を反映するものではないことが推測される。

他方、未参加者に対し、今後の参加意欲を訊ねてみると、デモ、ストライキおよび宗教活動への忌避感と共に村民（居民）委員会選挙および各種ボランティア活動への参加が7割前後と高い点が特徴的となっている。

では、こうした公平、公正に対する不満と現状制度への不信を抱えつつも、自らの不満意識を表出する積極行動に欠ける〈新中国人〉は権力そのものの存在をどのように把握しているのであろうか。

図表3―5は、北京の党中央、国務院から省・市、県、郷と中央から地方に至る当局に対する信任度を訊ねたものである。明らかに高信任は中央から地方に下るに従い低下し、逆に「あまり信任できない」という判断は、末端になればなるほど高まっていることが理解される。つまり、前項で触れたような各種不満は最も身近な存在としての現場に集中しており、〝天高皇帝遠〟という俚諺に示されるように、遠く離れた北京にこそわれらが窮状を救う〝救世主〟がいるはずだとの伝統的信念といってもよいであろう。ここに、問題の発生とその解決責任を基層

【図表3―5】 信頼なき信任

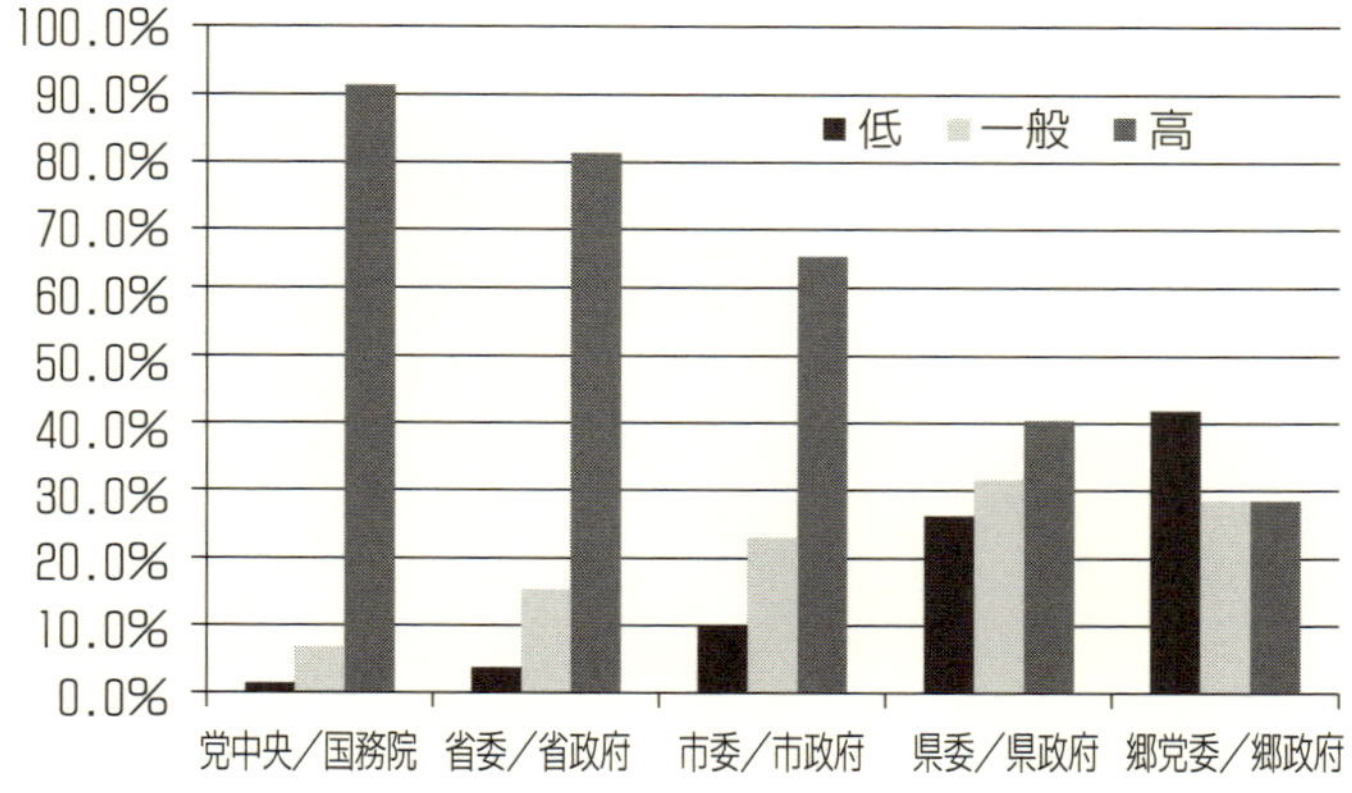

の現場に封じ込めるという中央のサバイバル戦略の奏功を見出すことができる。だが、最終的メサイアたるべき北京の「裏切り」が露見した際、すなわち、民衆の最後の救いとしてのこうした伝統的思い込みが破綻する時こそ、中国政治の最大の危機となろう。

第4節　小括―習近平の政治資産

大国意識と民族的昂揚感を特性とする新中華思想ともいうべきものは、習近平の政策オプションの選択肢の幅を限定することとなる。というのも、**図表3―6**に掲げる通り、これまで現代中国を席巻し、中国民衆を奮い立たせてきたさまざまな〝熱狂（zeal）〟も時間の経過と共に減衰パターンを余儀なくされてきたからである。「建国の熱狂」Revolution zealとは、1949年の新中国建国を契機として発生したもので、海外勢力によって領土と主権を蚕食されてきたという汚辱にまみれた近代中国史を塗り替え、国家を統一し、新たな国造りに挑むという清新な意気込みを呼び覚まし、多くのひとびとに新たな希望と情熱を与えるもの

【図表3―6】

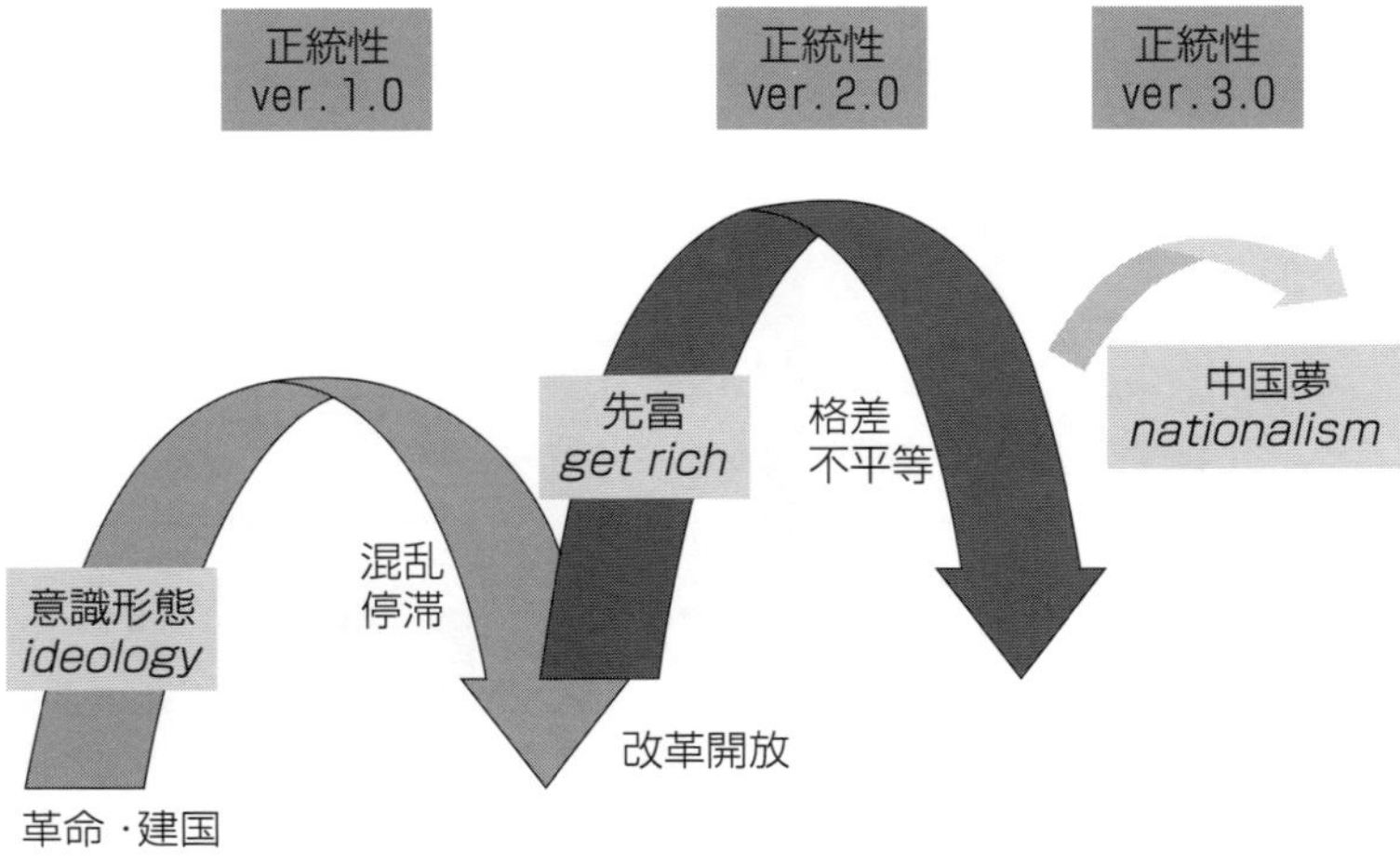

となった。これこそ建国初期における中国共産党の正統性 ver. 1.0 といってよい。だが、その「熱狂」も現代中国史の進展に伴う混乱と停滞を前に次第に減衰すると共に正統性 ver. 1.0 も次第に失効していった。

それに代わり、鄧小平が提示した「先富論」に象徴される改革開放という新たな国造りプランは、ひとびとに豊かさの追求というこれまで禁じられてきた欲望解放の夢を与え、この「改革の熱狂」Reform zeal は瞬く間に中国民衆を席巻した。これが、いわば中国共産党の正統性 ver. 2.0 である。勿論、改革初期には、それまでの社会主義的禁欲の勧めの〝慣性〟もあり、お上からのカネ儲けの勧めには不信と逡巡も存在したが、具体的な羨むべき「先富」成功事例の出現により、ひとびともこれを確信するに至り、結果〝全民皆商〟と称されるまでに中国の貨殖主義の伝統[15]が蘇生復活した。それは、しばしば「先富論」への過度の同調、あるいは「先富論」の前提としての手段と目的の正当性を等閑視する結果として、格差と不平等の顕在化をもたらすこととなり、今やこの「改革の熱狂」も次第に減衰パターンを示し、正統性 ver. 2.0 も減衰しつつある。

かくして革命伝統も、「豊かさ」の提供も、その説得力が減衰することから、浸透する大国意識にポイントを合わせた「中華の偉大な伝統の復興」という〝説得〟こそ、今日の〈新常態〉下における為政者にとってはきわめて有効なツールと映ることになる。第18回党大会における胡錦濤政治報告および第12期全国人民代表大会における習近平講話などさまざま場面で「偉大な中華民族のルネサンス」が高らかに謳い上げられるのもまさにこの所以である。習近平は、中華民族の偉大な復興を〝中国夢〟として、このチャイナ・ドリームの実現のためには「中国道路」の堅持、「中国精神」の発揚が必要である旨、その夢を熱く語っており、中国共産党は今やこのナショナリズムを中国共産党の正統性 ver. 3.0 として活用しようとしているといえよう。

しかしながら、それは文字通り「両刃の剣」でしかない。ひとびとに「大国地位」、偉大な中華の伝統を訴えかけることで求心力を高めようとすれば、逆にひとびとからより「大国にふさわしい」あるべき姿への期待感が強まることになるからである。大国たる実質水準を…というひとびとの要求水準の高まりは内政面では社会福祉、公共サービス提供レベルの一層の引き上げを政治に求める。また、国際社会場面裡で、より「大国にふさわしい」地位と尊厳を希求するひとびとの願いに対し、若し習近平の政策選択結果がこれに相応していないと看做される場合には、大国にあるまじき「弱腰姿勢」として、当局への強烈な不満へと転化しかねないからである。この正統性 ver. 3 には、大国としての〝説得〟を推し進めることで、党支配の正統性を調達しつつ、同時にそのラディカル化によるブーメラン効果を防止するというきわめて精妙な政策運営のステアリングが《新常態》下の習近平リーダーシップには求められている。

以上、これまで瞥見したところをとりまとめ、習近平の政治資産貸借表とすることで本章の小括としよう。

第一に、人口構造、社会意識等の中国社会のさまざまな構造変動からもたらされる緊張が、今日の中国政治社会のガバナンスが直面する政治社会の《新常態》情況である。それが、大きな「内圧」として〝蓄圧〟され、政治社会領域の《新常態》と化しており、これに如何に対抗するかが、《新常態》下の中国政治の主要な関心事項となっている。

第二に、政治権力エリート層内部にあって「共有される危機意識」こそが、最高指導者の座へと習近平個人を押し上げる結果となった。習個人をも含む政治指導部内にあっては、さまざまな政治志向と政策選択が存在しており、その分岐情況はあたかも熾烈な権力闘争を想起させる状況とも映る。だが、中国共産党自身のサバイバルと党の絶対指導性を根底に措いた現政治体制の存続強化という一点において政治指導部エリート間には何らの分岐もない。

第三に、習の手中にある強大とも映る権力はあくまで「状況的権力」でしかない。ポストコレクションに象徴されるような未曾有のレベルとも映る習個人のリーダーシップも実際のところ、習自身の個人カリスマではなく、あくまで「状況カリスマ」と称すべきものにとどまる。なぜなら、改革が不可欠との強い確信を持つ指導者としての習近平が、結果として、こうした《新常態》下の中国政治情況から〝選出〟されたに過ぎないからである。

第四に、この結果、危機対応とリスク管理を本旨とするリーダーとしての習近平のトップの座は揺るぎようもない。だが、「状況カリスマ」としての習近平の政治資産は本章で検討した通り、これまでの「成果」の上に立つ諸困難が屹立している。

果たして習近平は、これらのハードルを成功裡に超えることができるであろうか。制度的基盤を背景とした習近平の「状況権力」はその強化のためには制度的突破を必要とするという逆説的情況に遭遇している。

●注および参考文献

1　王緝思《中国学者看世界》新世界出版社、2007。
2　閻学通（清華大学当代国際関係研究院院長）《環球時報》2011-12-30。
3　C. Fred Bergsten. "A Partnership of Equals : How Washington Should Respond to China's Economic Challenge", *Foreign*

Affairs, July/August 2008 Issue. バーグステンは、国際問題への中国の責任ある対応を引き出すために米中首脳の定期協議の「G2」を創設するように提言している。

4　産経新聞、2008年3月12日　キーティング大将は「冗談とはいえ、中国軍の戦略的考え方を示唆している」と分析している。

5　カリフォルニア州での米中首脳会談（2013年6月）でオバマ大統領に対し、また、米中戦略経済対話で訪中したケリー国務長官に対して、習主席は「広大な太平洋には中米2大国を受け入れる十分な空間がある」との提案を行っている（15年5月）。ただ、16年米中戦略・経済対話では「広大な太平洋を各国が対決する競技場にすべきではない」と述べ、米中太平洋「分割統治論」の封印を示唆している（読売新聞16年6月6日）。

6　習近平・オバマ首脳会談（2013年）後、楊潔篪国務委員は、「米中新型大国関係」の内容を、①衝突対抗ではなく、対話と協力を通じて、矛盾と相違を適切に解決する、②それぞれの国が選んだ社会制度と発展の道そして利益と関心点を尊重しあい、小異を残して大同に就き、互いに包容し、共に前進する、③自国の利益を求める時、相手の利益にも配慮し、自国の発展を求めると同時に、共同発展を推進し、絶え間なく共通利益を実現するための仕組みを模索するウィンウィン関係を目指すこと等ととりまとめ、解説している「楊潔篪：中美建立新型大国関係前无古人，后启来者」、13年8月16日中国新聞網 http://www.ce.cn/xwzx/gnsz/gdxw/201308/16/t20130816_24669820.shtml

7　言論NPO2014。

8　環球輿情調査中心主編『中国民意』人民日報出版社、2013。

9　汪錚『中国の歴史認識はどう作られたのか』東洋経済新報社、2013。

10　とりわけ、1968年以来、日本人が精神的支柱としてきたところの「世界第二の経済大国」という居心地のよい国際的ポジションを2010年段階で中国が奪い去ったところから、日本に対する強烈な民族主義的な優越情緒も生まれることとなる。いわば、有史以来東アジアにおける〝長兄〟として永く君臨していた中国にとって、単なる〝末弟〟に過ぎぬ日本が明治維新によって「西洋の衝撃」を成功裡に吸収し、あろうことか中国に先んじて近代化を達成、あまつさえ〝長兄〟たる中国に軍靴を進め、蹂躙の限りを尽くす…のみならず、一敗地にまみれたはずのその哀れな〝末弟〟が灰燼の中から不死鳥の如く「奇蹟の復興」を果たし、改革・開放の〝老師〟役を務める…この構図は、一家の長としての〝長兄〟には到底甘受し難い情況だったからである。

11　于建嶸『移行期における中国郷村政治構造の変遷—岳村政治』日本僑報社、2012。

12　官僚層、すなわち、公務人員とは文字通り、市民サービスを旨とするもので、官僚への不満とは公共サービスへの不満そのものである。上述の通りの多元化、錯綜化傾向から、千差万別の市民の要求のすべてを満足させることは至難の業であるとしても、当今の猖獗を極める官僚腐敗と無縁ではない。

13　楊継縄『中国当代社会階層分析』江西高校出版社、2011、351頁。
14　『2016年中国社会形勢分析与預測』中国社会科学文献出版社、123頁。
15　村松祐次『中国経済の社会態制』東洋経済新報社、1949。

第4章 中国の軍事力と戦略

本章では、アジア太平洋地域におけるパワー・トランジションの最大要素である中国のパワーアップ、特に中国人民解放軍（以下「中国軍」という。）の軍事力の増強とその軍事戦略について、これまでの経緯、現状及び将来の展望を論述する。アジア太平洋地域といった国際関係を課題としているので、対象とする戦力を核戦力、通常ミサイル戦力、宇宙利用及び対宇宙能力、空軍並びに海軍に絞ることとする。

第1節 中国国防費の動向

中国の国防費は、一貫して増加している。中国政府は、2016年3月、同年度の国防予算を約9,543億5,400万元（1元＝19円換算で約18兆1,327億円）、対前年度予算比で7.6％の伸びと発表している[1]。

図表4－1は、1989年度以降各年度の中国の公表国防費の額と対前年度伸び率を示している。公表国防費の名目上の規模は、88年度から28年間で約44倍、2006年度から10年間で約3.4倍である[2]。中国の公表国防費には幾つかの重要な支出項目、例えば、研究開発及び外国の武器や装備品の調達経費が除かれている。米国国防省は、15年度の中国の軍事関連支出を1,800億米ドル以上と見積もっている（同年度の公表国防費は、1,440億米ドル）[3]。このように、中国の国防費（軍事関連支出経費）は、急激に

増加しているが、そもそも中国は、どのような軍事戦略に基づき、何を目標に国防費を増加させて来ているのであろうか。

第2節　中国の軍事戦略

（1）中国軍の使命と戦略的任務

中国は、２０１５年5月、『中国の軍事戦略』をテーマとする国防白書を発表した[4]。この国防白書によれば、中国の国家戦略目標は、中国共産党結成１００周年に当たる21年までに全面的小康社会（いくらかゆとりのある社会）の建設を達成すること、中華人民共和国建国１００周年に当たる49年までに富強、民主、文明、調和の社会主義近代化国家の建設を達成することである。中国の夢は、中華民族の偉大なる復興を実現することであり、国を強くすることである。中国軍は、軍を強くするという夢を中国の夢の一部としてとらえ、強い軍がなければ、国は安全でも強くもならない[5]、としている。そして、白

【図表４―１】　中国の公表国防費[6]

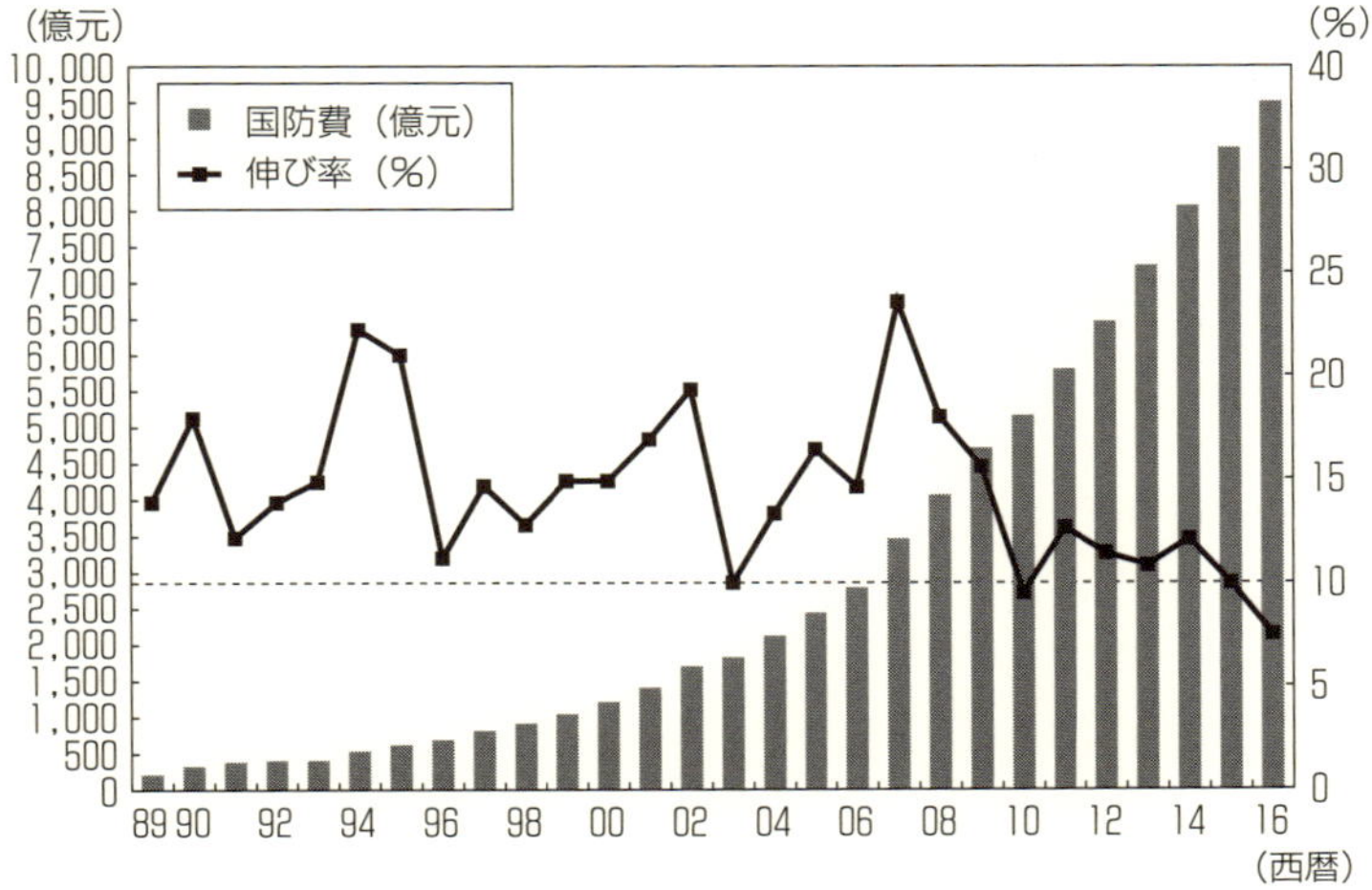

書には、中国軍の戦略的任務として次の八つを掲げている[7]。(カッコ内は筆者による補記)

- 広範囲な緊急事態や軍事的脅威に対処し、中国の領土、領空及び領海の主権と安全を効果的に守ること
- 祖国の統一を断固として守ること
- (宇宙やサイバーなどの)新たな領域における中国の安全と利益を守ること
- 中国の外国における利益の安全を守ること
- 戦略的抑止を維持し核反撃を遂行すること
- 地域及び国際の安全保障協力に参画し地域及び世界の平和を維持すること
- (中国への)潜入、分離主義及びテロリズムに対する作戦努力を強化し中国の政治的安全及び社会の安定を維持すること、そして
- 緊急救援・災害救助、権益保護、警備、及び国家経済・社会発展の支援の任務を行うこと

(2) 積極的防御の戦略方針

「積極的防御の戦略思想」は中国共産党の軍事戦略思想の基本点である[8]。積極的防御とは、戦略的防御と戦域的・戦術的攻撃の統一性を遵守すること、換言すれば、我が方は攻撃されなければ攻撃しない、しかし、攻撃されるならば確実に反撃するとの立場を遵守することである。そして、中国軍は、軍事闘争準備の重点を、情報化局地戦争(informationized local wars)に勝利することに置き、特に海上軍事闘争及び海上軍事闘争準備を強調している[9]。「情報化」とは、ネット・セントリック能力という米軍の概念に近い[10]と解釈されている。すなわち、それは、発展した情報技術と通信システムを使い敵に対する作戦上の優位を獲得する軍の能力である。積極的防御の軍事戦略方針を実施するためには、中国軍は基本的な作戦

上の教義を新たにし、柔軟性、機動性及び自立という諸原則を遵守し、統合された戦闘力をシステム対システムの作戦で勝利するよう用いる。このシステム対システムの作戦は情報優位、精密攻撃及び統合運用を特徴としている[11]、としている。

(3) 中国軍の軍改革

2015年の中国国防白書は、「中央軍事委員会の指揮機構及び戦域レベルの統合作戦指揮機構を構築・進展する[12]」と記載していたが、同年11月、習近平国家主席は、中央軍事委員会改革工作会議において、①陸軍司令部の設置、②4総部[13]の機能を吸収することによる中央軍事委員会の権限の強化、③中央軍事委員会―戦区―部隊の作戦指揮体系と中央軍事委員会―各軍種―部隊の指導管理体制の構築、④軍内の綱紀粛正強化を目的とした新たな中央軍事委員会規律検査委員会と中央軍事委員会政法委員会の設置などの改革案に言及し、20年までに推進する旨発表した[14]。この方針に基づき、15年末から翌16年2月にかけて、一連の軍改革がなされた。

まず、2015年12月31日、「陸軍司令部」、「ロケット軍」及び「戦略支援部隊」の3組織を新設した。陸軍司令部の新設は、これまで上位にあった陸軍を海空軍と並列に置くことを意味し、また、第二砲兵のロケット軍への昇格により、ロケット軍は陸海空軍と並ぶ4大軍種の一つとして位置づけられた。更に、戦略支援部隊は、宇宙及びサイバー領域を管轄する部隊として創設された。翌16年1月11日、中央軍事委員会の下の4総部体制を廃止し15部門[15]を設ける新体制を発足した。そして、同年2月1日には、東・西・南・北・中部の5戦区を創設し、それぞれ統合作戦指揮機構を設置した。この一連の軍改革は、①中央軍事委員会を中心とした統合作戦体制の強化、②指揮命令系統の簡素化を通じた中央軍事委員会の権限と緊急対応能力の強化、③既存の陸軍中心主義からの脱却、などを目指していると指摘されている[16]。

第3節　中国軍の戦略目標と将来展望

（1）　核戦力

中国の核戦力は、国の主権と安全を防御する戦略的な基礎であり、中国は、（中央軍事委員会指揮の下）核兵器の先行不使用政策を継続し、自衛のための核戦略を遵守する。国の安全を維持するために必要な最小レベルの核戦力を常に保持する。核戦力構成を最適化し、戦略的早期警戒、指揮統制、ミサイル突破能力、即応対処及び残存性・防護能力を向上し、他国による中国に対する核の使用又はその威嚇を抑止する[17]、としている。

中国の核弾頭数は約260[18]であり、その数を漸増させている。中国は、核戦力の即応性、残存性（第二撃能力）及び突破能力（打撃力）の向上を図っている。具体的には、固定サイロから車載移動式にする、液体燃料から固体燃料に移行する、ミサイル発射基地・陣地の隠ぺい化を図る、レーダや衛星により早期警戒体制を強化する、ミサイル防衛（中間段階でのミサイル迎撃）を構築する、複数弾頭化（MIRV）を図る等の施策を進めている。

大陸間弾道ミサイル（ICBM、射程5、500㎞以上）としては、DF（東風 Dong Feng）-5B（液体燃料／サイロ／MIRV、射程13、000㎞）、DF-31（固体燃料／車載移動式、射程7、200㎞+）、DF-31A（固／移、11、000㎞+）、DF-41（固／移／MIRV、15、000㎞）等があり、

中距離弾道ミサイル（IRBM、射程3,000-5,500km）としては、DF-26（固/移、4,000km）[19]の配備が進められている。また、中国は、ミサイル防衛網の突破が可能となる打撃力の獲得のため、弾道ミサイルに搭載して打ち上げる極超音速滑空兵器（DF-ZF/WU-14）の開発を推進しているとみられている[20]。

非脆弱な第二撃能力を構築するためには、弾道ミサイル搭載原子力潜水艦（SSBN）及び潜水艦発射弾道ミサイル（SLBM）の整備が必要である。中国は、海南島の海軍基地を母港として、潜水艦発射弾道核ミサイルJL（巨浪 Ju Lang）-2（固体燃料、射程8,000km）及びJL-2を搭載するジン（晋 Jin）級SSBN[21]の運用を開始している。このジン級SSBNの運用開始により、中国は、初めて海上配備の戦略核戦力を保有することとなった。

図表4―2は、中国の北京を中心点として、世界の主要地点との距離（ミサイルの射程）を描いたものだが、ジン級SSBNのパトロール海域が、南シナ海やいわゆる第二列島線以西の西太平洋海域だとした場合、JL-2は、東南アジア諸国、日本、ロシア、インド等を射程圏内に収めるが、米国ワシントンD.C.には到達しない。したがって、中国は、タン（唐 Tang）級SSBN（ジン級の後継艦）とJL-3（JL-2の後継、射程12,000km）の開発を始めている[22]。

一方、航空機搭載の核ミサイルとしては、中国は、H（轟 Hong）-6K爆撃機に搭載されるCJ（長剣 Chang Jian）-10A（射程1,500km+）を保有している。H-6Kの行動半径は約1,800kmであることから、例えば、中国本土の航空基地からグアムに対して、CJ-10Aによる攻撃が可能である。また、中国は、長距離爆撃機（戦略ステルス爆撃機）の開発を継続している。これにより、中国は、いずれ、米国の戦略核戦力の3本柱（triad）と同様に、陸上発射、潜水艦発射及び戦略爆撃機発射の核ミサイルの3本柱

【図表 4 ― 2】 中国（北京）を中心とする弾道ミサイルの射程

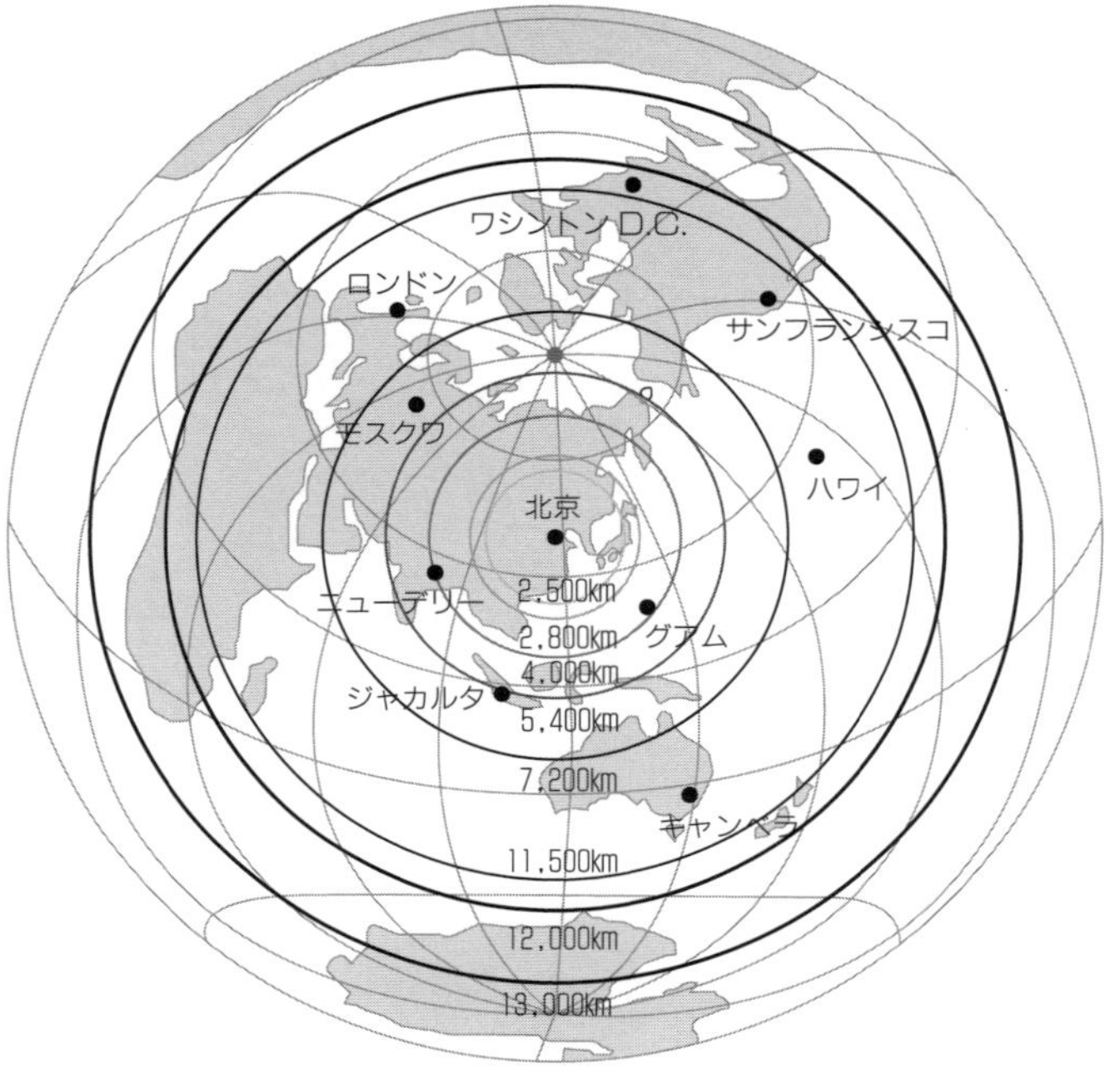

1,750～2,500km	DF-21，DF-21A/B/C の最大射程
2,400～2,800km	DF-3，DF-3A の最大射程
4,000km	DF-26の最大射程
5,400km	DF-4の最大射程
7,200～11,500km	DF-31，DF-31A の最大射程
12,000～13,000km	DF-5，DF-5A/B の最大射程

出所：『平成28年版防衛白書』，図表Ⅰ-2-3-2 の抜粋。

を整備し、残存性と戦略抑止力の向上を図る[23]ものと考えられている。

中国の核戦力は、即応性、残存性（第二撃能力）及び突破能力の質的向上を図るとともに、量的（弾頭数）漸増を継続している。予見し得る将来にわたり、中国の核戦力が米国に対して確実な第二撃能力を持ち、相互抑止が成立したと中国が認識する状況に至るかは不明であるが、いずれにせよ、中国は、引き続き核戦力の近代化を進め、戦略的安定性を目指して行くものと考えられる。

（2） 通常ミサイル戦力

中国軍の通常ミサイルの運用は、核と異なり、「先機制敵、重点突破」という攻撃的な原則を採っている[24]。「先機制敵」とは、敵より先に行動し、敵の不意、不備をつくことであり、戦役初期においては通常ミサイル戦力は先行使用される。また、「重点突破」とは、相手の急所となる重点目標に対して精密打撃を加えることである。

1966年7月、旧第二砲兵（現ロケット軍）は、核戦力部隊として発足した。80年代半ばまでは旧第二砲兵のミサイルはすべてが核搭載用であったが、90年代以降、特に、95年～96年の第三次台湾海峡危機[25]を契機として、中国は、対台湾向け短距離通常弾道ミサイル（SRBM、射程1,000km以下）の配備を行った。2015年末時点で約1,200発保有している[26]。更に、情報化が進展し精密打撃能力の重要性が高まる中、命中精度を上げた準中距離弾道ミサイル（MRBM、射程1,000-3,000km）及び中距離弾道ミサイル（IRBM）の配備を進めている。

SRBMでは、DF-15B（射程600km）及びDF-16（1,000km）は、その命中精度を表す半数必中界（CEP）[27]が10m以下だと言われている。MRBMでは、DF-21C（1,750km）及び対艦（空母）

弾道ミサイルＤＦ-21Ｄ（1､５５０㎞）の配備が進められている。特に、ＤＦ-21Ｄは、移動目標である空母を対象とすることから、慣性誘導と終末レーダ誘導を組み合わせるとともに、地上のＯＴＨレーダや偵察衛星を用いた目標の位置情報を瞬時にミサイルの誘導に反映させるための技術的課題の克服が必要となる。ＩＲＢＭでは、ＤＦ-26（固体燃料／車両移動式、4､０００㎞）の配備が始まっているとみられる。ＤＦ-26は最新のＩＲＢＭであり、核弾頭型と通常弾頭型があり、対艦攻撃も可能である[28]。巡航ミサイルでは、長距離対地巡航ミサイルＤＦ-10Ａ（1､５００㎞＋）を配備している。このミサイルは、慣性航法・地形照合機能及び衛星航法機能により、ＣＥＰは10ｍ以下だとされている。また、Ｈ-6Ｋ爆撃機搭載用の巡航ミサイルとして、ＣＪ-10Ａを保有している。

中国軍は、中国本土から遠隔の地域におけるＣ4ＩＳＲ[29]と精密打撃兵器による効果的な作戦遂行能力を持つことにより情報化局地戦争で勝利することを目標としており、「先機制敵、重点突破」の原則に基づき、統合作戦の初期段階での通常ミサイルによる攻撃を重視している。攻撃目標として、敵の司令部やＣ4ＩＳＲ関連施設、防空ミサイル基地、航空基地、空母打撃群等を挙げている。このような考えの下、中国軍は、ＭＲＢＭ／ＩＲＢＭについては数量が不十分との認識から、今後更に増強し中長距離精密打撃能力の強化を図って行くものと考えられる[30]。

（3）　宇宙利用と対宇宙能力

中国軍は、軍事面での宇宙利用及び対宇宙能力の強化を継続している。２０１５年の中国国防白書は、「宇宙空間は国際戦略競争における制高点（a commanding height）になった[31]」と記載している。中国軍は、宇宙配備システムを使う能力、及び敵に対して同システムを拒否する能力が、現代の情報化戦争を可能にする中核だと見ており、宇宙での作戦は、他の中国軍の作戦行動に不可欠な構成要素となり、第三者の介入に対抗する行動を可能とするカギとなる役割を果たすこととなる[32]、と考えている。

中国は、衛星通信、情報・監視・偵察（ＩＳＲ）及び衛星航法分野の強化に精力を傾注している[33]。静止衛星であるデータ中継通信衛星「天鏈」は、２０１２年7月までに3基が投入され、即時データ伝送が可能となった[34]。16年8月打ち上げの実験衛星「墨子」は通信傍受や暗号解読が不可能だとされる量子通信の実験に使用されている[35]。情報・監視・偵察衛星は、「遥感」、「実践」、「高分」と呼ばれる、光学・赤外線センサー、合成開口レーダ（ＳＡＲ[36]）及び電子偵察の各種衛星を打ち上げている。「遙感」衛星30号までのうち何基かは衛星群を形成し海上移動目標の位置測定を行っている[37]。14年8月打ち上げの「高分2号」はパンクロ分解能[38]1m以下の光学系画像衛星である[39]。15年12月打ち上げの静止衛星「高分4号」はパンクロ分解能50m[40]であり、空母打撃群を常時監視し位置情報を収集することにより、例えば対艦弾道ミサイルの精密誘導に必要な監視衛星として利用されるものと考えられる。16年6月に正式に運用を開始したとされている[41]。また、同年8月には、ＳＡＲ衛星の「高分3号」が打ち上げられている[42]。航法・測位衛星「北斗」は、12年12月からアジア太平洋地域で運用開始しており、20年には全世界での運用を予定している[43]。

一方、中国は、各種の対宇宙（Counter-space）能力の開発を継続し、緊急事態又は有事に中国軍の敵対勢力による宇宙配備資産の使用を制限・阻止する能力を強化しようとしている[44]。２００７年1月、中国は、衛星攻撃（ＡＳＡＴ）ミサイル（ＳＣ-19）により、故障した自国気象衛星を意図的に破壊し、大量のスペース・デブリを発生させた。それ以降も、14年7月に衛星破壊はしないが類似の実験を実施している[45]。また、15年10月、新疆ウイグル自治区のミサイル実験場から人工衛星攻撃のための新型ミサイル（Ｄ

N-3）の発射実験を実施したとされ[46]、その時点まで都合8回ASAT発射実験を行っている。

攻撃機能を有する人工衛星を秘密裏に軌道上に待機させておく、いわゆるキラー衛星の開発も行われている。2010年6月、酒泉から「実践12号」が太陽同期軌道に投入された。この衛星は、科学技術実験との報道[47]だったが、衛星攻撃のための実験であった可能性が指摘されている[48]。また、13年7月、太原から「実践15号」など3基の衛星が太陽同期軌道に投入された。宇宙ごみの観測、宇宙用マニピュレータの操作などの宇宙保守技術の科学試験である旨中国当局は発表しているが[49]、3基の衛星は、接近、捕獲又は結合に関する操作を実施しており、衛星攻撃のための実験であった可能性がある[50]。更に、地上設置型対衛星レーザー兵器により、画像衛星などの低高度周回衛星を盲目化する実験を実施している他、衛星管制センターに対するサイバー攻撃、通信衛星に対する妨害電波など対宇宙能力の強化を図ろうとしている[51]。

宇宙分野への高い優先順位付けにより、宇宙利用によるC4ISR能力の急速な強化や対宇宙能力の独自開発が進展し、中国は既に世界でも卓越した宇宙大国となっている。データ中継衛星、ISR衛星及び航法・測位衛星の運用が開始され、攻撃目標の位置特定の向上と各種衛星の利用により、精密打撃兵器（長距離巡航ミサイル、対艦弾道ミサイル）による効果的な作戦遂行を可能とすることを中国軍は目指しているものと考えられる。また、対宇宙能力、特に対衛星兵器の開発・実験は、宇宙空間における米国の戦略的優位性を脅かすおそれがある。対宇宙能力の行使により、中国軍は情報化局地戦争に勝利する可能性を高めることになりかねないものと思料される。

(4) 空　軍

中国空軍の戦略は、時代の変遷とともに、その任務を拡大している[52]。空軍創立の1949年当時は領空の制空権を確保する「国土防空」であったが、80年代半ばからは「攻防兼備」、すなわち、領空防御よりも広い範囲をカバーする必要性を空軍の戦略とした。更に、2004年から「空天一体、攻防兼備」と称し、宇宙衛星システムと空軍の統合を進めることで作戦を支援し、戦力投射を更に遠方に拡大することを目指している[53]。09年、許其亮・空軍司令員（当時）は、空軍創立60周年に際して、「空天一体、攻防兼備」の空軍戦略が既に確立されていることを明らかにしている。また、14年4月、習近平は、空軍に対して、「空天一体、攻防兼備」の強大な空軍建設を早めることを要求した。15年の国防白書では、「中国空軍は、（中略）情報化作戦の必要事項を満たすことができる航空宇宙（空天）防衛体系を構築する」とし、「能力構築重点事項は、戦略的早期警戒、航空攻撃、防空・ミサイル防衛、対情報措置、空輸作戦、戦略的（戦力）投射、及び総合的（後方）支援」である旨記載している[54]。

空軍力構築の概要は、まず、早期警戒機、偵察・測位衛星、陸上レーダなどの情報を結合した早期警戒システムを構築し、全領域を一体化した情報システムを構築することである。また、長距離で早期警戒、打撃、制空、輸送等の任務を行い、行動範囲が全領土と戦略的利益のある海域上空を有効にカバーすることが出来るように、遠方への戦力投射と打撃能力を保有すること、空対地ミサイルなどの精密打撃能力を向上させること、及び要撃戦闘機重視（国土防空）から、多用途戦闘機（攻防兼備）、C４ＩＳＲ対応の作戦支援機（空天一体）へと戦力バランスを調整することである。

中国空軍は、戦闘機の世代交代と多用途戦闘機の増強を行っている。**図表４－３**に示す通り、対地攻撃能力を有する多用途戦闘機（Ｊ（殲 Jian）-10、Ｊ-11Ｂなど）やその他第４世代戦闘機を増加させている。また、爆撃機については、空対地巡航ミサイルＣＪ-10を搭載する新型機Ｈ-６Ｋ（36機＋、航続距離３、５００㎞）を整備している。

作戦支援機としては、早期警戒指揮管制機KJ（空警 Kong Jing）-2000（4機、母機Il-76）、早期警戒機KJ-200（4機、母機Y-8）、KJ-500（母機Y-9）、電子偵察・電子戦機Y-8G等を保有している。輸送機については、中型輸送機Y（運 Yun）-9（3機）、大型輸送機Il-76（16機+）、給油機H-6U（10機）を保有するが、いずれも旧型であり、中国はIl-78をウクライナから3機購入する契約を行い2機取得し、空中給油機としての運用を準備している。これにより、SU-30やKJ-2000の行動半径を倍加することが可能となる。一方、中国は、大型国産輸送機Y-20（最大搭載量66t、航続距離4，500km）を開発しロシア製のエンジンを搭載して一部運用を開始したが、国産エンジンWS（渦扇 Wo Shan）-20を搭載したY-20については、推力不足で運用開始まで時間を要するとの見方がある。

軍用機の国産化を実現させるための課題は、航空機用エンジンの国産開発であろう。JH-7用のWS-9はロールスロイス製Spey、J-10やJ-11B用のWS-10はロシア製AL-31FNである。WS-15（J-20用）、WS-18（H-6K用）及びWS-20（Y-20用）が要求性能を満たす信頼性のある軍用機エンジンとなるかが今後の中国軍の航空機開発のカギとなる。

【図表4—3】 第4世代戦闘機数の推移

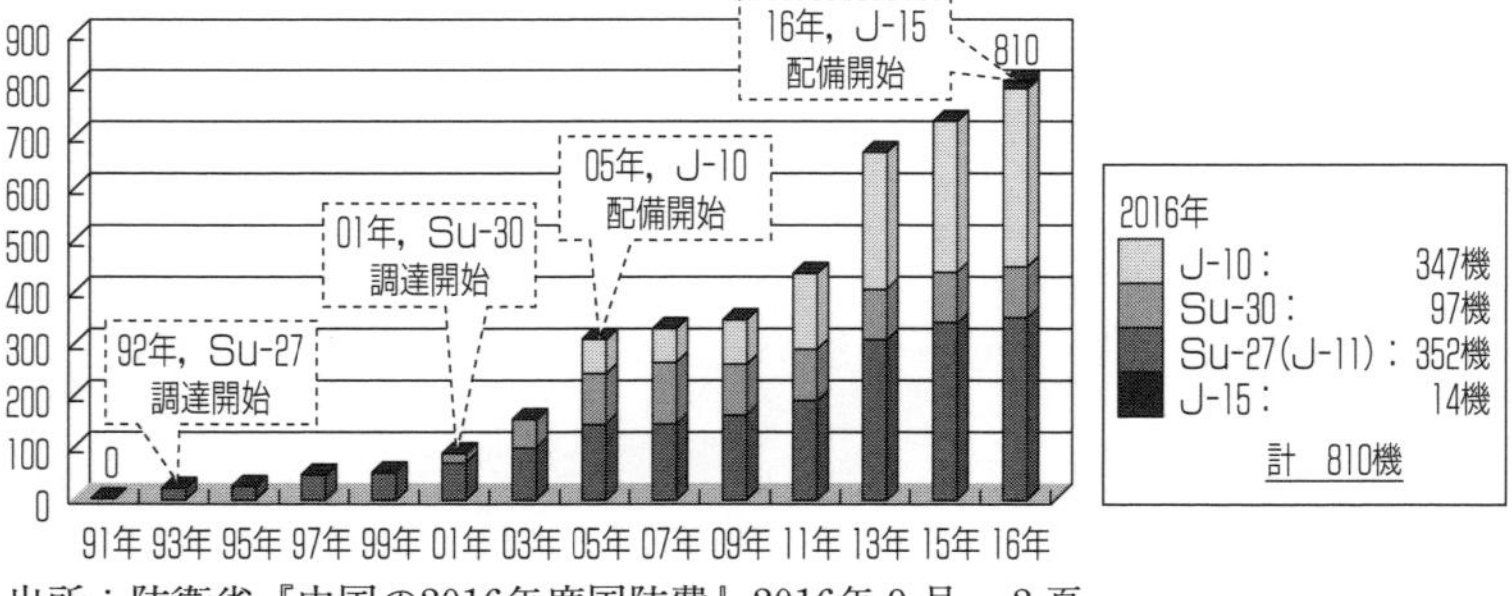

出所：防衛省『中国の2016年度国防費』2016年9月，2頁。

「空天一体・攻防兼備」実現に向けて、中国空軍は、作戦支援機の強化、攻撃能力の強化及び防空・ミサイル防衛能力の向上を図って行くものと考えられる。作戦支援機の強化については、大型輸送機Y-20や空中給油機の開発・配備を進め、戦力投射能力、空中給油などの機能の強化を進めていくこととなろう。また、早期警戒指揮管制機及びISR機の開発を進め、全領域一体化システムの構築を図り、西太平洋における偵察・指揮管制能力を保有することを目指している。攻撃能力の向上については、対地攻撃戦闘機（J-20ステルス機及び無人攻撃機）、超音速対艦巡航ミサイル（ラムジェット・エンジン方式）CX-1、及び長距離爆撃機の開発・実用化を進めている。

(5) 海軍

中国海軍の戦略は、中国の経済力及び外国での権益の拡大に伴い、変遷して来た。そのポイントを活動海域及び主目標の視点から整理すると、次の通りである[55]。

1949年から70年代末までの期間は、「沿岸防御・近岸防御」と称し、内水と本土から遠くない沿岸・近岸を活動海域とし、陸上戦闘の補完、海上からの敵の浸透防止等を主目標としていた。80年から2000年代初めまでは、「近海防御」と呼ばれる時期である。活動海域は、いわゆる第一列島線内の黄海、東シナ海及び南シナ海並びにその外側の海域であり、目標は、侵略防止、国家統一、領土保全、海上交通保護、海洋権益擁護等である。04年以降の海軍戦略は、「近海防御・遠海護衛」である。自国の国益が世界に拡大するにつれ、中国海軍の作戦海域も遠海に拡大した。その戦略目標は、近海防御戦略としての目標を維持・強化しつつ、海外における中国の利益の擁護、核抑止や核兵器による反撃、国際的な安全保障協力への参加等であるとされる。

中国海軍は、新たな海軍戦略の下、急速に水上艦艇及び潜水艦の更新・近代化を行っている。海軍の現有保有隻数及びトン数は、それぞれ約８８０隻及び約１５０万トンである[56]。１９９６年当時と比較し、保有隻数は旧式の哨戒艇や補助艦艇等の退役により減少したが、総トン数は約50万トン増加した。

図表４―４は、新型駆逐艦（ルフ（旅滬）級、ルーハイ（旅海）級、ソブレメンヌイ級、ルーヤン（旅洋）級、ルージョウ（旅洲）級、及びルーヤン（旅洋）級）と新型フリゲート（ジャンウェイ（江衛）級及びジャンカイ（江凱）級）の隻数、並びに新型潜水艦（ジン（晋）級ＳＳＢＮ、シャン（商）級ＳＳＮ、キロ級ＳＳ、ソン（宋）級ＳＳ、及びユアン（元）級ＳＳ）の隻数が、２０１６年現在、それぞれ52隻及び45隻となり、近年急速に増強されていることを示している。

中国海軍は、空母及び空母打撃群の整備を進めている。空母遼寧（Liaoning、母船は１９８８年11月進水のヴァリヤーグ）は、２０１２年９月、海軍艦艇として就役した。同年11月、Ｊ-15艦載戦闘機による発着艦

【図表４―４】　新型駆逐艦・フリゲート及び潜水艦の隻数の推移

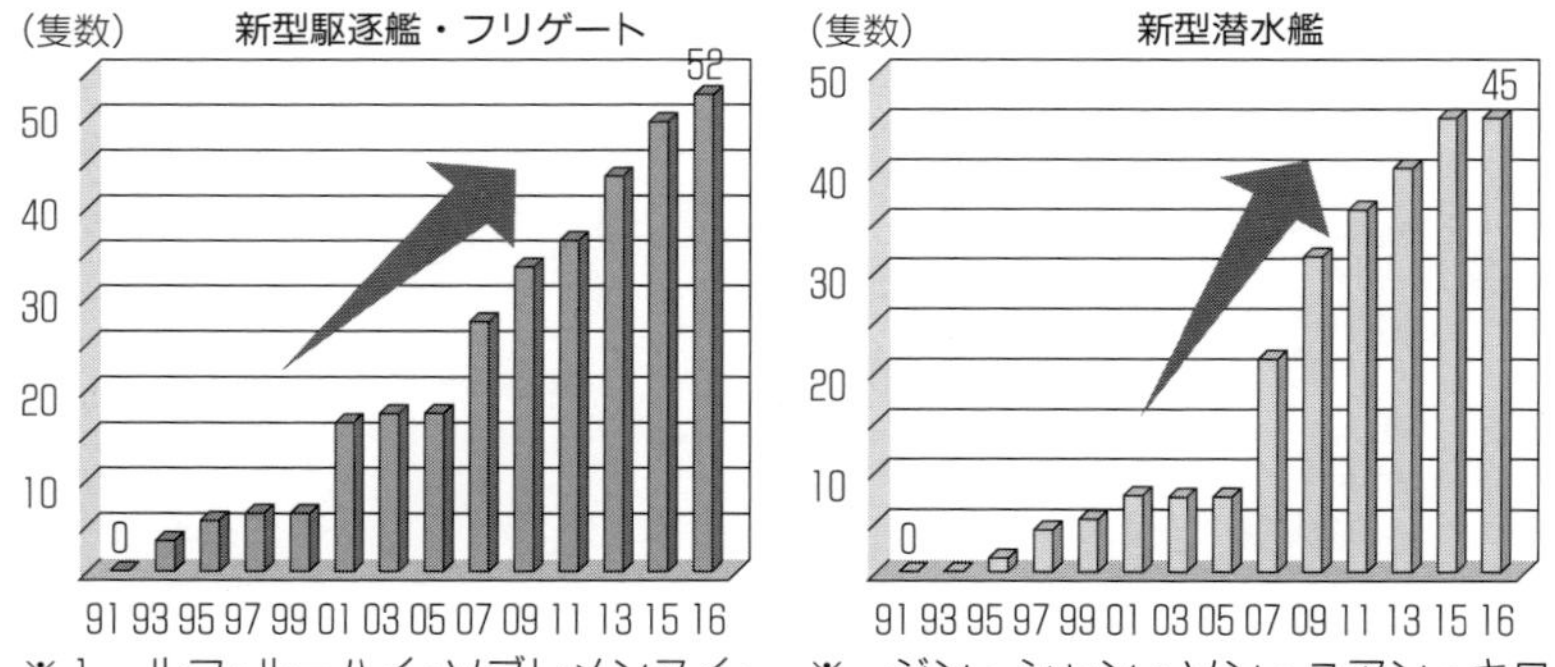

※１　ルフ・ルーハイ・ソブレメンヌイ・ルーヤン・ルージョウの各級駆逐艦及びジャンウェイ・ジャンカイの各級フリゲートの総隻数

※２　この他中国は19隻（2016年）のジャンダオ級小型フリゲートを保有

※　ジン・シャン・ソン・ユアン・キロの各級潜水艦の総隻数

出所：防衛省『中国の2016年度国防費』2016年９月，２頁。

試験を実施した旨伝えられた。15年12月、中国は、国産空母1番艦（通常型・スキージャンプ式）を大連で建造中である旨公表した。また、国産空母2番艦を上海で建造中である[57]。16年12月25日、空母遼寧、ルーヤン級駆逐艦3隻及びジャンカイ級フリゲート2隻の計6隻の中国海軍艦艇が東シナ海から西太平洋に向けて宮古海峡を通過したことが確認されている[58]。中国海軍空母としては、初めての第一列島線以遠への展開であった。南シナ海での訓練後、17年1月11日に台湾海峡を北上し、日本の先島諸島及び台湾を周回した点も注目される。

空母打撃群の1個編成は、空母本艦のほか、空母艦載機として、通例、早期警戒機、電子戦機、戦闘機、対潜・救難ヘリ、及び輸送機が必要である。随伴艦としては、攻撃型（原子力）潜水艦、防空・対潜、対艦・対地攻撃能力のある駆逐艦等数隻、補給艦及び給油艦が必要である他、空母の母港近傍に、艦載機用の航空基地が必要となる。国産空母1番艦は、原子力推進ではなく通常型であり、また、航空機の発艦方式はカタパルトではなくスキージャンプ式のため発艦時の重量制限があること等から、無給油での空母打撃群の航行期間、空母艦載戦闘機の運用可能機数及び搭載武器（対地攻撃）等が制約されるものと考えられる。また、中国海軍は、対潜水艦作戦（ＡＳＷ）能力が相対的に劣り、潜水艦からの攻撃に脆弱であることから、これらの弱点を克服しない以上、中国空母部隊の緊急事態又は有事における展開可能海域は限定されるものと考えられる。

中国海軍は、その戦略目標の一つが戦略的核抑止及び第二撃力の強化を図ること[59]であり、ＪＬ－3とタン（唐）級ＳＳＢＮの開発・配備を追求することである。また、中国海軍は、東シナ海、南シナ海等の地域における領土・主権問題や海洋権益を巡る争いで優位に立つため、平時におけるプレゼンスを強化しつつ、緊急事態又は有事において、宇宙利用等で強化されたＣ４ＩＳＲ能力の下、通常ミサイル戦力を背景に、海上・航空優勢を確保できる能力の構築を目指すものと考えられる。具体的には、原子力推進空母（カタパルト方式）の建造を含む空母部隊の整備、強襲揚陸艦の整備、比較的安価なコルベット艦の増強等が挙げられる。但し、ＡＳＷ能力への取り組みが、今後の中国海軍の軍事力強化を左右するものと思料される。

海外における中国の権益擁護、国際的な安全保障協力への参加等にも中国海軍は、積極的に関与することとなろう。中東・アフリカの拠点であるジブチにおける海軍施設の整備やインド洋各国補給港（いわゆる、真珠の首飾り）を利用した水上艦艇及び潜水艦による個別展開が進展するものと考えられる。

第4節　まとめ

本章は、中国軍がどのような戦略に基づき各種戦力を強化しようとしているのか概括した。中国の夢は、中華民族の偉大なる復興を実現することであり、国を強くすることである。中国軍の強化は、国を強くするという中国の夢を実現するため必須であり、強い軍がなければ、国の安全や利益は守られない、と中国の指導者は判断している[60]。そして、中国軍は、情報化局地戦争に勝利すること、特に、中国本土から遠隔の海洋における局地戦争に勝利することを目標としている。この目標に向けて、中国軍は、中央軍事委員会を中心とした統合運用体制の強化等を図る軍改革を行うとともに、Ｃ４ＩＳＲ能力の向上及び中・長距離の精密打撃能力の開発・配備を進めている。

宇宙利用や対宇宙能力が情報化戦争の中核であり、宇宙での作戦は他軍種の作戦に不可欠な構成要素であるとの考えの下、中国軍は、データ中継衛星、ＩＳＲ衛星及び航法・測位衛星に係る運用上の改善を継続し、攻撃目標の位置特定の向上と、長距離巡航ミサイル、対艦弾道ミサイル等による遠隔目標への精密打撃能力の強化を図っていくものと考えられる。併せて、MRBM／IRBMの量的増加及び質的向上に傾注することとなろう。また、中国は、対宇宙能力、特に対衛星兵器の開発・実験を継続し、宇宙空間における米国の戦略的優位性を脅かす可能性がある。

中国空軍は、宇宙利用と空軍の統合を進めることで作戦を支援し、中国軍の戦力投射を更に遠方に拡大することを目指している。そのため、作戦支援機の強化、攻撃能力の強化等を図って行くものと考えられる。作戦支援機については、大型輸送機Y-20や空中給油機の開発・配備により、戦力投射能力や空中給油等の機能強化を進めていくこととなろう。また、早期警戒指揮管制機及びISR機の開発・配備を進め、海洋における偵察・指揮管制能力を保有することを目指している。攻撃能力については、戦闘機の更新を進める他、対地攻撃戦闘機（J-20及び無人攻撃機）、超音速対艦巡航ミサイル及び長距離爆撃機の開発・実用化を目指していくこととなろう。

中国海軍は、近海防御戦略としての目標を維持・強化しつつ、海外における中国の利益の擁護、核抑止や核兵器による反撃、国際的な安全保障協力への参加等の諸任務に応えるべく、水上艦艇及び潜水艦の更新・近代化を更に進めていくであろう。特に、空母については、通常型の国産空母1番艦及び2番艦を建造中であるが、更に、原子力推進の空母の設計・建造に取り組んでいくことが予想される。将来は、1個空母打撃群が常時運用可能な態勢に向けて、空母4隻体制を目指していくものと思われる。

中国の核戦力は、即応性、第二撃能力及び突破能力の質的向上を図るとともに、量的（弾頭数）漸増を継続している。海軍のJL-3及びタン級SSBN並びに空軍の長距離爆撃機の開発・配備により、戦略核戦力の3本柱の整備を目指していくこととなろう。予見し得る将来にわたり、米国との間で相互核抑止が成立するかは不明であるが、いずれにせよ、中国は、引き続き核戦力の近代化を進め、戦略的安定性を目指して行くものと考えられる。

中国軍の課題の把握と優先順位の考え方には一定の合理性があると評価される。彼らの構想通りに各種装備・システムの開発・配備が実施され所期の戦力が構築されていく場合には、それらへの対策や所要のカウンター・バランスが施されないと、アジア太平洋地域の安全保障環境が大きく変化するおそれがあろう。

最後に、中国軍の軍事力の将来を展望するに当たり、注目すべき事項を幾つか指摘することとしたい。まず、中国軍の軍改革の行方である。核戦力については中央軍事委員会の下に指揮命令されるが、情報化局地戦争の緒戦で使用され得る通常弾道ミサイルを保有するロケット軍部隊に対する指揮命令系統はどのようになったのか、関心が持たれる事項である。また、宇宙利用及び対宇宙能力とサイバー分野については、個々の事象をつぶさに把握し、中国軍の狙いを分析・評価する必要があろう。核戦力の第二撃力を担うＳＬＢＭ、特に、開発中のＪＬ-3の性能諸元や配備後のタン（唐）級ＳＳＢＮによるパトロール海域に関心が持たれる。中国軍が米軍との核戦力による相互抑止を目指すのであれば、ＳＳＢＮのパトロール海域は南シナ海ではなく、ＡＳＷの脅威が相対的に低く、かつ、ワシントンD.C.を射程に収める日本海以北の海域に指向する可能性があろう。中国海軍の弱点だと考えられるＡＳＷ能力の強化への取り組みや戦闘機用及び大型機用の国産航空エンジンの開発・生産の行方にも注目する必要がある。

注および参考文献

1　Ministry of Finance (China) [March 2016], "Report on China's central and local budgets (2016)." なお、中国の会計年度は1月から12月までである。また、２０１７年３月には、中国政府は17年度の国防費を1兆４４３億９，７００万元（対前年度７・１％増）と発表している。

2　防衛省『平成28年版防衛白書』、45頁。

3　Office of the Secretary of Defense (US DOD) [2016], "Annual Report to Congress: Military and Security Developments Involving the People's Republic of China 2016," p.77.（以下「PRC Report 2016」という。）

4　The State Council Information Office of the People's Republic of China [May 2015], "China's Military Strategy,"（国務院新聞弁公室［２０１５年５月］『中国的軍事戦略』）（以下「CMS2015」という。）

5　CMS2015, p.4.

6　防衛省［２０１６年］『平成28年版防衛白書』、「図表Ⅰ-2-3-1」の抜粋。

7　CMS2015, p.6.

8　CMS2015, p.6.

9　CMS2015, p.7.

10　PRC Report 2016, pp.43-44.

11　CMS2015, p.8.

12　CMS2015, p.16.

13　総参謀部（作戦・指揮担当）、総政治部（政治思想教育担当）、総後勤部（補給担当）及び総装備部（装備調達担当）をいう。

14　防衛研究所編［２０１６年３月］『東アジア戦略概観２０１６』、１１８頁、及び『解放軍報』２０１５年11月27日。(http://www.81.cn/jfjbmap/content/2015-11/27/content_130461.htm)。

15　15部とは、弁公庁、統合参謀部、政治工作部、後勤保障部、装備発展部、訓練管理部、国防動員部、規律検査委員会、政法委員会、科学技術委員会、戦略計画弁公室、改革・編制弁公室、国際軍事協力弁公室、財務監査署及び機関事務管理総局をいう（『解放軍報』２０１６年１月12日（http://www.81.cn/jfjbmap/content/2016-01/12/content_135042.htm））。

16　防衛研究所編『東アジア戦略概観２０１６』、１１９頁、及び『文匯報（香港）』２０１５年11月27日。

17　CMS2015, p.12.
18　防衛省『平成28年版防衛白書』、３８５頁。内訳は、ＩＣＢＭ52基、ＩＲＢＭ／ＭＲＢＭ１６０基、及びＳＬＢＭ48基とされている。なお、この他戦術核弾頭を保有している。
19　核弾頭型、通常弾頭型があり、対艦攻撃も可能である旨、２０１５年9月の抗日戦争70周年軍事パレードで紹介された。
20　防衛省『平成28年版防衛白書』、48頁。
21　ジン級ＳＳＢＮは4隻就役しており、更に1隻建造中である。PRC Report 2016, p.58.
22　PRC Report 2016, p.26. なお、ＪＬ-３の射程については、１０、０００㎞から１２、０００㎞まで諸説ある。仮に、中国近海部からワシントンD.C.を含む米国全土をほぼ射程に収めるためには、中国は、ＪＬ-３の射程を１１、５００㎞以上確保するとともに、タン級ＳＳＢＮのパトロール海域として、対潜水艦攻撃の脅威を勘案し、日本海以北からオホーツク海方面に関心を持っている可能性がある。
23　PRC Report 2016, p.38.
24　防衛研究所編［２０１６年］『中国安全保障レポート２０１６』、38-39頁、及び中国人民解放軍第二炮兵［２００4年］『第二炮兵戦役学』解放軍出版社、３２３-３２５頁。
25　１９９５年7月から96年3月まで、台湾海峡を含む台湾周辺海域で、中国軍が行った一連のミサイル発射試験を含む軍事活動と中華民国（台湾）軍及び米軍との軍事的危機事案。
26　PRC Report 2016, p.72.
27　ＣＥＰ（Circular Error Probability）とは、発射したミサイルの半数の着弾が見込める範囲を、目標を中心とした半径で表したもの。
28　注19参照。
29　Ｃ4ＩＳＲ（Command, Control, Communication, Computer, Intelligence, Surveillance and Reconnaissance）は、指揮、統制、通信、コンピュータ、情報、監視、及び偵察という機能の総称。
30　米露の中距離核戦力（ＩＮＦ）全廃条約（射程５００-５、５００㎞の核弾頭及び通常弾頭を搭載した陸上発射型弾道ミサイル及び巡航ミサイルの廃棄）の枠外にいる中国がＭ／ＩＲＢＭを増強させることにより、東アジア地域における通常戦力の不均衡が生起する恐れがある。（防衛研究所編『中国安全保障レポート２０１６』、43頁参照。）

31 CMS2015, p.11.

32 PRC Report 2016, p.61.

33 PRC Report 2016, p.36.

34 『新華網』２０１２年７月26日。
(http://news.xinhuanet.com/english/sci/2012-07/26/c_131738886.htm)

なお、２０１６年11月22日には、1号後継通信衛星が打ち上げられた。

(http://news.ifeng.com/a/20161123/50299387_0.shtml)

35 『人民網日本語版』２０１６年８月18日。
(http://j.people.com.cn/n3/2016/0818/c95952-9102128.html)、及び
(http://j.people.com.cn/n3/2016/0818/c95952-9102084.html)

36 ＳＡＲ（Synthetic Aperture Radar）とは、レーダの一種で、航空機や人工衛星に搭載し、移動させることによって仮想的に大きな開口面（レーダの直径）として働くレーダをいう。

37 U.S.-China Economic and Security Review Commission [2014], "2014 Report to Congress of the U.S. -China Economic and Security Review Commission," p.324（以下「ESRC Report 2014」という。）を参照。

38 パンクロ（マティック）とは、この場合、いわゆる白黒画像の意。その分解能が１ｍの場合、１ｍ離れていれば、別の画素（ピクセル）として撮像可能となる。

39 ２０１５年３月に使用が開始された、としている。
(http://www.spc.jst.go.jp/news/150302/topic_1_05.html)

40 太陽同期軌道上の高分2号は高度６００km程度であることから、特定目標の監視可能時間は限られる一方、高分４号は約３万６，０００kmの静止軌道であることから、常時監視が可能となる。

41 (http://j.people.com.cn/n3/2016/0614/c95952-9071949.html)

42 (http://www.china-news.co.jp/node/214603)

43 PRC Report 2016, p.36.

44 PRC Report 2016, p.36.

45　Office of the Secretary of Defense (US DOD) [2015], "Annual Report to Congress: Military and Security Developments Involving the People's Republic of China 2015," p.14.
46　(http://freebeacon.com/national-security/china-tests-anti-satellite-missile/#)
47　(http://www.spc.jst.go.jp/news/100603/topic_1_04.html)
48　Office of the Secretary of Defense (US DOD) [2012], "Annual Report to Congress: Military and Security Developments Involving the People's Republic of China 2012," p.9.
49　(http://www.recordchina.co.jp/a74636.html)
50　ESRC Report 2014, p.326.
51　ESRC Report 2014, p.327.
52　防衛研究所編『中国安全保障レポート２０１６』、20-21頁。
53　CMS2015, p.10.
54　CMS2015, p.10.
55　防衛研究所編『中国安全保障レポート２０１６』、６-９頁。
56　防衛省『平成28年版防衛白書』、３８５頁。
57　国産２番艦は、通常型空母で、発艦方式は従来型蒸気カタパルトと伝えられている。("No advanced jet launch system for China's third aircraft carrier," South China Morning Post, February 13, 2017.)
(http://www.scmp.com/news/china/article/2070262/no-advanced-jet-launch-system-chinas-third-aircraft-carrier-experts-say)
58　自衛隊統合幕僚監部『中国海軍艦艇等の動向について』２０１６年12月25日（http://www.mod.go.jp/js/Press/press2016/press_pdf/p20161225_02.pdf）。なお、当日の中国海軍潜水艦の動向の有無については、公表されていない。
59　CMS2015, p.10.
60　CMS2015, p.4 及び PRC Report 2016, p.i を参照。

■参考文献

軍事科学院軍事戦略研究部編著［2013年］『戦略学（2013年版）』軍事科学出版社。

防衛省［2016年9月］『中国の2016年度国防費』。

第5章 転換期に入った米中関係

第1節　米中関係への視座

米中関係の今後を考察する上で出発点になるのは、国際政治学者ジョン・ミアシャイマーと元米大統領補佐官で同じく国際政治学者ズビグニュー・ブレジンスキーの対立であろう。彼らは、2005年、外交専門誌『フォーリン・ポリシー』誌上で、中国の台頭がもたらすアジア太平洋地域における米中関係の変化について論争を展開した[1]。中国では胡錦濤が国家主席就任2年を目前とし、米国ではジョージ・W・ブッシュが2期目の大統領として当選して間もない時期の論争であったが、彼らの提起は、時代や政権を問わず現在でも色褪せることのない米中関係への視座の基本的骨格を明らかにしている。ブレジンスキーは中国に対する楽観論を、ミアシャイマーは悲観論を提示し、双方が持論をもって批判し合う論争であった。

ミアシャイマーは、米国と中国の対立が不可避であり、緊迫した安全保障上の衝突が戦争の可能性をもはらむ形で展開すると見る。なぜなら、ミアシャイマーからすると米国も中国も大国であり、大国は究極的に世界におけるパワーの拡大とシステムの支配を求めるからである。ただし、世界を完全支配するのはどちらの国もできないため、せいぜい地域的な覇権国になるのが関の山だと論じる。例えば、米国も他国の軍隊が西半球に侵入すれば強硬に反発するであろうし、中国も自国の周辺地域では同じように振る舞うことが考えられる。中国が他の国より道徳的で、ナショナリズムに抑制的で、自国の生存について何ら懸念しないということは考えられない。むしろ、中国は19世紀後半から20世紀前半にかけての歴史的経験から、弱肉強食の国際政治の世界では強くなることが必須だと心得ているとミアシャイマーは見る。また、経済発展が戦争開始の抑制に繋がるとの議論もあるが、結局第二次世界大戦前夜のドイツや日本はそうではなかった事実がある。ミアシャイマーはその点を見逃さず、中国がさらに経済発展し軍備を増強すれば、米国をアジアから追い出し地域を支配しようとするのではないかと考える。ただ、中国が賢明であれば、米国を経済的に追い抜くまでは慎重に行動するだろうとミアシャイマーは締め括っている。

これに対してブレジンスキーは、中国が米国との軍事対立は無意味であることを理解しているため、中国の台頭が今のところ平和的なものだと見る。すなわち彼は、中国首脳が自国の経済発展と世界から大国として認められるのは重要であること、米国との対立は成長を妨げること、自国にも様々な脆弱性が存在することを認識しているとの視点に立つ。したがって、中国は国際システムに同化する方向で行動し、米国と対立して既存の国際システムを否定することに利益はないことを理解し、慎重に影響力の拡大を目指すであろうとされる。また、彼は核兵器がすべてを変えたと捉えている。エスカレートして戦争に突入すればその行きつく先は核による社会の消滅である。中国の軍拡が抑制なく継続すれば、日本を含む周辺国も軍拡を進めざるを得なくなり、逆に中国の望む安定は遠のくことになりかねない。中国政府の慎重さからするとそのようなことに合理性を見出す可能性は低く、米中の衝突は必ずしも不可避ではないとブレジンスキーは結ぶ。

論争から10年以上経った現在も、この二つの見方のどちらが正しいのか、世界は決定的な解答を見い出せずにいる[2]。米国にとっても、自国を困惑させるほどの力をもって中国が台頭するのは、歴史的に初めてのことである。そのため、中国が特定の状況下で強硬姿勢に出た場合、危機的事態を収束する戦略を歴史的経験から学ぶことができない。その点で悲観的シナリオをもって警鐘を鳴らすミアシャイマーは正しいかもしれない。しかし、仮に衝突の可能性があっても必然ではない点においてブレジンスキーの楽観的シナリオも否定できない。したがって、米中を取り巻く戦略環境がこれまでの前提だけでなく、今後どのように推移し、その結果、米中関係にどのような変化が生じる可能性があるのかを明察する動的な視座が必要である。

第2節　核戦力と戦略的安定

2016年5月に発表された米国防省が作成する「中国の軍事力・安全保障の進展に関する議会への報告書」（以下、「中国軍事・安保報告書」）によれば、「中国は、米国との直接的で明確な紛争を避けようとしている。中国指導者は、紛争や地域の不安定化が中国共産党の正当性を支える継続的な経済発展を妨げることを理解している。」[3]とある。すなわち、中国共産党はその支配体制の維持や存続を優先的に考えるため、それをリスクに晒し国際社会からの孤立を招くような米国との対立は求めないというのが米国側の見方である。一方、中国の軍事における急速かつ不透明な近代化は、様々な憶測と懸念を生じさせていることも事実である。

そもそも、中国の軍事力増強の主たる目標は米国にある。米国が1991年1月の湾岸戦争時に最新のテクノロジーに基づく圧倒的な軍事力を見せつけたことから、中国は自らの軍備の著しい遅れを認めざるを得なかったと言われる。また、中国は96年3月に、初めての総統選挙に沸く台湾を牽制する形でミサイル演習を行ったものの、米国が台湾近海に空母2隻と軍艦を派遣したために、その矛を収めざるを得なかった経験をもつ。このように、米国との軍事的格差から生じる中国にとっての安全保障上の脅威は、中国共産党の一党独裁体制を揺るがしかねない。したがって、安全保障上の脅威は米中のイデオロギー対立に加えて、中国が米国に対抗する発想の源泉となっている。

そこで本節では、まず、中国が米国に対抗する上で軍事力、とりわけ核戦力の増強に努め戦略的安定を追求している点を論じる。次に、それを阻害することとなる米国および同盟国側からの事例として、終末高高度地域防衛（Terminal High Altitude Area Defense：ＴＨＡＡＤ）ミサイルの問題を考える。

（1）中国による核戦力の増強

ブレジンスキーが指摘するように、核兵器は確かに世界を変えた。核兵器の即時的かつ圧倒的破壊力は、あらゆる通常戦力と一線を画す。クラウゼヴィッツ流の政治の延長線としての戦争は、もはや核戦争では望めなくなり、抑止を中心とした一種独特の戦略体系が生まれた。核兵器が戦略兵器と呼ばれる所以だ。バーナード・ブロディはこの変化を核革命と呼んだが、冷戦期のソ連がそうであったように、米国は核保有国の中国を特別視せざるを得ない。つまり、米中間において核で互いを牽制しつつも核戦争に至らぬよう、双方が慎重さの下に抑止された関係を築くことが重要となる。これを国際政治では「戦略的安定」と呼ぶ。

２０００年代までは、核兵器を背景とした戦略的安定性が米中間で重視されることはほとんどなかった。なぜなら、１９６４年の中国による初の核実験成功にもかかわらず、中国の核開発は米ソに比して漸増的で落ち着いたものであったため、米中間には米ソ間で見られたような核軍拡競争は少なくとも表面的には存在しなかった。中国は、米国を射程に収める大陸間弾道ミサイル（Intercontinental Ballistic Missile：ＩＣＢＭ）技術も80年代まで獲得していなかったし、獲得した後も液体燃料をベースとした、報復能力としてはまだまだ未熟な核戦力であった。しかし、00年代に入って核の近代化が進み、その様相は急速に変化する。

それまで中国の核戦力を担ってきた「第二砲兵隊」の名称が２０１５年より「ロケット軍」と変更され、陸軍、海軍、空軍の伝統的な三軍種とは別の独立軍種として改編された。それにより、弾道ミサイルだけでなく巡航ミサイルも含む各種ミサイルの戦略的運用をさらに統合的に行う可能性がある。また、「最小限核抑止」や核の「先制不使用（Non-First Use：ＮＦＵ）」を前提とした核戦略は基本的に堅持されるようではあるが、核戦力の増強は着実に進んできている。

例えば、「中国軍事・安保報告書」によると、ＩＣＢＭの保有数は昨年の約50-60発から75-１００発と増加している[4]。新たに、グアムキラーと呼ばれるＤＦ-26中距離弾道ミサイルが開発中であり、配備されればその名の通り米軍の戦略拠点であるグアムを中心に周辺地域の脅威となり得る[5]。さらに、最新式の多弾頭搭載型ＩＣＢＭのＤＦ-５Ｃや同じく多弾頭ＩＣＢＭだが車両型であるために探知困難なＤＦ-41の開発も危惧される。一部報道によるとＤＦ-41は２０１５年８月と16年４月に試験発射され[6]、また、ＤＦ-５Ｃの飛翔実験は17年１月に行われた模様である[7]。中国はトランプ政権発足が決まってからも、国営新聞『環球時報』の英語版『グローバル・タイムズ』を通じて、米国に対抗する形でのＤＦ-41の戦力強化を二度にわたり訴えている[8]。また、潜水艦発射型弾道ミサイル（ＳＬＢＭ）のＪＬ-２を搭載した晋級戦略原子力潜水艦（０９４型ＳＳＢＮ）の配備状況や、その後継となるＳＬＢＭのＪＬ-３や唐級戦略原潜（０９６型ＳＳＢＮ）の開発も注目に値する。これらは基本的にすべて、中国が米国との間に戦略的安定を築く上で必要な核兵器の秘匿性、移動性、即応性などでの技術向上を意味し、中国の「第二撃能力」といわれる核の報復力の増強とその信憑性が高まることに繋がる。

中国の核戦力について、どの時点をもって米国と戦略的安定に至るかを見通すのは容易ではない。冷戦期から冷戦後しばらくそうであったように、米国の核戦力が質、量ともに中国のそれを圧倒しているのもある意味での安定であった。しかし、近年の中国による核戦力の増強は、そこからの決別を意味し得る。圧倒的差異による安定から均衡（パリティ）による安定へ推移する途上においては、相当に不安定な状況となることも予期される。現在のような中国の軍備増強に関する透明度の低さは、不安定化への懸念をさらに高める要因となる。また、米ロによる核軍縮の流れに伴い、急速に米国の核戦力が低下するようなことがあれば、短期間で相対的に中国の核戦力は向上する。これも推移の不安定性を増悪させるかもしれない。核による相互抑止の安定性を維持するためには、危機的状況下でも核の先制攻撃が必要とならないような相互の抑止関係とメカニズムが構築できるかという点が重要となろう。不安定を招く要因についてはさらに第3節で論考する。

（2） 米国及び同盟国による対抗―ＴＨＡＡＤを巡る事例

中国は、米国を意識しつつその核戦力を増強し戦略的安定を目指すと同時に、自らの核戦力を脅かす米国およびその同盟国側からの対抗策に神経を尖らせている。直近の例として、ＴＨＡＡＤが挙げられる。ＴＨＡＡＤは、ミサイル防衛の一環として米陸軍が開発した弾道ミサイル迎撃システムである。２０１６年1月、韓国の朴槿恵大統領が米軍によるＴＨＡＡＤの韓国配備について「北の核、ミサイルの脅威などを勘案しながら我々の安全保障と国益を踏まえて検討していく。」と述べ、韓国政府として初めて受け入れ検討の方針を発表した[9]。その後、同年7月に米韓合同でTHAAD配備を正式に決定し[10]、米韓連合軍・在韓米軍司令官で米陸軍大将のヴィンセント・ブルックスは「これは、米韓による重要な決定だ。北朝鮮の弾道ミサイルや大量破壊兵器の開発は、米韓同盟が防衛的な措置をとることを余儀なくした。重層的で効果のあるミサイル防衛の強化が期待される。」[11]と述べた。さらに、米国トランプ政権の国防長官となったジェームズ・マティスは、17年2月に初外遊の一つとして韓国を訪問し、韓国国防部長官の韓民求と米韓同盟の重要性を確認した上で、THAAD配備について計画通り年内に実現することで一致している[12]。

これに対して、中国外交部はTHAADの韓国配備に関し、「中国の戦略的な安全保障上の利益と、地域の戦略バランスを損なう」と反対し[13]、「中国のTHAAD反対の意思は固い。国益を擁護するために必要な措置を必ず取る」としている[14]。実際、中国は韓国製品の不買運動を展開し、急速に中韓関係を悪化させている。『環球時報』は、「韓国文化・製品の輸入制限の拡大に中国社会は協力すべきだ。必要ならば完全に遮断してもいい」と呼びかけた[15]。また、英語版の『グローバル・タイムズ』は、中国人民解放軍がTHAADに対抗して、韓国を標的にした戦略ミサイル配備の可能性や戦術核を増強する必要性をも訴えた[16]。

これほどまでに中国がTHAADの韓国配備を嫌がるのはなぜであろうか。そもそも、THAADはその名の通り、敵の弾道ミサイルを「終末段階（ターミナル・フェーズ）」つまり、ミサイルが発射後に描く放物線の頂点を過ぎて落下・着弾する最終段階で迎撃することを想定している。したがって、航空自衛隊の保有するPAC-3と同じように（ただしPAC-3よりはさらに高高度で）終末段階で落下してくる敵ミサイルを撃破する防衛用兵器であり、攻撃用兵器ではない。現に、THAADミサイルを転用して中国（同様に北朝鮮）の都市を破壊したり、策源地となるミサイル基地を攻撃したりすることはできない。さらに、迎撃対象となる弾道ミサイルは短・中距離用に限られ、中国から米国を狙えるようなICBMは迎撃できないとされている。

ただ、韓国配備のTHAADは、韓国にとって北朝鮮からの大きな脅威となるKN‐02短距離弾道ミサイル（ソ連のSS‐21ミサイルの派生で、射程約160㎞、車両搭載型、固体燃料により発射までも短時間とされる）には対応していないと言われている[17]。したがって、THAAD配備は、在韓・在日米軍防護も含み韓国防衛にとって無意味ではないにしても[18]、単に北朝鮮のミサイル迎撃用のみと見るには不自然な面が否めない。実際、中国はミサイルの配備よりもシステムの構成要素の一つであるレーダー配備を危惧しているとも指摘される[19]。THAADが敵ミサイルの発射とその動向を探知する上で使用しているのは、AN／TPY‐2早期警戒レーダーという最新式Xバンドレーダーだが[20]、韓国への配備によって中国内陸部のさらなる奥地まで探知できる[21]のに加えて、中国のミサイルが発射された際に、その弾頭に関するデータ収集能力の向上が見込まれることに中国は神経を尖らしているとも言われている[22]。なぜなら、これは中国からすると中国の核戦力、とりわけまだまだ米国に劣る第二撃能力を弱めることに繋がり、自らが標榜する戦略的安定の達成を遠のかせるからである。

THAADの韓国配備を巡り、域内での核の優位を保ち同盟国に安心を供与しようとする米国の合理性に対して、配備に反対し米国の核の優位を少しでも崩し、自らが追求する戦略的安定に繫げたい中国の思惑がせめぎ合い、朴後の文在寅政権の対応も含め米中の織りなす戦略環境はまさに転換期を迎えている。

第3節　内在する矛盾と不安定の表出

中国が米国と真正面から戦っては勝てないとの認識に基づき軍事の近代化を進めているとすれば、中国としては「サラミ・スライス戦術」、つまり米国の出方を見極めながら、米国の直接介入を誘発することなくサラミをスライス（薄切り）するように時間をかけて少しずつ影響力や利益を拡大するのが合理的な手法の一つとなる。ただ、米中関係において最も危険視すべきは、そのような中国の少しずつの拡張が地域の不安定化に繋がるにもかかわらず、米国がそれを問題視して介入してはこないだろうと中国が考えるようになることである。

そこで本節では、「安定／不安定パラドックス」、「安全保障のジレンマ」、および「安心供与」という分析視角を用いて「安心供与と抑止の矛盾」が転換期にある米中関係に存在することを指摘した上で、今後表出し得る不安定について考察する。

（1）安定／不安定パラドックス

国際政治学では戦略的安定が構築される理論上の問題点として「安定／不安定パラドックス（逆説）」の存在が知られている。米中関係の脈絡でのこのパラドックスの萌芽は、毛沢東の時代まで遡ることができる。１９５７年に中ソ関係がまだ良好であった頃、毛沢東はモスクワを訪問し、当時新たに発射実験に成功したソ連のＩＣＢＭをとりあげて「東風が西風を圧倒した」と演説で称賛したのはよく知られている。この時、毛はソ連の核の傘により米国の核の恫喝に屈しなくて済むようになることを期待した[23]。その後、中ソ関係の悪化により、中国の核保有は独自開発に時間を要したため64年まで持ち越され、さらなるＩＣＢＭ保有には80年代まで待たなければならないが、57年当時の毛の見方はその後の中国の戦略のあり方を示唆した。つまり、核兵器による脅しが相互のものとなれば、核の応酬を恐れて大戦争に至る可能性は極めて低くなり戦略的安定は高まるという見方である。さらに毛の発言で重要なのは、核兵器による威嚇のおかげで核の大戦争にならないとすれば、逆説的に大戦争とならない程度の紛争ならエスカレートしても大丈夫であろうという認識をもち得る点である。東が西を圧する、つまり、理論上は戦略的安定の担保を背景に、（中国を含む）東側と（米国を頂点とする）西側との一定程度の「限定戦争」は許容され得ると言うことになる。しかし、このような認識を一方がもつことは、結局は地域を不安定にする。これが安定／不安定パラドックスである。

このパラドックスを回避するためには、核戦争に至らない程度であっても限定戦争は許容できないと考える対立のエスカレーションへの恐怖が必要となる。ただし、中国がこの安定／不安定パラドックスを考慮する慎重な戦略をもたずにサラミ・スライス戦術のような機会主義・冒険主義的な拡張を続けるとすれば、さらなる不安定回避のためには、どこかの時点でエスカレーションを危険だと認識する必要が生じる。この点で、米国がエスカレーションのリスクを負ってどこまで介入するのかが重大な問題となる。

（2） 安全保障のジレンマ

米中関係には国際政治学で言うところの「安全保障のジレンマ」が存在する。これはある国が防衛措置として軍備を増強すると、それに対抗する国がさらなる防衛措置を採ることで結果的にお互いの軍拡を進めてしまうというジレンマを指す。

前節でも述べたように、中国は1991年の湾岸戦争、ならびに96年の台湾海峡での米空母派遣の衝撃を経て自らの軍事力の遅れを克服しつつ強みを伸ばし、核戦力を近代化させる一方で、通常戦力においては急速に「対介入（counter-intervention）」能力を充実させた。これは第4章で斉藤も指摘している通り、中国は「積極的防御の戦略思想」を背景に「攻撃されなければ攻撃しない。しかし、攻撃されるならば確実に反撃する」姿勢で、いわゆる、中国への接近阻止・領域拒否（Anti-Access, Area Denial：Ａ２／ＡＤ）の概念に基づく抑止・防衛態勢を築いてきた。これは、紛争エリアにおける米軍の遠方投射能力を阻害することや、また、戦力投射後の域内での作戦を妨害することを目的としている。すなわち、敵対勢力を沖縄―台湾―フィリピンを繋ぐ「第1列島線」に近づけさせない、また、列島線内に入ってきても自由にさせないことを意味する。

中国は、これを実現するために空母キラーと呼ばれる対艦弾道ミサイル（ＡＳＢＭ）ＤＦ-21Ｄを配備し、超音速で着弾する長射程の対艦巡航ミサイル（ＡＳＣＭ）ＹＪ-18を開発し、静粛性が高いとされる最新の商級改攻撃型原潜（０９３Ｇ型ＳＳＮ）を含む潜水艦部隊を拡大させ、最新の防空システム、対宇宙、電子戦、サイバー戦能力の拡充等を行っている。米軍の装備すべてに対抗するのではなく、Ａ２／ＡＤに有効な装備・システムに特化することで非対称戦力を構成し、紛争域内への米軍の展開を困難にするアプローチを採っている。つまり、米軍からすると、日本のような前方展開基地に部隊を集結させて一気に戦線へ投入することで勝利を収めるといったこれまで得意としてきた作戦形態がとれなくなることを意味する[24]。米国は極めて深刻な戦略転換の必要性に直面することになったが、これは中国の台頭によるパワーシフトの帰結とも言えよう。

これに対して米国は、２０１０年2月にオバマ政権が発表した「4年ごとの国防計画見直し」（Quadrennial Defense Review：ＱＤＲ）で「エアシーバトル」と呼ばれる作戦概念（現在は、Joint Concept for Access and Maneuver in the Global Commons：ＪＡＭ-ＧＣと名称変更）を提示した。それは、Ａ２／ＡＤ範囲外からの長距離攻撃を可能とする軍事アセットを中心に開発・配備を進め、前方展開基地の脆弱性を様々な方策で補うことによって機能させることを目標としている。しかし、エアシーバトルに基づく攻撃システムが確立し、かつ中国のA2／ADとせめぎ合うということになると、米中間での紛争のエスカレーションが制御を失うリスクも否定できず、安定した戦略環境とは言えない。まさに、米中双方はすでに安全保障のジレンマに陥ってしまっている。重要なのは、対抗措置が誤算などによってスピンオフし武力衝突する緊張を高めないようにすることであるが、そのリスクは高まり続けている。

エアシーバトルの問題点を克服する対案として米国で検討されたのが「オフショア・コントロール」である。これは基本的にはA2／AD環境外の中国のチョークポイント、つまり海上輸送航路において死活的に重要となる海峡等の海上封鎖をもって中国に態度変容を迫ることを意図している[25]。しかしこれも、封鎖によって死活的利益を阻害されたと中国が認識すれば、先制攻撃に打って出かねない。何よりも、A2／AD環境外での作戦遂行が対象となるため、A2／AD環境下に存在する（例えば日本のような）米国の同盟国は事態がエスカレートする中で見捨てられかねない[26]。

このように、中国が核戦力の近代化によって戦略的安定を目指し、並行しての通常戦力の強化を通じて周辺領域でのA2／AD環境を構築し「限定戦争」の能力を高めることは、サラミ・スライス戦術を促す安定／不安定パラドックスの舞台が整うことを意味し、地域全体としても危険視せざるを得ない。しかも、A2／ADへの対抗措置としてのエアシーバトル等の展開によって安全保障のジレンマが米中関係の不安定を助長するにもかかわらず、米国自身、その戦略構想や議論を通じても、有効な対応を見出せないでいるのが現状である。

（3） 安心供与と抑止の矛盾

オバマ政権は当初よりアジア太平洋での軍事・外交アプローチとして第2章で森が指摘するところの「二

重の安心供与」を重視した。つまり、米国は中国の軍備増強に対して米国の同盟国に安心を供与する一方で、米国による同盟国への安心供与や米国の利益追求が中国の脅威にならないと実態として中国に安心を供与してきた。これこそが、安全保障のジレンマを抱える米中において猜疑心を募らせて負の連鎖に陥らないための有効な手段の一つになり、中国との協調を促すと考えられたからであろう。

しかし、中国のサラミ・スライス戦術（それが防衛的なものであっても）を前に、二重の安心供与は持続困難な「安心供与のジレンマ」を引き起こす。つまり、米国が中国を安心させようとすると日本や韓国は不安になり、逆に米国が同盟国を安心させようとすると、中国は封じ込めではないかと不安になる。結果、お互いに不安を高め合ってしまう。しかも、サラミ・スライス戦術の抑止を目的に米国が何らかの介入を行っても、二重の安心供与が背景にあると結局、「安心供与と抑止の矛盾」は解消されない。つまり、安定／不安定パラドックスの下で表出するサラミ・スライス戦術のような機会主義、冒険主義の抑止は、この安心供与という両立し得ない要素が存在しては達成がほぼ不可能なのである。その端的な例が、オバマ政権時に介入の形態として極めて論争的であった南シナ海での「航行の自由作戦（Freedom of Navigation Operation：ＦＯＮＯＰ）」である。

中国は南シナ海で七つの人工島を建設し、２０１５年までに埋め立てを完了した。現在、三つの人工島に約３，０００ｍの滑走路を持つ飛行場を設置し大規模な港などのインフラ整備を行っており、レーダーやミサイル配備を充実させてさらなる軍事化を進める見通しである。このような、中国による域内の実効支配強化で南シナ海の「航行の自由」が阻害されかねず、15年10月27日、米海軍は中国が「領海」と主張する南シナ海の海域でＦＯＮＯＰを実施した。

具体的にはスビ礁の沖合12カイリ（約22キロ）内を米海軍イージス艦ＵＳＳラッセンが航行した。スビ礁はもともと「低潮高地（Low Tide Elevation：ＬＴＥ）」（高潮時には水没する土地）であり、ＬＴＥは国連海洋法条約（United Nations Convention on the Law of the Sea：ＵＮＣＬＯＳ）では領土と認められない。ただ、スビ礁は無人の岩「サンディ・ケイ」の12カイリ内に位置する。高潮時にも出現しているこの岩はＵＮＣＬＯＳ13条に基づけば領海を有するため、スビ礁はその領海基線となり得る。

サンディ・ケイおよびスビ礁については、中国を始め複数の国が領有を主張しているが、米国はその領有権がいずれに属するのかを明確にしない中立的な立場をとっている。ただ、米国がどういう立場をとろうと客観的事実として派遣されたラッセンは、当該海域において軍事演習などを行わず単純に航行しただけであるので、国際法上は特定の領海内で無害通航を実施したことになる。なお、中国は自らの領海を他国が無害であっても通航する場合は、事前通告することを要求しているが、当然米国はラッセンの航行について中国のみならず関係国に事前に通告はしていない。この作戦をオバマ政権による慎重さの現れと評する[27]向きもあるが、当初は無害通航と言っていたのを撤回する騒動も起き、ＦＯＮＯＰの目的が一体何だったのかについて、オバマ政権は抽象的な説明に終始したのも事実である[28]。このことで、中国を多分に意識して実施しているＦＯＮＯＰであるにもかかわらず、中立的な立場の維持とのバランスで、ＦＯＮＯＰの抑止としてのメッセージ性が後退し、米国のコミットメントに疑義が生じる結果となった。

中国は、南シナ海での米軍艦艇によるＦＯＮＯＰに当然のことながら不満を募らせた。２０１６年3月31日には、中国国防部報道官の楊宇軍が、「慎重に行動することをお勧めする」と意味深な発言を行い、南シナ海そのものの軍事化の責任は米軍のプレゼンス強化にあるとした[29]。何よりも、ＦＯＮＯＰの実施後も南シナ海の人工島軍事化が停止することはなく、中国のサラミ・スライス戦術が進み、米国の「航行の自由」の勇ましいイメージとは裏腹に実効性をもった明確なメッセージを伝達できない迷走を露呈する結果となった。これはまさに安心供与と抑止の矛盾を背景とする安定／不安定パラドックス下でのリスク許容的なサラミ・スライス戦術への対処の難しさを示している。

なお、米太平洋軍司令官で米海軍大将のハリー・ハリスは２０１６年１月に米シンクタンク戦略国際問題研究所（Center for Strategic and International Studies：ＣＳＩＳ）にて講演し、ラッセンのＦＯＮＯＰ直後に中国を訪問したことを明らかにした。その際、米国側は緊張緩和の機会について提案したが、中国側はもっぱら自身の領有権主張に固執したといわれる。そのためハリスは中国の大国としてあるまじき態度に失望し、「中国の主張する島々は中国に属さず、中国の行動が地域の緊張を増大させる挑発的なものだという個人的見解を中国側に伝えた。」とされる[30]。彼の言葉はまさに米中関係が抑止とガバナンスを要する転換期に直面していることを象徴している。

第4節　転換期の限界と課題

前節までは、基本的に米中関係には悲観論と楽観論の二つの視座があるが、中国の台頭に伴い軍事力が進展し、米中関係は危険な転換期を迎えるに至っていることを述べてきた。その文脈において、中国の拡大に対する米国とその同盟国による対抗策としてのＴＨＡＡＤの配備やＦＯＮＯＰをめぐる米中の対立は、まさに安定／不安定パラドックスとして知られる戦略的安定とそこに至る過渡期のプロセスに生じる軋轢として問題化していることを論じた。加えて、米中間には安全保障のジレンマや安心供与のジレンマを前提として安心供与と抑止の矛盾が本質的に内在することを指摘し、その表出として不安定を説明することができると示してきた。

そこで、本節では転換期に入った米中関係を論じる本章の結語として、転換期の限界と課題を明らかにする。すなわち、米国一国による覇権の終焉と、米中関係を軸にアジア太平洋の安定を維持するためのガバナンスという論点を軸として、果たして近未来の米中の衝突は回避できるのかを考える。

(1) 米国一国による覇権の終焉

米外交問題評議会（Council on Foreign Relations：CFR）会長のリチャード・ハースは、21世紀の国際秩序の特質の一つが「無極化」だと評している[31]。冷戦後の米国の一極集中を経て、今や、数十に及ぶ多様なパワーセンターが存在する「無極秩序」の時代が到来しつつあるとハースは言う[32]。アジア太平洋でのパワーシフトと中国の台頭もその一環であろう。ただ、それは中国が即座に米国にとって代わることを意味するわけではない。

そもそも、米国がポスト冷戦期において唯一の極として存在し得たのは、米国に対抗するのが無駄だと評価する一方で、米国を極として、また、国際公共財を供給する覇権国として支持するリベラルな国が多数存在したからである[33]。少なくともリベラル秩序の牽引役として米国は安定をもたらすことに努め、米国の下で恩恵を受けた国は米国を覇権国として認知した。

しかし、安定／不安定パラドックスの中で不安定が常態化するような事態に陥れば、米国による覇権への認知は低下し、軍事力や経済力をそれなりに持つ国が複数あるにもかかわらず、どの国もガバナンスに責任を持たない世界が表出しかねない。イアン・ブレマーはこれを「Gゼロ世界」と呼ぶ[34]。ガバナンスの不在を強調する点でハースの「無極秩序」とは一線を画す概念である。このようなガバナンスの迷走が回避されるのかが、今後の米中関係の焦点となる。

（2） 近未来の米中の衝突回避は可能か

ドナルド・トランプは、2016年11月の米国大統領選出直後から台湾総統の蔡英文と異例の電話会談を初めて行った上で「貿易などの問題で中国と合意でもしない限り、なぜ『一つの中国』政策に縛られる必要があるのか自分にはわからない」と述べ[35]、「一つの中国」問題を取引（ディール）の一環のように認識し、アジア太平洋地域のガバナンスに直結する戦略的問題と位置づけなかった。従来、米国は「一つの中国」について、台湾を国家として承認せず、中国を唯一正統な政府と認めつつも、台湾島が誰に帰属するのかについて明示せず、台湾の武力統合を認めないとする「政策」を採ることで中国との対立を顕在化させないよう微妙な安定を維持してきた。それを崩すトランプの言動に対して当然、台湾を自国の不可分の領土として不法占拠された失地回復の核心的利益であり、「一つの中国」を譲歩の余地のない「原則」と見る中国は猛反発した[36]。騒動は米中双方の空母出動の示威行為[37]にまで発展したが、結局、トランプは、大統領就任後の習との電話会談にて要請に応じる形で「一つの中国」政策を尊重することに習と合意したと公表した[38]。それにより、事態は沈静化に向かった。しかし、一連の騒動によってトランプにリベラル秩序を牽引し、安定を維持する観点から問題に対処するガバナンスの意識が欠如していたことや、今まで以上の安定を生むような戦略的発想の準備がないことを改めて露呈した。

米中の対立を深めず、米国の覇権への認知の低下によるガバナンス混迷を防ぐために望ましいのは、中国も含めて既存のシステムを下支えしていくことである。このように対立的であっても共存を必要とする米中関係は、冷戦時の米ソ関係に似ているが、ソ連をリベラルな秩序に組み込むことを考慮する必要がなかった点で、米中のそれとは本質的に異なっている。ガバナンスの責任の共有と安全保障上の安定とをどう両立させるかという点に米中関係は独特の難しさを内在している。

ハースはこうも綴っている。「無極秩序は困難で危険に満ちたものになるし、すべての国があらゆる問題への対策をめぐって同意できるような包括的な合意は成立しないだろうが、特定の問題に関心を持つ国家間のアレンジメントを取り決めることはできる。」ハースはこれを「協調的無極秩序」と呼んだ[39]。このような秩序を、アジア太平洋の未来図として考えるとどうなるのであろうか。少なくとも、本章が指摘するところの安心供与と抑止の矛盾を解消しないままに安定／不安定パラドックスの舞台で安全保障のジレンマの罠にはまって域内で武力衝突が起きるのは最悪な未来図である。アジア太平洋では、この最悪を回避する効果的な政治リーダーシップとガバナンスが求められている。

注および参考文献

1　John J. Mearsheimer, Zbigniew Brezinski, "Clash of the Titans," *Foreign Policy*, Issue 146, January/February 2005, pp.46–50.

2　ミアシャイマー・ブレジンスキー論争以外にも、例えばA・F・K・オーガンスキーのパワー・トランジッション理論を援用して中国の台頭を分析するものとして以下参照。田中明彦「パワー・トランジッションと国際政治の変容―中国台頭の影響」『国際問題』第604号、2011年9月、5-14頁；野口和彦「パワー・トランジッション理論と米中関係」『国際安全保障』第39巻、第4号、2012年3月、7-19頁；Randall L Schweller, Xiaoyu Pu, "After Unipolarity : China's Visions of International Order in an Era of U.S. Decline," *International Security*, Vol. 36, No. 1, Summer 2011, pp.41–72.

3　U.S. Department of Defense, *Annual Report to Congress : Military and Security Developments Involving the People's Republic of China 2016*. May, 2016, p.i.

4　同右、38頁。

5　同右、25頁、60頁、67頁。

6 “China Tests New Long-Range Missile with Two Guided Warheads,” *The Washington Free Beacon*, August 18, 2015；“China Flight Tests New Multiple-Warhead Missile,” *The Washington Free Beacon*, April 19, 2016.

7 現況、中国の核弾頭数は約250基と見られているが、今後MIRV化に向けて増強していく可能性も否定できない。“China Tests Missile With 10 Warheads,” *The Washington Free Beacon*, January 31, 2017；なお、当該実験について中国外交部報道官の陸慷は、会見でこのことに触れた記者の質問に対して「国防部への質問だ。原則、中国の国防政策は防衛的な性質のものであり、騒ぎ立てることは何もない。」と答えた。“Foreign Ministry Spokesperson Lu Kang's Regular Press Conference on February 3,” *Spokesperson's Remarks*, Ministry of Foreign Affairs of the People's Republic of China, February 3, 2017；一方で、中国国防部はDF-5Cの発射実験について、国内メディアの取材に対し「国内で計画に基づいた実験をするのは正常なことであり、特定の国に向けたものではない」と書面で回答してその実施を認めた。国防部は、具体的な日時や場所、実施状況は明らかにしていない。「中国、新型ミサイル実験を認める　米政権への牽制狙い？」『朝日新聞』2017年2月5日。

8 “Reciprocity key to dealing with Trump's US,” *Global Times*, December 8, 2016；“Dongfeng-41 will bring China more respect,” *Global Times*, January 24, 2017.

9 「朴大統領『対北制裁で協力を』中国の役割強調」『朝鮮日報』2016年1月13日。

10 “ROK-U.S. Alliance agrees to deploy THAAD,” *USFK Press Releases*, July 7, 2016.

11 同右。

12 「米韓国防相が会談、THAAD年内配備で一致」『読売新聞』2017年2月3日。

13 “South Korea, U.S. to deploy THAAD missile defense, drawing China rebuke,” *The Reuters*, July 8, 2016.

14 定例記者会見での耿爽報道官の発言。「韓国製品ボイコットも　THAAD配備に中国が官民挙げて猛反発」『産経新聞』2017年2月28日。

15 同右。

16 “THAAD provides a reason for China to elevate nuclear prowess,” *Global Times*, March 8, 2017.

17 Jeffry Lewis, “Are You Scared About North Korea's Thermonuclear ICBM?” *Foreign Policy*, February 19, 2016.

18 北朝鮮が在日米軍を狙って通常よりも鋭角で高度の低いディプレスト軌道でムスダンのような中距離弾道ミサイルを発射した場合、高度の関係上SM-3ミサイルでは迎撃できない。THAADだと、これを後方から要撃できるメリットもあると言われる。

19 Ankit Panda, "What Is THAAD, What Does It Do, and Why Is China Mad About It?" *Diplomat*, February 25, 2016；山本勝也「防衛駐在官の見た中国（その30）―THAADの韓国配備―」『海上自衛隊幹部学校コラム』№０８０、２０１６年７月13日。

20 AN／TPY-2自体はアジア太平洋地域において初めての配備という訳ではなく、すでに日本での2カ所（青森県車力、京都府経ヶ岬の在日米軍基地）に配備され、ミサイル防衛システムの一翼を担っている。

21 Panda、山本、前掲論文。

22 中国は発射したＩＣＢＭが迎撃されないように複数のデコイ（オトリ弾頭）を使用し得るが、AN／TPY-2の解析能力によってデコイと本物の弾頭の区別がつきやすくなり、THAAD以外（例えば、イージス艦搭載のSM-3や米アラスカ配備のGBI等）ともそのデータを共有することで、迎撃の可能性を高めるとも言われる。Ankit Panda, "THAAD and China's Nuclear Second-Strike Capability," *Diplomat*, March 8, 2017.

23 Avery Goldstein, *Deterrence and Security in the 21st Century: China, Britain, France, and the Enduring Legacy of the Nuclear Revolution.* (Stanford: Stanford University Press, 2000), p.48.

24 Andrew Krepinevich, Barry Watts, *The Last Warrior: Andrew Marshall and the Shaping of Modern American Defense.* (New York: Basic Books, 2015), pp.243-244.

25 T.X. Hammes, "Offshore Control: A Proposed Strategy for an Unlikely Conflict," *NDU Strategic Forum*, No. 278, June 2012；八木直人「米国の拡大抑止と東アジア」『海幹校戦略研究』特別号（通巻第12号）、２０１６年11月、45-63頁。

26 八木、同右。

27 Bonnie S. Glaser, Peter A. Dutton, "The U.S. Navy's Freedom of Navigation Operation around Subi Reef: Deciphering U.S. Signaling," *National Interest*, November 6, 2015.

28 "McCain calls on Pentagon to clarify South China Sea patrol," *The Reuters*, November 11, 2015.

29 "China to US: 'Be Careful' in South China Sea," *Defense News*, March 31, 2016.

30 "US Pacific Chief Talks China, Regional Partnerships," *Defense News*, January 27, 2016.

31 Richard N. Haas "The Age of Non Polarity: What will follow US Dominance," *Foreign Affairs*, Issue 3, May/June 2008, pp. 44-56.

32 同右。

33　例えば、ジョン・オーウェンは、西欧や日本が世界で最もリベラルな地域として米国の軍事力を黙認しているからこそ一極たり得たと論じる。John M. Owen, "Transnational Liberalism and U.S. Primacy," *International Security*, Vol. 26, No. 3, Winter 2001/02, pp.117-152.

34　Ian Bremmer, *Every Nation for Itself : Winners and Losers in a G-Zero World*. (New York : Portfolio/Penguin, 2012)

35　"Trump Open to Shift on Russia Sanctions, 'One China' Policy," *The Wall Street Journal*, January 13, 2017.

36　例えば、電話会談の翌日、中国国務院台湾事務弁公室報道官の安峰山は、「中国本土による『一つの中国』原則への支持と台湾独立への反対は不動のもの。」「我々は、如何なる台湾独立も封じ込めると決意しているし、それを確かにする能力も有する。国家統一のプロセスを推進している。」と表明。"Mainland reiterates one-China principle after Trump's phone talks with Tsai," *Xinhua*, December 3, 2016.

37　"Carl Vinson Strike Group Set for Deployment to Western Pacific," *U.S. Pacific Command News*, January 3, 2017 ;「中国空母、拠点・青島に帰還　台湾海峡を通過」『日本経済新聞』２０１７年１月14日。

38　"Readout of the President's Call with President Xi Jinping of China," *Statement & Releases*, White House, February 9, 2017.

39　Haas、前掲論文。

第2部

相互依存の深化

第6章

相互依存と秩序形成

相互依存が国家関係や国際社会に及ぼす影響については、国際政治学の分野において、１９７０年代末頃から２０００年頃まで盛んに議論された。ただ、この議論は決して現代になって出てきたものではなく、何世紀にもわたって議論されてきたテーマである。また、学界においては２０００年頃までに議論がある程度出尽くした感じがあるものの、しかし、いったい相互依存は紛争を抑止するのか、国際社会の秩序形成を促進するのかという根本的な問いに対しては、いまなお最終的な答えは出ていない。いわば、いまだに解決されていない古くて新しい議論である。

本章は、この古くて新しい「相互依存は紛争の抑止に資するのか」という論争を振り返った上で、複雑な相互依存で結ばれた国際社会の今後の秩序形成について展望するものである。まず第1節では、相互依存の定義や尺度を紹介する。続く第2節では、主に相互依存の紛争抑止効果について、代表的な理論的立場の主張や実証研究による検証の成果などを概観する。その後、第3節および第4節で、複合的な相互依存下における今後の秩序形成について展望する。

引き続き国家が国際秩序の形成を担う中心的な主体であるとしても[1]、今後は、アメリカであろうと中国であろうと、一国だけでは国際政治経済秩序を主導しうる超大国たりえない可能性も高い。その場合、21世紀の国際政治経済は、19世紀にイギリスが覇権国として築いたパックス・ブリタニカ（Pax Britanica）や20世紀にアメリカが築いたパックス・アメリカーナ（Pax Americana）の秩序に対して、複数の主要国が集団的に覇権を行使する「パックス・アミキティア（Pax Amicitia）」（友好連合による平和）の時代であるかもしれない。

第1節　相互依存とは

(1) 定　義

①　相互に影響を受け合う関係

相互依存の定義については、論者によって異なるところがあるが、国際関係論において、長らく広く受け入れられてきたコヘインとナイの定義によれば、「国境を越えるカネ、モノ、ヒト、情報の国際的やり取りの結果、相互に影響を受け合う状態にある関係」を相互依存関係と呼ぶ[2]。

つまり、ある国と国が相互依存の関係にあるかどうかを判断するにあたっては、その国同士が相互に影響を受け合う関係にあるかどうかがポイントということである。ここで、相互に影響を受け合う関係にあるかどうかは、敏感性（sensitivity）と脆弱性（vulnerability）の二つの基準から判断される[3]。

②　敏感性と脆弱性

敏感性から見た相互依存関係とは、ある国の国内経済で生じた変化が他の国の国内経済にも同様に伝播するような関係である。例えば、中国におけるインフレが即座に日本でも物価上昇を引き起こすとき、この両国は敏感性から見た相互依存関係にあると考えられる。

他方、脆弱性から見た相互依存関係とは、その関係を断絶することは互いにとって大きな費用（犠牲）を払うものとなる関係をいう。例えば、日本と中国は、互いに重要な貿易相手国であるが、この関係が断絶すると互いの国内経済に大きな損害が出ることになるならば、日本と中国は、脆弱性から見た相互依存関係にあると言える。

なお、ある国々の経済関係が、敏感性と脆弱性の両方を強く有するとは限らない。また、互いの経済情勢が深く関連しあっていて敏感性が認められる国家間であっても、他の第三国との経済取引を増大させることによって脆弱性を下げることは可能である。つまり、脆弱性の大小は、ある国との関係について、他に代替となる関係がありうるかどうかという代替性に大きく影響される。例えば、日本からすれば、アメリカや中国に代わる貿易相手国を見つけられるかどうかが、両国に対する日本の経済的な脆弱性を考える上で重要な点となる。

(2) 尺　度

① 貿易の指標

敏感性と脆弱性を測る際に用いられる指標として代表的なものは、貿易関連指標である。すなわち、相互依存を形成する「カネ、モノ、ヒト、情報の国際的やり取り」のうち、特にモノのやり取りに注目するということである。

例えば、貿易依存度は、ある国家間の経済的な敏感性を測る上でも脆弱性を測る上でも有効な指標と考えられており、相互依存の指標として頻繁に用いられる。貿易依存度とは、ある国のGDPに対する特定国あるいは世界全体との貿易額の割合といった形で求められるものである。GDP、つまり、一国経済の規模に比して、ある国との貿易額が大きいということは、その二国の経済がどの程度緊密に連結しているかを測る上で便利な指標であると考えられるし、また、ある国あるいは世界全体との貿易が経済全体に占める割合が大きければ、その流れを止めた場合の損害つまり脆弱性も大きくなると考えられるからである。

また、ある国の貿易総額に占める相手国との貿易額の割合も相互依存の指標として頻繁に用いられる。もし、A国にとっては貿易総額の大部分をB国との貿易が占めるのに対して、B国にとってはA国との貿易が貿易総額に占める割合が非常に小さいとすれば、少なくともB国にとっては、A国との相互依存から受ける影響、つまり敏感性や脆弱性が小さいと考えられる。

② その他（投資、情報、技術など）の指標

これら貿易関連の指標はいわば国家間のモノの流れに着目したものだが、国家間のカネの流れ、つまり投資額に注目しても、ほぼ同様の議論が可能だろう。つまり、ある国のGDPに対する特定国あるいは世界全体との投資額の割合や、ある国の対内直接投資総額に占める特定国からの投資額の割合をもとに、その国家関係の敏感性や脆弱性について考察するということである。実際、投資の流れや金融関係のつながりは、少なくとも貿易関係と同程度に紛争抑止との関連が認められるとする実証研究の結果もある[4]。

そのほか、相互依存とは「国際的やり取りの結果、相互に影響を受け合う状態にある関係」であるという定義に返って考えれば、情報や技術の流れ、あるいは観光やサービスの流れに着目した相互依存度の計測というものも考えうる[5]。ただし、こうしたモノの流れ以外の要素に着目した相互依存の実証研究は、従来決して多くはない。

（3）紛争の定義

相互依存が紛争を抑止するのかどうかを考えるにあたって、そこで言う「紛争」の程度についても議論がある。紛争と一口に言っても、外交的対立、経済摩擦など軽度の紛争もあれば、経済制裁、武力による威嚇、外交的断絶など中度の紛争もあれば、武力行使、全面戦争など重度の紛争もある。

では、相互依存の抑止が及びうるのは、外交的対立などの軽度の紛争なのか、制裁や威嚇など中度の紛争を含むのか、あるいは武力衝突などの重度の紛争に限定されるのか。理論的研究においても実証的研究においても、あまりコンセンサスがない。

理論面では、あらゆる紛争が相互依存と相関関係があると主張する者もいるし、全面戦争との間でのみ相互依存は相関関係を有すると考える者もいる。あるいは逆に、相互依存は軽中度の紛争を抑止することはあっても、国家の核心的利益が関わるような重度の対立の抑止に関しては役に立たないと考える者もいる。こうした理論面での多様な議論を反映して、実証面では、それぞれの研究がその分析目的や利用可能なデータに依存して紛争を定義し、相互依存との関係性を分析してきた。

第2節　理論的立場

相互依存が紛争を抑止しうるかについては、国際政治学上、主に二つの理論的立場から対立する見方が提示されている。

一つは、「相互依存の進展は政治定な協力関係を育む」という見方である。この見方は、ヨーロッパの統合、米中の接近、米ソのデタントといった戦後国際政治の出来事を正当化する考えとして、学術上でも政策実務上でも広く支持されてきた。一方で、こうした相互依存の協調促進効果を批判する見方も根強く存在してきており、中には「相互依存の進展は、協調を促進するどころか、むしろ政治的な対立を作り出す」と主張する論者もいる。

(1) 肯定派:リベラリズム(国際協調主義)

市場の開放と交易の増加は国家間の敵意を抑制すると考える立場が、いわゆるリベラリズムである。ただ、一口にリベラリズムと言っても、なぜ相互依存が紛争を抑制するのかという因果関係のメカニズムについては、いくつかの議論がある。

リベラリズムの立場では古くから、自由貿易が進むと、貿易業者や消費者が外国との貿易投資から大きな利益を得るようになることから、これを脅かしうる外国との政治的対立や軍事衝突を避けるよう自国政府に働きかけるようになると考えられてきた。例えばモンテスキューは、「通商貿易は必然的な効果として平和をもたらす」と述べたという[6]。同じく、交流の進展が民間および政府間の接触とコミュニケーションを増大させ、協力的な政治関係の構築を促すと主張する者も多い[7]。

経済的交易と軍事的征服とは、安全と経済成長に必要な資源を入手する上での代替手段であるという主張もある。貿易と海外投資が増えるにつれ、必要資源を領土拡大や帝国主義的植民地経営などの侵略行為によって入手するインセンティブが下がるという[8]。逆に海外との経済活動に対して障壁を上げれば、利害衝突が生まれ、政治上あるいは軍事上の紛争につながることになる[9]。

また、自由で開かれた国際経済秩序が、国際的な安全保障の維持と相性が良いという議論もある[10]。つまり、一国内においても国家間においても自由貿易は経済的な繁栄をもたらしやすく、経済的な繁栄は一国内で民主的な政治体制を促進し、さらに民主国家間での戦争のリスクをも低下させるというのだ。これは、いわゆるデモクラティック・ピース論に通じる考えである[11]。

(2) 懐疑派：リアリズム（現実主義）

一方で、こうした相互依存に関するリベラリズム的な見方は、リアリズムの立場から長きにわたって批判されてきた。多くのリアリストは、自由な経済交易が国家の安全を損なう可能性を指摘する。

リベラリストは交流の進展が協力的な政治関係の構築を促すと考えるが、リアリストは全く逆の主張をする。つまり、接触の機会が増えれば、利害の対立や意見の不一致が生じる機会も増え、ひいては衝突の可能性も高まるというのである[12]。

また、交易によって得られる利益は往々にして国家間で均等でなく、その不均衡な配分は国家間の力関係に影響を及ぼす[13]。多くのリアリストは、そうして生じる力関係の違いや変化こそ、政治的な対立と軍事的な衝突をもたらす潜在的な原因だと見る[14]。相互依存で結ばれた国家同士でも、依存の程度には国家間で大きな違いがありうるし、またその程度は変化もする。例えば、もし、A国がB国との貿易に大きく依存している一方、B国にとってはA国との貿易への依存度が非常に低いとすれば、その貿易関係が停止した場合の被害はAB国間で大きく異なる。こうした状況にあって、A国との貿易にほとんど依存していないB国については、相互依存がA国との政治的対立を抑止する効果はあまり期待できない。

さらに、リアリストの中には、そもそも国際経済関係は政治的対立を抑止する効果はないと主張する者もいる[15]。彼らに言わせれば、国家間の敵意とは、往々にして政治上、軍事上の力関係の差異から生じるものであって、仮に相互依存に何らか対立緩和の効果があるにせよ、そうした効果は力関係の差異から生じる敵意によって一掃されてしまうという。そうした論者は、第一次世界大戦前夜の主要国は相当程度の相互依存で結ばれていたにもかかわらず、結果として軍事衝突を避けられなかったことをしばしば例に挙げて、国家の存亡といった核心的な利益が危機に瀕する場合には、そもそも経済的結びつきに軍事衝突を抑える効果などほとんどないと指摘する。

(3) 実証的研究

以上の通り、相互依存と紛争あるいは協調との関係については、昔から様々と議論されてきたものの、これを実証的に検証する試みが表れたのは、1980年代以降のことである。その多くは、多数の国を分析対象に入れた統計学的な検証である。

① 肯定的実証研究

統計的な実証研究の多くは、概ねリベラリズムの主張を支持する結果を出している。その走りとなったのが、ポラチェックが1980年に発表した論文である。ポラチェックは、労働経済学の専門家であったが、労使紛争の研究に対する何らかの示唆が得られるのではないかという観点から、二国間の貿易額と紛争発生との間の関係について統計的に検証した結果、両者の間に負の関係があることに気づいた。つまり、相互依存が深くなるほど、その当事国間で紛争の可能性が下がることを示したのである[16]。

この研究をきっかけに、多くの研究者が実証的な研究を行った。その大半が、ポラチェックと同様、第二次世界大戦後の二国間関係を分析の対象としたものであったが、中には、特定の国を軸にした研究、国際システムを対象にした研究、より長い時間軸で検証した研究などもあり、そのほとんどが、貿易額の増大が政治的対立の抑制につながるという関係性を見出す結果となった[17]。

また、経済的な繁栄が民主的な政治体制を促進し、それが戦争のリスクをも低下させるというデモクラティック・ピース論についても、実証的な検証が行われている。例えば、ある統計的研究によれば、貿易額の増加は民主体制の国同士の間では軍事衝突を抑制する一方、政治体制が異なる国の間では貿易額の増加がかえって紛争を招く傾向があるという[18]。さらに、民主主義、深い相互依存、国際機関のメンバーシップという、いわゆる「カントの三角形」(Kantian Triangle)が、これらの要素を共有する国家間で政治的な敵対と軍事的な衝突の可能性を減じる効果が認められるという[19]。例えば、貿易額の増加は、同一の貿易取り決めのメンバー国同士の間では軍事紛争の発生を抑制する傾向が認められる一方、同一の貿易取り決めのメンバー国でない国同士の間では、そうした抑止効果は見られないという研究結果がある[20]。

② 懐疑的実証研究

このように多くの実証研究が、リベラリズムの主張を支持している一方で、これに否定的な結果の実証研究も中にはある。リベラリズムの主張に否定的な実証研究の多くは、実は、この分野の実証研究の先駆者として先ほど紹介したポラチェックとその弟子たちによるものである。

ポラチェックは、当初、多数の二国間関係の集合データをもとに、貿易量が増えるほど当事国間で紛争の可能性が下がることを示したが、後年、アメリカを中心とするいくつかの二国間関係に絞って経年的な分析を行ったところ、逆に貿易量と紛争発生の間に正の関係が見出されることを明らかにした[21]。

また、相互依存は、リベラリストが主張するように貿易から得られる利益が紛争を抑止するという側面と、リアリストが主張するように利益分配の不均衡が紛争を助長するという側面、両方を併せ持っているのだとポラチェックらは考え、相互依存を色々な種類に分類した上で統計的に分析してみたり、貿易額以外に様々な変数を加えて分析してみたりといった試みをした。

こうした懐疑的な研究は、リベラリズムの主張を批判的に検証するという点で貢献があった。ただし、これらの懐疑的な実証研究については、その前提条件の置き方や変数の取捨選別に客観性を欠くといった理由のため、その後の多くの実証研究によって批判されており、今日ではあまり支持を得ていない。

(4) 決着なき論争

このように、相互依存は紛争を抑止するのか否かという問いについて、1980年代から90年代にかけて盛んに研究が行われ、実証的な検証も積み重ねられた結果、2000年代には、相互依存は紛争との間で何らかの関係があるという見方が優位を占めるようになってきた。

他方で、では、なぜ相互依存と紛争との間には一定の相関関係が認められるのかという因果関係については、前述の通りリベラリストとリアリストの双方から全く正反対の仮説が主張されているだけで、いまだ実証的な結論が出ていない。また、一体どういう場合に相互依存に紛争抑止力があり、どういう場合には効果が薄いのかという点についても、まだまだ実証的な証拠が不足している。そのため、相互依存と紛争の関係に関するリベラリストとリアリストとの理論的な対立は、いまだに最終的な決着がついたとは言いかねる状況なのである。

第3節　相互依存下での利害対立

学界における論争に決着はついていないものの、現実の国際社会では、相互依存関係にある国同士でも日常的に利害対立は生じる。そうした利害対立の状況において、相互依存関係にある国同士が決定的衝突を避けるならば、どちらか一方あるいは双方が、ある程度譲歩しなければならない。

(1)　総論賛成・各論反対

①　技術基準国際標準化の例

例えば、ある技術基準の国際標準化を巡る国際交渉を考えてみよう。いま、A国が基準aを採用しており、B国がこれと異なる基準bを採用しているとする。つまり、A国では基準aに従って製品を生産販売しなくてはならず、B国では基準bに従って製品を生産販売しなくてはならない状況である。この状況では、A国とB国の双方で活動しようとする多くの企業にとって、両国が別々の基準を使っているよりは、どちらか一方の基準に統一してもらった方が生産販売の効率が上がって良い。ただし、A国の企業にとっては自国の基準aが国際標準となる方がより望ましく、同様にB国の企業にとっては基準bが国際標準となる方がより望ましいとしよう。

このとき、自国企業からの要請を受けてA国政府とB国政府が国際標準化の交渉を行うとすれば、基準を統一した方が良いという総論では両政府の意見は一致するものの、基準aで統一するか基準bで統一するかという各論における具体的な協調方法を巡っては利害対立が生じる。つまり、総論賛成・各論反対の状況と言えよう。

② ミサイル軍縮の例

もう一つ、大陸間弾道ミサイル共同削減を巡る国際交渉についても想像してみよう。AB両国は互いの先制攻撃に対する抑止力として大陸間弾道ミサイルを保有してきたが、その開発維持費が巨額に上るため、両国政府とも大陸間弾道ミサイルの共同削減を実現できれば財政的に望ましいと考えたとする。ただし、A国は地上配備型の大陸間弾道ミサイルを潜水艦搭載型の大陸間弾道ミサイルよりも数多く保有しており、逆にB国は潜水艦搭載型の大陸間弾道ミサイルの方を数多く保有しているとしよう。

このとき、A国政府にとっては、陸上配備型のミサイル数はそのままに、潜水艦搭載型のミサイルだけを共同削減できれば、B国よりミサイル保有数で有利に立ちつつ財政負担を軽減することができる。一方、B国政府としては、同様の理由で地上配備型の大陸間弾道ミサイルだけの共同削減を主張するだろう。この場合、AB両国政府は、財政負担軽減のために大陸間弾道ミサイルを共同削減したいという点では意見が一致するものの、陸上配備型ミサイルを中心に削減するか、あるいは潜水艦搭載型ミサイルを中心に削減するかという具体的な協調方法を巡っては、利害対立が生じるだろう。これも総論賛成・各論反対の状況である。

(2) 譲歩と協調のメカニズム

①「男女の争い」ゲーム

このA国政府とB国政府の間では、国際標準化やミサイル削減の具体的方法をめぐって完全に利害が対立するため、激しい交渉が行われることと想像される。こうした総論賛成・各論反対の場面において、自国が有利な協調方法を享受できる側となるか、あるいは妥協せざるをえない側となるかは、大きな違いである。

このAB両国政府が直面している利害対立の状況は、**図表6―1**のようなマトリックスにまとめることができる。マトリックスにおいて、行はA国政府の採りうる行動（協調方法のaかbか）を、列はB国政府の採りうる行動（協調方法のaかbか）を示し、各セルにおける左項はA国政府の利得の大きさ（x＞y＞z）を、右項はB国政府の利得の大きさ（x＞y＞z）を示している。

これは、ゲーム理論において「男女の争い」（battle of the sexes）として知られる状況である[22]。ゲーム理論とは、2以上の意思決定主体（例えば日本と中国）の交渉や意思決定過程を数学的にモデル化して分析する手法であり、経済学、政治学、社会学、生物学、情報工学、経営学など、様々な分野で利用されている。

国際政治学においては、無政府状態の国際政治経済システムにおける協力ないし協調の成否に関する分析手法として、特に「囚人のジレンマ」（Prisoner's Dilemma）のモデルがよく知られている。古くは1960年代に、このモデルを米ソの軍備競争に当てはめて、相手国による裏切りへの不安から米ソともに軍備縮小の協力はできず、結局お互い膨大な費用をかけて軍備拡張を続けてしまうと分析した研究がある[23]。

他方、「男女の争い」というモデルの状況は、デートの行き先に関する男女間の意

【図表6―1】「男女の争い」モデルの利得行列

A国政府／B国政府	協調方法a	協調方法b
協調方法a	x，y	z，z
協調方法b	z，z	y，x

（注） x＞y＞z

見の相違という、日常生活のどこにでもありそうなエピソードで表現されている[24]。男性は、今夜のデートの行き先としてバレエに行くよりボクシングに行きたいと考えており、女性は逆にボクシングよりもバレエに行きたいと考えている。ただ、とにかく男性も女性も、二人が我を通して別々の場所に行く結果だけは回避したいという点では意見が一致している。これが男女の争いモデルの状況だ。

ここで、この二人が一緒にデートに出かけるためには、男性が譲歩して女性が望むバレエに出かけるか、女性が譲歩して男性の望むボクシングに出かけるほかない。すなわち、この男女の争いモデルは、デートに一緒に出かけようという総論においては意見が一致しているが、具体的な行き先という各論においては意見が真っ向から対立しているという、総論賛成・各論反対の利害対立状況を表しているのである。

② 利得計算の限界

こうした男女の争いモデルの状況は、さきほどの技術標準や弾道ミサイルの例のように、多くの国際関係にも見ることができる。図表6−1から明らかな通り、この状況では、A国政府もB国政府も交渉決裂（右上や左下のセル）だけは避けたい以上、両国政府が揃って協調方法aでの合意を受け入れる（左上のセル）か、あるいは逆に協調方法bを受け入れる（右下のセル）のが、互いにとって合理的である。

ただし、A国政府の望む協調方法aで合意する場合、A国政府は相対的に大きな利得xを得る一方、B国政府は相対的に小さな利得yしか得られない。逆に、B国政府の望む協調方法bで合意する場合、B国政府は相対的に大きな利得xを得るものの、A国政府は相対的に小さな利得yしか得られない。

つまり、この男女の争いモデルのような状況では、交渉決裂による決定的衝突という互いにとって最悪の結果を回避するために、どちらか一方が譲歩して相対的に小さな利得を受け入れざるを得ず、利得の配分が不平等となる。したがって、利得の計算すなわち利益の損得勘定だけでは、どちらが譲歩すべきかについて適切な答えを導くことができないのである[25]。

こうした相互依存下の総論賛成・各論反対の利害対立状況において、関係国の行動を規定するのは共通の利益ではなく、複合的な「力」、明示的な「規則」、暗黙の「共通意識」といった要因が作用することになる[26]。

③ 譲歩を導く要因1 「力」

例えば、A国とB国の間で力配分に不均衡があり、B国に対してA国が十分に大きな「力」を有するとすれば、A国政府はB国政府に対して協調方法aを受け入れるよう強制し、自らに有利な形で国際協調を進めることができよう。

ここで「力」とは、安全保障、生産、金融、知識の各領域の複合的な国力である考えられ、また、物理的な力による強制のみならず、ソフトな力による誘導も含むものである[27]。実際、国際政治経済における国家間の「力」の配分は技術力、市場規模、国際機関における投票権など様々な要因によって定まり、「力」のある支配的国家の意向によって一意の協調方法が選択されることがある。

④ 譲歩を導く要因2 「規則」

ただし、「力」による強制以外にも、例えば国際貿易における無差別原則のように、ある種の行動を規定する明示的な「規則」が事前に合意されている場合には、その「規則」によって具体的な協調方法が決まることもある。

例えば、A国政府とB国政府が具体的な協調方法を巡る対立の解決を国際機関による仲裁に委ねることとし、その仲裁案に従うことを事前に合意する場合、この仲裁という「規則」によって、両政府が採用する協調方法が決まることになる。

このとき、規則によって一意の協調方法が選択されるのは、規則の遵守が前提となっているからではない。男女の争い的な状況においては、その規則によって指示された行動を採らなければ自らの利得を減らすことになるが故に、自ら進んで規則に従うことになるのである[28]。

⑤ 譲歩を導く要因3 「共通意識」

また、強制を可能とするほど十分大きな「力」の格差がない場合や明示的な「規則」に関する事前の合意がない場合でも、共有された規範、確立された伝統、範を示すリーダーシップなどが、ありうべき結果について各国政府間に暗黙的な「共通意識」を形成して、各国政府の行動が自ずと一意の協調方法へと収斂する場合があると考えられる。

暗黙的な「共通意識」が一意の協調方法へと各国政府の行動を調整するのは、「規則」が機能する理由と同様に、もしも「共通意識」から導かれる行動を採らなければ、自らの利得を減らすことになるが故である[29]。したがって、「共通意識」によって導かれる結果が仮に自らにとって不利なものであっても、交渉決裂という最悪の結果を避けるために、各国政府は自ら進んで「共通意識」の指示するところに従うことになるものと考えられる。

図表6―1の利得行列に即して言えば、もし前例や慣習から見て協調方法aでの合意が導かれるに違いないという暗黙的な「共通意識」がA国政府にもB国政府にもあると互いに知っている場合、当然ながら

A国政府は協調方法aの採用を主張してくると予想される。この状況で、もし仮にB国政府が協調方法bの採用を主張すれば、（a、b）という交渉決裂の結果を招くことが予想されることから、B国政府は誰に強制される訳でも事前合意がある訳でもなく協調方法aを受け入れるということである。

第4節　今後の国際秩序形成の展望

（1）覇権国によるレジームの形成と限界

①　国際レジーム

現実の国際政治経済においては、これら複合的な「力」、明示的な「規則」、暗黙の「共通意識」といった各要因が常に独立に作用するものではなく、時として同時にある種の行動を各国に促したり、相互に作用しあったりするものと考えられる。

国家をはじめとする国際政治のアクターの期待を形成し、彼らの行動を規定する明示的な「規則」や暗黙の「共通意識」などの集合は、国際レジームないし国際制度と呼ばれる。レジームとは、「相互依存の関係に影響を与える統御の枠組み」[30]であり、「国際関係の特定の分野における明示的あるいは暗黙的な原理、規範、ルール、意思決定の手続きのセット」[31]である。

リベラリズム、特に新自由主義制度論は、国家は共通の利益を実現するために国際レジームを形成し、その共通の利益が存続する限り国際レジームは存続すると主張する[32]。しかし前述の通り、複合的な相互依存の進んだ現代の国際社会においては、決定的な衝突は避けようとしつつも、利得計算では調整のつかない総論賛成・各論反対の利害対立がしばしば生じる。すなわち、協調方法をめぐって具体的な議論になるほど、各国は共通利益を見出し難いのである。

では、各論での反対を抑えてレジームの形成を主導するものは何か。それは「力」である。リアリズム、特に国際システムの構造を重視するネオ・リアリズムは、国際レジームが形成されるには圧倒的な力を持つ大国の存在が必要であるとする[33]。

② 覇権安定論

そうしたレジームを形成しうる力と意思を持った超大国を国際政治学では覇権国と呼び、覇権国によるレジーム形成の理論を覇権安定論という。覇権安定論の主張は多様であるが、その多くは、貿易、為替、金融など各領域の秩序を準国際公共財とみなす。そして、国際レジームによる秩序から大きな利益を得うる超大国が、その形成と維持の意思を有する場合にのみ、国際レジームは形成、維持されるとする。

覇権安定論は、戦後の国際政治経済秩序の形成と維持をアメリカが主導してきたことを理論的に説明するものである。かつてアメリカは、戦後数十年にわたり、貿易、為替、金融、安全保障の各領域で秩序の形成を牽引してきた。その後アメリカは、日本や欧州さらには他の多くの国々が経済発展を果たす中で相対的に力を落としたが、冷戦終結によって唯一の超大国となり、今なお自他共に許す世界第一の大国である。しかし、そのアメリカですら、近年、国際場裡における影響力の低下を自覚しつつある。

覇権国の力が相対的に低下するとき、既存の国際レジームはどうなるのか。ネオ・リアリズムによれば、国際レジームは覇権国の圧倒的な力によって存続している以上、覇権国が衰退すれば国際レジームも衰退すると見る。ところが現実には、ＷＴＯはじめ戦後の多くの国際レジームがアメリカの相対的国力低下の中でも機能を維持していることから、ネオ・リアリズムの指摘はあたらない。むしろ新自由主義制度論の言う通り、その国際レジームが参加国に利益を提供する限り、国際レジームは存続すると考えられる。

(2) 覇権国衰退後の国際レジーム形成

では、新たな国際レジーム形成についてはどうだろうか。もはやアメリカたりとも覇権国として十分な力を有していないとなると、今後新たな国際レジームは形成されないのであろうか。

① 四つのシナリオ

覇権国衰退後に新たな国際レジームが形成されるシナリオは四つある。すなわち、(1)覇権国が復権するか、(2)新たな覇権国が現れて自国の利益に沿った国際レジームの形成を推進するか、(3)地域覇権国によるリージョナルな国際レジームが形成され、併存するか、(4)少数の主要国が集団的に覇権国のように協力し、グローバルな国際レジームを形成するか、である。

新たな覇権国の有力候補は中国かもしれない。しかし中国は、経済成長率の低下や国内の様々な不安定要因から、今後の経済的発展及び国際政治における影響力の増大については、なお紆余曲折があると考えられる。アメリカの覇権が復活するか、はたまた中国が新たな覇権国となりうるかは、本章の分析範囲を超える。ここでは、主に、地域覇権国によるリージョナルな国際レジームの併存と、少数の主要国による集団覇権の可能性について考えてみる。

② リージョナルな国際レジームの併存

例えば、GATT／WTO体制は、アメリカが戦後に覇権国として形成した自由貿易に関する国際レジームである。ともすれば保護主義に陥りかねない各国を、度重なるラウンド交渉を通じて強い力で自由貿易へと導いてきたのである。一度形成されたレジームは、参加国に利益を供給することから、政治的にはアメリカと対抗する中国、ロシアといった新興国も進んでWTOへ参加した。

しかし、貿易自由化交渉の複雑化とアメリカの覇権の相対的低下のために、アメリカはもはや全世界的な自由貿易を主導することができなくなったものと考えられる。これまでのラウンド交渉を引っ張ってきたアメリカも相対的に力を落とし、もはや覇権国として交渉をまとめる力はなく、また他のいずれの国も単独では覇権国としての要件（力と意思）を欠くことから、現在のドーハ・ラウンドはまとまらないのだと考えられる。

そして、こうした状況を打破するために、WTOに限界を感じる地域覇権国（アメリカ、日本、中国など）は、それぞれの制裁が有効に機能する限定的な範囲（対象国の限定または対象品目の限定など）で更なる貿易自由化を進めてきた。その結果が、近年のFTA乱立であると考えられる。

③ 集団覇権によるレジーム形成

しかし、国際レジームの形成を可能とする覇権は、必ずしも単一の国によって具備される必要はない。ある一国だけでは、国際レジームの形成と維持に見合う利益を見出せない場合でも、複数の国でその費用を分担することによって、各国が利益を見出しうる場合がありうる。

今後は、アメリカであろうと中国であろうと、一国だけでは国際政治経済秩序を主導しうる超大国たりえない可能性も高い。その場合、貿易、金融、安全保障といった領域ごとに、秩序の形成と維持をする意思と十分な力を持った国々が集まり、集団的に覇権を行使することも考えられる。

第5節　まとめ―21世紀の国際社会は「パックス・アミキティア」に向かうか

本章では、「相互依存は紛争の抑止に資するのか」という古くて新しい論争の振り返りから出発し、今後の国際社会の秩序形成について展望してきた。

1980年代から90年代にかけて多くの研究が積み重ねられた結果、いまでは相互依存は紛争抑止にある程度効果があるという見方が優位を占めるようになっている。しかし、では、一体どういう場合に相互依存に紛争抑止力があり、どういう場合には効果が薄いのかという点については、まだまだ実証的な証拠が不足している。そのため、相互依存と紛争の関係に関するリベラリストとリアリストとの理論的な対立は、いまだに決着がつかないまま続いている。

このように学界での論争に決着はついていないものの、現実の国際社会では、相互依存関係にある国同士でも日常的に利害対立は生じる。そうした利害対立の状況において、相互依存関係にある国同士が決定的衝突を避けるならば、どちらか一方あるいは双方がある程度譲歩する必要がある。

こうした相互依存下における利害対立に秩序をもたらし、国家をはじめとする国際政治のアクターの行動と期待を規定する明示的な「規則」や暗黙的な「共通意識」などの集合は、国際レジームないし国際制度と呼ばれる。

かつてアメリカは、第二次世界大戦後数十年にわたり、貿易、為替、金融、安全保障の各領域で国際政治経済秩序の形成を牽引してきた。しかし、そのアメリカですら、近年、国際場裡における影響力の低下を自覚しつつある。

今後は、アメリカであろうと中国であろうと、一国だけでは国際政治経済秩序を主導しうる超大国たりえない可能性も高い。その場合、21世紀の国際政治経済は、貿易、金融、安全保障といった領域ごとに、秩序の形成と維持をする意思と十分な力を持った国々が集まり、集団的に覇権を行使することで、秩序が形成維持されることも予想される。

複数の主要国が集団的に覇権を行使することで秩序が形成されるならば、それは19世紀にイギリスが覇権国として築いたパックス・ブリタニカや20世紀にアメリカが築いたパックス・アメリカーナの秩序に続き、いわば「パックス・アミキティア」（友好連合による秩序）と呼ぶべきものとなるかもしれない。

注および参考文献

1 現代の国際社会においては、国際組織、NGO／NPO、多国籍企業、テロ集団などの非国家主体が重要性を増している。しかし、自国領域内でこれら非国家主体の存在と行動を許可ないし制限するのは国家（主権国家）であり、その国際的な調整は国家間の交渉によって行われることから、本章においては、予見しうる将来において今後も国際社会の秩序形成は主権国家が主たる役割を担うことを前提に議論を進める。

2 Keohane, Robert O., and Joseph S. Nye. [1977], *Power and Interdependence : World Politics in Transition*. Boston : Little, Brown.

3 Baldwin, David A. [1980], "Interdependence and Power : A Conceptual Analysis." *International Organization* 34(4) : 471-506.

4 Gartzke, Erik, Quan Li, and Charles Boehmer. [2001], Investing in the peace : Economic interdependence and international conflict. *International Organization* 55 : 391-438.

5 例えば，Rogerson, Kenneth S. [2000], Information interdependence : Keohane and Nye's complex interdependence in the information age. *Information, Communication & Society*3(3) 415-436.は情報分野の相互依存を扱っている。

6 Hirschman, Albert. [1977], *The passions and the interests : Political arguments for capitalism before its triumph*. Princeton, NJ : Princeton University Press.

7 Viner, Jacob. [1951], *International economics*. Glencoe, IL : Free Press. and Hirschman, Albert. [1977], *The passions and the interests : Political arguments for capitalism before its triumph*. Princeton, NJ : Princeton University Press. and Doyle, Michael W. [1997], *Ways of war and peace : Realism, liberalism, and socialism*. New York : Norton. など。

8 Rosecrance, Richard. [1986], *The rise of the trading state : Commerce and conquest in the modern world*. New York : Free Press. など。

9 Viner, Jacob. [1951], *International economics*. Glencoe, IL : Free Press.

10 Buzan, Barry. [1984], Economic structure and international security : The limits of the liberal case. *International Organization* 38 : 597-624.

11 Weede, Erich. [1995], Economic policy and international security : Rent-seeking, free trade and democratic peace. *European Journal of International Relations* 1 : 519-37.

12 Waltz, Kenneth. [1970], The myth of national interdependence. In *The international corporation*, edited by Charles P. Kindleberger. Cambridge, MA : MIT Press.

13 Hirschman, Albert. [1980], *National power and the structure of foreign trade*. Berkeley : University of California Press.

14 Gilpin, Robert. [1981], *War and change in world politics*. New York : Cambridge University Press. and Levy, Jack S. [1989], The causes of war : A review of theories and evidence. In *Behavior, society, and nuclear war*, vol. 1, edited by Philip E. Tetlock, Jo L. Husbands, Robert Jervis, Paul C. Ster, and Charles Tilly. New York : Oxford University Press. and Mearsheimer, John J. [1990], Back to the future : Instability in Europe after the cold war. International Security 15 : 5-56.

15 Gilpin, Robert. [1987], *The political economy of international relations*. Princeton, NJ : Princeton University Press. and

Ripsman, Norrin M., and Jean-Marc F. Blanchard. [1996/97], Commercial liberalism under fire : Evidence from 1914 and 1936. *Security Studies*. 6 : 4-50.

16 Polachek, Solomon W. [1980], Conflict and trade. *Journal of Conflict Resolution* 24 : 55-78.

17 Mansfield, Edward D. [1994], *Power, trade, and war*. Princeton, NJ : Princeton University Press. and Russett, Bruce, and John Oneal. [2001], *Triangulating peace : Democracy, interdependence, and international organizations*. New York : Norton. など。

18 Gelpi, Christopher, and Joseph M. Grieco. [2001], Democracy, interdependence, and the liberal peace. Paper presented at the annual meeting of the American Political Science Association, August-September, in San Francisco.

19 前掲 Russett, and Oneal. [2001], および Russett, Bruce, John Oneal, and David R. Davis. [1998], The third leg of the Kantian tripod for peace : International organizations and militarized disputes, 1950-1985. *International Organization* 52 : 441-67.

20 Mansfield, Edward D., and Jon C. Pevehouse. [2000], Trade blocs, trade flows, and international conflict. *International Organization* 54 : 775-808.

21 Gasiorowski, M ark, and Solomon W. Polachek. [1982], Conflict and interdependence : East-west trade linkages in the era of detente. *Journal of Conflict Resolution* 26 : 709-29.

22 Sekiyanma, Takashi [2014], *Coordination and Compromise : Regimes Where Countries Agree in General but Disagree in Details*. Lambert Academic Publishing.

23 Boulding K E. [1962], *Conflict and defense : a general theory*. New York : Harper & Brothers.

24 Luce, Robert Duncan, and Howard Raiffa. [1957], *Games and Decisions : Introduction and Critical Survey*. Courier Corporation.

25 Kreps, David M. [1990], *Game Theory and Economic Modelling*. Oxford University Press.

26 前掲 Sekiyanma [2014].

27 Nye, Joseph S. [2004], *Soft Power : The Means to Success in World Politics*. PublicAffairs. および Strange, Susan. [1996], *THE RETREAT OF THE STATE～The Diffusion of Power in the World Economy*. Cambridge University Press.

28 Snidal, Duncan. [1985], "Coordination versus Prisoner's Dilemma : Implications for International Cooperation and

Regimes," The American Political Science Review, Vol. 79, No. 4, 923-942.

29 Shelling, Thomas C. [1980], *The Strategy of Conflict, Cambridge*. Harvard University Press.

30 前掲 Keohane and Nye [1977].

31 Krasner, Stephпісля D. ed. [1983], *International regimes*. Cornell University Press.

32 Keohane, Robert O. [1984], *After Hegemony : Cooperation and Discord in the World Political Economy*. Princeton University Press.

33 Kindleberger, Charles. [1973], *The World in Depression, 1929-39*. University of California Press.

第7章 貿易、投資、技術の相互依存

相互依存関係とは、国と国の間でモノ、カネ、ヒト、情報などが行き来する結果、その国同士が相互に影響を受け合う状態にある関係である。本章では、特に貿易、投資、技術の分野における国際的な相互依存関係の現状を見ることにする。以下、第1節では、第一に貿易を通じた相互依存関係の歴史的変遷を明らかにし、第二に投資（直接投資）を通じた相互依存関係の概観を確認した上で、世界貿易投資の相互依存時代の課題について論じる。続く第2節では、技術と安全保障の観点からデュアルユース技術（軍民両用技術）に焦点を当て、現在のアジア太平洋地域で進む技術の相互依存と国益が絡んだ国際関係の動きを考察する[1]。

第1節 貿易投資の相互依存

① 90年代以降急速に深化した貿易を通じた相互依存

世界経済は貿易を通じて相互依存関係を強めてきた。物品貿易を通じた世界経済の相互依存は、第一に世界貿易は着実に増加するとともに、90年代半ば以降に急速に深化したことが挙げられる。世界の物品貿易額（輸出ベース）の対ＧＤＰ比は60年の9・4％からゆるやかに上昇し、74年以降は15％前後で推移していたが、93年（14・4％）を底にほぼ一貫して上昇を続け、ピーク時の08年には25・3％まで上昇した

（図表７―１）。世界貿易を実質ベースでみても、この間（93年～08年）の実質貿易額の年平均伸び率は７・８％とそれまでの期間（60～92年）の５・６％を上回っている。それぞれの期間の実質ＧＤＰ成長率に対する実質貿易伸び率の比率（弾力性）は、60～92年で１・４である一方、93年～08年には２・０と、実質ＧＤＰ成長率の倍の水準で貿易が拡大してきた。

その後、リーマン・ショックで世界貿易は一時的に落ち込み、また２０１２年以降は世界の実質貿易伸び率が世界の経済成長率を下回る「スロー・トレード」現象が生じているものの、15年の物品貿易額（名目輸出額）は16兆４、３０３億ドル、世界のＧＤＰに占める構成比は22・３％となっている[2]。

第二に、世界貿易を国・地域別に分解すると、大半の国が貿易依存度を高めるとともに、先進国とともに新興国も貿易依存度を高めていることである。１９８０年から２０１５年までの貿

【図表７―１】　世界の物品貿易・サービス貿易額（名目）の対 GDP 比の推移

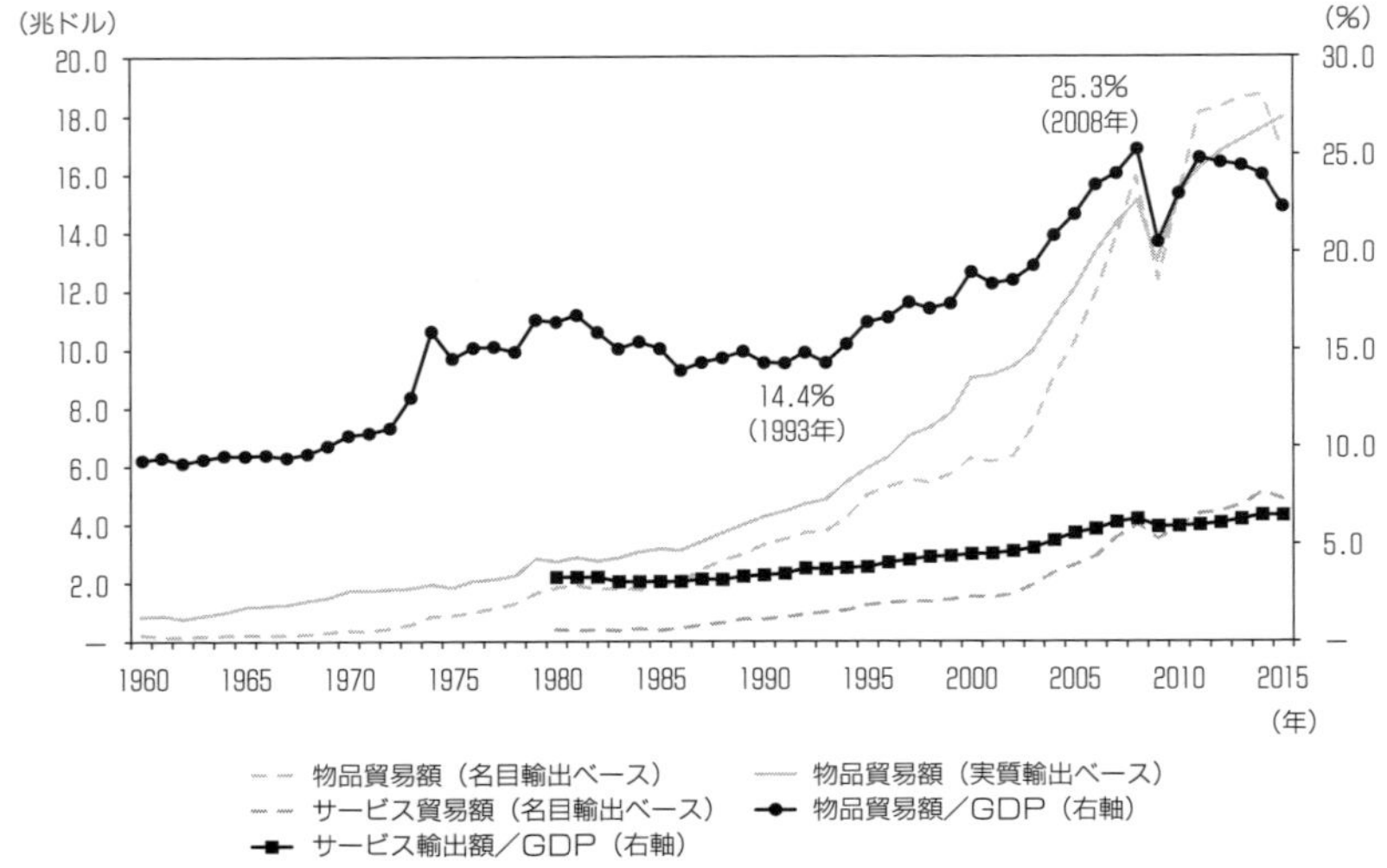

（注）　実質輸出額は輸出価格指数（2010＝100）で実質化。
資料：IMF，WTO，世界銀行から作成。

易統計とGDP統計が取得可能な127カ国のうち、80〜85年の期間平均値から2000〜15年の期間平均値で輸出依存度を上昇させた国は94カ国を占めている。

図表7－2は世界の輸出額上位10カ国と先進国・新興国の1980年と2015年の貿易依存度、主要輸出先比率をみたものである。ほとんどの主要国で貿易依存度が上昇しており、先進国とともに新興国においても貿易依存度を高めている。先進国の輸出依存度は80年の15・7％から15年には22・4％に上昇するとともに、新興国も同18・8％から22・3％に上昇している。新興国の貿易依存度の拡大は、先進国・新興国間、新興国間貿易の双方の拡大によってもたらされており、80年には先進国間貿易が世界貿易の52・9％を占めていたが、15年には先進国貿易比率は38・8％に低下する一方、先進国・新興国間貿易比率は同38・9％から44・3％に、新興国間貿易比率は8・1％から16・9％に増加している。その結果、新興国の貿易が世界貿易に占める構成比は80年の27・3％から15年には40・2％に上昇している。

第三に、近年の貿易を通じた相互依存は中国との貿易を軸に拡大してきたことである。中国の貿易額（名目）は、1980年には輸出で181億ドル（世界貿易に占める構成比は1・0％）であったが、2015年には2兆2、805億ドル（同13・9％）に拡大している[3]。同様に、世界から中国への輸出も大きく増加しており、80年における世界の中国向け輸出比率はわずかに1・0％にとどまっていたが、15年には8・7％に上昇しており、この間の世界の新興国向け輸出比率の上昇分（10・1％）の8割程度は対中国向け輸出が牽引していることになる。

世界貿易を促進した要因には、複数の要因が指摘できる。古くは、1950年代半ばから普及が始まったとされるコンテナによる輸送手段の標準化、さらには輸送手段の大規模化や港湾・道路等のインフラ整備などが各国間を結ぶ物流コストの低下につながり、貿易拡大へ寄与したことが指摘できる。制度面では、

主要国の貿易（輸出）依存度と国・地域別構成比（2015年）

（単位：％）

	GDP（億ドル）	輸出額（億ドル）	輸出依存度	国・地域別構成比（対輸出額）					
				米国	日本	EU	中国	先進国	新興国
中国	111,816	22,805	20.4	18.0	6.0	15.6	－	66.0	34.0
米国	180,367	15,046	8.3	－	4.2	18.2	7.7	54.1	45.9
ドイツ	33,653	13,289	39.5	9.6	1.4	57.9	6.0	71.3	28.7
日本	41,242	6,248	15.1	20.2	－	10.6	17.5	56.4	43.6
オランダ	7,507	5,667	75.5	3.7	0.7	75.3	1.9	82.2	17.8
韓国	13,779	5,267	38.2	13.3	4.9	9.2	26.0	42.0	58.0
フランス	24,202	5,056	20.9	7.2	1.4	58.8	3.9	72.7	27.3
英国	28,585	4,597	16.1	14.6	1.4	44.4	6.0	74.6	25.4
イタリア	18,158	4,587	25.3	8.7	1.3	54.9	2.5	69.4	30.6
カナダ	15,505	4,083	26.3	76.7	1.9	7.2	3.9	88.9	11.1
先進国	439,342	98,255	22.4	11.0	2.5	39.2	10.4	64.9	35.1
新興国	296,646	66,048	22.3	16.0	5.3	21.3	6.1	57.9	42.1
世界	735,988	164,303	22.3	13.0	3.6	32.0	8.7	62.0	38.0

（注）先進国の定義はDOT（IMF）に基づく37カ国。新興国は先進国以外の貿易額。統計上は香港の輸出額が8位の水準にあるが，香港は輸出額の95.1％（2015年）が再輸出のため，除外。

資料：Direction of Trade（IMF），World Economic Outlook（IMF），国連統計から作成。

戦後のブレトン・ウッズ体制の一翼を担い、95年の世界貿易機関（WTO）の設立として一定の結実をみた多国間の枠組みにおける貿易自由化に加え、90年後半以降に増加した自由貿易協定（FTA）による貿易自由化の寄与が挙げられる。ジェトロによると、世界のFTA発効件数は、2016年11月時点で286件に達しているが、このうち、94年までに発効したFTAはわず

【図表７―２】 主要国の貿易（輸出）依存度と国・地域別構成比（1980年）

（単位：%）

	GDP（億ドル）	輸出額（億ドル）	輸出依存度	国・地域別構成比（対輸出額）					
				米国	日本	EU	中国	先進国	新興国
米国	28,625	2,209	7.7	—	9.4	28.7	1.7	65.2	34.8
ドイツ	8,506	1,928	22.7	6.1	1.1	62.8	0.6	77.8	22.2
日本	10,870	1,304	12.0	24.5	—	15.8	3.9	61.0	39.0
フランス	7,045	1,145	16.3	4.3	1.0	58.0	0.3	68.6	31.4
英国	6,011	1,101	18.3	9.6	1.3	53.4	0.4	74.2	25.8
サウジアラビア	1,645	1,020	62.0	15.5	17.5	41.2	0.0	86.6	13.4
イタリア	4,836	776	16.0	5.3	0.9	57.9	0.3	70.0	30.0
オランダ	1,895	739	39.0	2.5	0.4	77.7	0.2	84.6	15.4
カナダ	2,730	677	24.8	60.6	5.5	13.5	1.1	82.6	17.4
ベルギー・ルクセンブルク	1,306	646	49.5	3.3	0.5	76.7	0.2	86.7	13.3
先進国	84,605	13,287	15.7	10.5	3.6	46.6	1.1	72.8	27.2
新興国	26,543	4,987	18.8	17.4	13.2	32.2	0.5	70.3	29.7
世界	111,148	18,274	16.4	12.4	6.2	42.7	1.0	72.1	27.9

（注） 先進国の定義はDOT（IMF）に基づく37カ国。新興国は先進国以外の貿易額。
資料：Direction of Trade（IMF），World Economic Outlook（IMF），国連統計から作成。

かに38件であるが、95年～04年に89件、05年～16年11月に159件が発効している。

さらに、物流コストの低減や貿易自由化を活用する多国籍企業による直接投資を通じた生産ネットワークの拡大が挙げられる。1990年代以降、急速な貿易の拡大を支えた要因の一つが、このフラグメンテーションと呼ばれる工程間分業の進展である。フラグメンテーションとは「もともと1カ所で行われていた生産活動を複数の生産ブロックに分解し、それぞれの活動に適した立地条件のところに分散立地させること」（木村、2004）と定義されるが、多国籍企業は直接投資や委託生産を通じて、各地域の立地条件に適した生産ネットワークを構築してきた。このフラグメンテーションが典型的に広がりをみせたのが、東アジア地域である。

フラグメンテーションの拡大は、世界の中間財貿易の拡大につながったと考えられる。世界の消費財、資本財、中間財貿易の総額に占める中間財貿易比率[4]は、1980年には39・5％であったが、2014年には47・7％まで上昇、中間財から加工品を除いた部品でみても、同9・2％から15・9％に上昇している。フラグメンテーションが典型的に広がりをみせた東アジア（日本、中国、韓国、ASEAN）では、一段と顕著な傾向がみられ、中間財の貿易比率は同42・6から64・6％、部品は6・6％から26・6％と4倍の比率に上昇している。

また、貿易面での相互依存は、物品貿易とともにサービス貿易でもゆるやかに進展している。世界のサービス貿易額（名目）は1980年の3、671億ドルから2015年には4兆7、540億ドルに拡大し、GDP比では同3・3％から6・5％に上昇している[5]。物品貿易と合計した貿易依存度は80年の19・7％から15年には28・8％と、3割近い水準となる。

② 直接投資を通じた相互依存も90年代以降に深化

貿易面に加えて、投資面を通じても、世界経済は相互依存関係を深めている。世界の対内直接投資を長期の視点でみると、1990年代半ば以降、急速に世界の直接投資が拡大し、相互依存関係を深めたことがわかる（**図表7―3**）。世界の対内直接投資（フロー、名目）のGDP比率は94年までは1％を切る水準にあったが、95年以降は1～4％程度の水準で推移している。世界の直接投資残高をみても、統計が取得可能な80年に7、011億ドル、GDP比で6・3％、90年に2兆1、970億ドル、同9・4％であったが、2015年には24兆9、832億ドル、同33・9％に上昇している。

国・地域別にみると、直接投資においても貿易同様に、新興国の存在感が高まっていることが特徴だ。**図表7―4**は世界の対内直接投資残高と対外直接投資残高について、上位10カ国と先進国、新興国別について、国別統計が取得可能な1990年以降についてみたものである。対内直接投資をみると、90年には新興国は15・0％を占めていたが、2015年には26・8％まで上昇している。新興国の中では、中国の構成比が90年の0・9％から15年には4・9％まで上昇している。

さらに、近年では新興国が資本の出し手としても存在感を緩やかながらも増していることは注目される。世界の対外直接投資残高に占める新興国の構成

【図表7―3】 世界の対内直接投資の推移

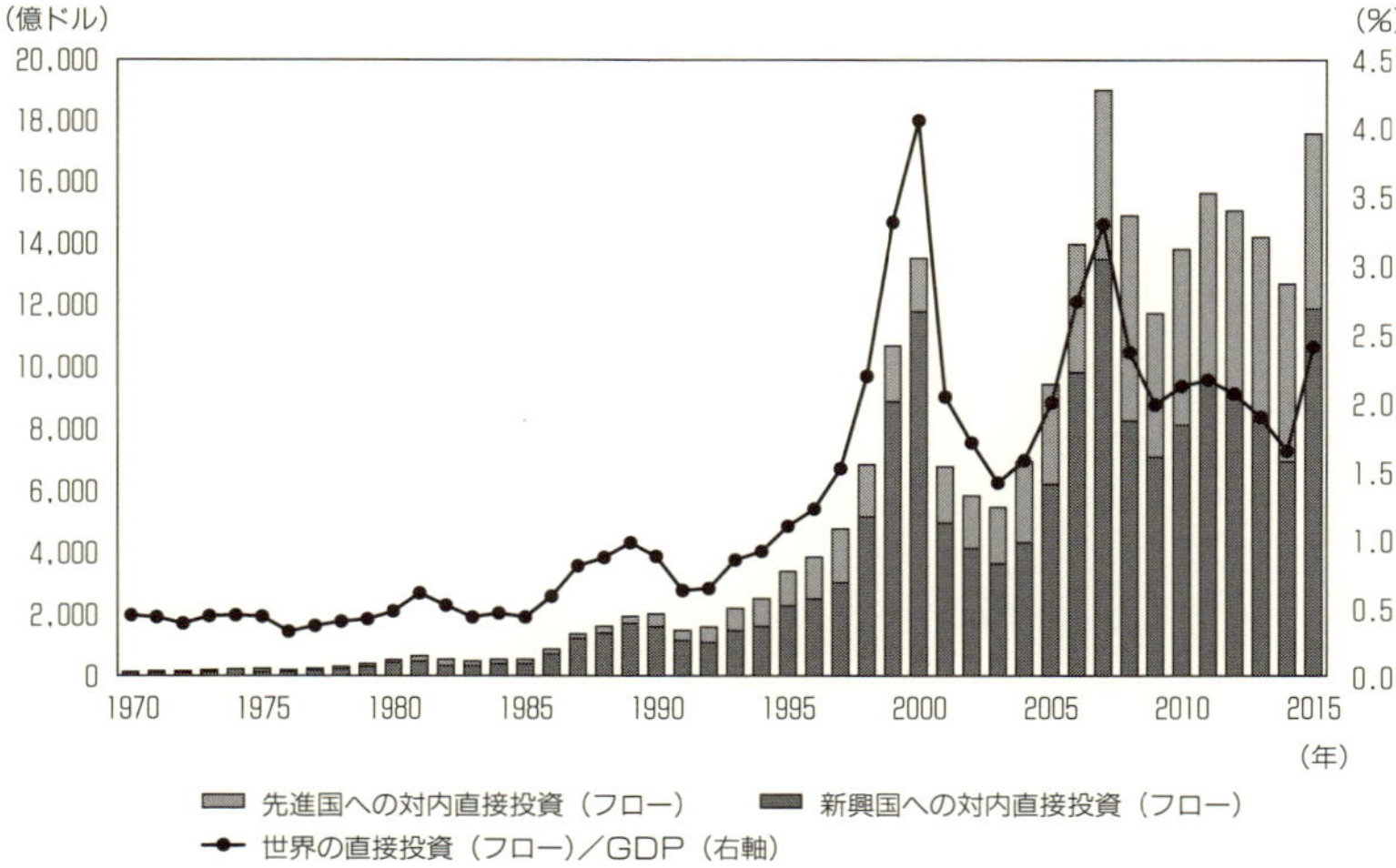

資料：UNCTAD，IMFから作成。

比は１９９０年の７・０％から２０１５年には13・１％に上昇している。[6] 対外直接投資においても中国の存在感の高まりが際立っており、90年の０・２％から15年の４・０％まで上昇している。直接投資においても、先進国からの資本供給という片務的な関係のみならず、新興国からの資本供給も増加しており、双方向の依存関係が強まっている。

【図表７—４】 世界の対内外直接投資算高に占める国・地域別の構成比

（単位：％）

対内直接投資残高				対外直接投資残高			
1990年		2015年		1990年		2015年	
投資国	構成比	投資国	構成比	投資国	構成比	投資国	構成比
米国	24.6	米国	22.4	米国	32.5	米国	23.9
ドイツ	10.3	香港	6.3	ドイツ	13.7	ドイツ	7.2
英国	9.3	英国	5.8	英国	10.2	英国	6.1
香港	9.2	中国	4.9	日本	8.9	香港	5.9
カナダ	5.1	ドイツ	4.5	フランス	5.3	フランス	5.2
フランス	4.7	シンガポール	3.9	オランダ	4.9	日本	4.9
豪州	3.7	スイス	3.3	カナダ	3.8	スイス	4.5
オランダ	3.3	フランス	3.1	スイス	2.9	カナダ	4.3
スペイン	3.0	カナダ	3.0	イタリア	2.7	オランダ	4.3
イタリア	2.7	英領ヴァージン諸島	2.4	スウエーデン	2.3	中国	4.0
中国（参考）	0.9	–	–	中国（参考）	0.2	–	–
先進国	85.0	先進国	73.2	先進国	93.0	先進国	86.9
新興国	15.0	新興国	26.8	新興国	7.0	新興国	13.1
世界(億ドル)	21,970	世界	249,832	世界	22,539	世界	250,449

（注） 先進国の定義は図表７—２と同一。新興国は先進国以外の直接投資額。
資料：UNCTADから作成。

③ 貿易投資相互依存の課題

このように貿易、直接投資の双方において、世界の相互依存関係は深まりをみせ、先進国と新興国の双方向の相互依存関係が強まっている。一方で、近年は貿易や投資によるグローバル化に対して、否定的な考えも拡がりをみせ、2016年の英国のEU離脱方針の決定（Brexit）や米国新大統領による北米自由貿易協定（NAFTA）見直しなど、近年、保護主義的な機運が高まっている。この背景には、貿易や投資、さらには本章では論じていないものの移民を通じたグローバル化が所得格差の主因であるとの考えが広がっていることが挙げられる。所得格差の主因は、人、モノ、カネのグローバル化よりも、技術革新など他の要素が主因であると考えられており、この点は理解されていない点がある。一方で、伝統的な貿易理論であるヘクシャー・オリーンモデルによれば、先進国は資本集約財に生産を集中、新興国は労働集約財に生産を集中させる結果、先進国では所得格差を拡大させる効果があると理論的には指摘されている。直接投資については、先進国と新興国の双方で所得格差を拡大させる効果がある（浦田、2017）。貿易や直接投資が経済に占める比率が小さい時代にはこの影響は限定的であったと考えられるが、その比率が高まるにつれ、所得格差に一定の影響を与えていると考えられている。

貿易と投資を通じた相互依存関係が強まる中、各国・地域は、今後、国内の労働市場において低生産性部門から高生産性部門への円滑な労働の移動を促すような雇用対策など、包摂的（Inclusive）な政策の必要性が一段と高まっていくと考えられる。

第2節　防衛技術の相互依存

次に、技術と安全保障の観点からデュアルユース技術（軍民両用技術）に焦点を当て、現在のアジア太平洋地域で進む技術の相互依存と国益が絡んだ国際関係の動きを考察してみたい。

①　デュアルユース技術

デュアルユース技術は、軍事用にも民生用にも使える技術で、軍民両用技術とも呼ばれる。例えば、炭素繊維は、民生用の旅客機の機体にも、また軍事用の戦闘機にも使われている。また、ＧＰＳは、カーナビとして民生用に広く利用されているが、もともとは軍事技術で、今も巡航ミサイルの誘導に使われている。このようなデュアルユース技術は、１９７０年代までは、インターネットの普及に典型的にみられるように、まず、軍事技術として開発され、その後、これが民生分野でも活用されるようになるパターンが主流であった。ところが、80年代に入り、民生分野の技術革新のスピードが加速化し、多くの高度技術が民生分野から生まれるようになり、民生分野の技術が軍事技術のレベルを凌駕するケースが増えてきた。

②　米国の防衛技術政策

この技術トレンドの変化に最初に注目したのが米国だった。戦後、軍事分野では圧倒的な技術競争力を保持していた米国であったが、欧州や日本の技術力が急速に向上することにより、１９８０年代に入り、これらの国で製造された民生用の部品や製品が、米国製の兵器に使われるようになった。これは、「依存問題」と呼ばれ、軍事技術の他国への依存が進展すると、これが米国の軍事力に脆弱性をもたらすとして、問題視されるに至った。このため、80年代の後半になると、日米間で経済問題に安全保障問題が絡んだ技術摩擦が生じた。富士通による米半導体企業フェアチャイルドの買収はこの典型で、フェアチャイルドが、高度な軍事用の半導体を開発、生産しており、この買収が承認されると、重要な軍事技術を日本に依存することになるとして、議会に加えて行政府からも反対意見が出される事態となり、この買収は実現しなかった。

その後の米国は、この種の問題については、より建設的で実効性のある対応をとる方向に転換した。そして、１９９０年代には民生技術を積極的に軍事分野に引き入れようとする軍民融合政策が実施に移された。この政策は、高性能でより安価な民生品を兵器に組み入れることにより、兵器の性能を上げ、コストを下げ、そして納入に必要な期間を短縮させようとする狙いがあった。

民生用の最先端技術を軍事分野で活用する方策は、現在の軍事技術政策の中でも重要視されており、これはサードオフセット戦略にみられる。この戦略は、急速に軍事技術力を向上させてきた中国やロシアに対抗するために、新たな兵器、システム、作戦概念などを導入することにより、これを相殺する目的をもって２０１４年に打ち出された。この戦略の一環として、ロボットやドローンのような民生分野の最先端技術を軍事分野に導入する方針が出され、このために、シリコンバレーにデュアルユース技術にアクセスするための国防総省の出先機関を設置するようなことも行われている。

③ 中国の軍事技術政策

一方、中国も、デュアルユース技術の活用を積極的に進めているが、このような考え方のルーツは、すでに1950年代に存在していた。56年から67年にかけての『科学技術発展長期計画』では、「国民経済と国防に不可欠な技術」として、ジェット推進、コンピュータ、電子技術などがあげられており、ここにはデュアルユース的な発想がすでにみられる。ただ、発想自体は存在したものの、これが実践されるのは80年代以降になる。中国では、78年に改革開放路線が打ち出されたが、これによる軍事品の需要減のため、中国の軍需産業は軍民転換を進めることになった。この軍民転換は、軍事品の技術を使って民生品の開発・生産へと移行することが必要になるため、この過程で技術のデュアルユース性を、実際に経験することになった。

中国のデュアルユース技術に関する政策が本格的に動きだすのは、1990年代の終わりの時期で、防衛産業の改革策の三本柱の一つとして、軍民融合政策が打ち出されたことによる。これにより、民生分野の技術やノウハウを軍事分野に取り入れるとともに、軍需企業の財政力を維持し、政府の軍需企業への資金負担を減らすことが画策されたのである。21世紀に入ると、この軍民融合政策はより強く推進され、デュアルユース技術のさらなる強化を図っている。中国は、2005年には民間企業の軍事分野への参入を認める「民参軍」政策を打ち出し、この政策に基づき「軍事四証制度」を導入した。「軍事四証制度」というのは、一種の資格認証制度で、ここで要求される条件をクリアーすれば、民間企業や大学でも軍事分野への参入が認められることになる。すでにこの制度を活用して、多くの民間企業が軍事分野で事業を展開しているといわれている。

④ 日本の軍事技術政策

米中両国に比べて、日本におけるデュアルユース技術の軍事分野での活用は遅れをとった。これは、日本がデュアルユース技術という問題に直面したのが、１９８０年代に生じた富士通・フェアチャイルド事件のような日米摩擦を通じてであり、また、日本企業の持つ技術がデュアルユース性を持ち、これが軍事分野で使用されることが公になると、社会から批判を受ける可能性があったからであった。このため、日本企業は概して技術のデュアルユース性をネガティブにとらえる傾向があり、また、日本政府もデュアルユース技術が軍事分野で使われると、武器輸出三原則の精神に反するという危惧を持っていた。

このような姿勢に変化が出始めたのは、９・11同時多発テロ以降で、テロ問題への日本からの貢献策を模索する中で、日本の保有する技術をテロ対策などの「安心・安全」分野に活用する方向が出てきた。２００６年に策定された第3期科学技術基本計画の分野別推進戦略では、「安全に関する科学技術の研究開発については、デュアルユース技術（軍民両用技術）による開発体制」を検討する必要があるとして、防衛、警察、消防関係の科学技術に民生技術を活用する方向性が打ち出された。しかし、その後に誕生した民主党政権ではこの政策は踏襲されず、デュアルユース技術活用の政策は一時的に立ち消えとなった。

その後、安倍政権が誕生し、防衛装備移転三原則が制定され、また、防衛装備庁が設立されることにより、デュアルユース技術に再び脚光があたることになった。この背景には、日本からの装備品輸出を考えた場合、グローバルな競争力を持つのはデュアルユース技術を活用した分野であり、また海外からもここへの注目度が増したためである。

防衛省は、２０１５年度に安全保障技術研究推進制度を創設し、デュアルユース技術の強化に乗り出した。この制度は、大学、研究開発法人、企業などが持つ独創的な研究を発掘し育成する目的を持った競争的資金で、その成果は軍民両分野での活用をめざしている。この研究制度の予算は、15年度は3億円、16年度は6億円であったのが、17年度には１１０億円に大幅増額された。また、17年度はすでに民生分野に存在するドローンやＡＩなどの高度技術を防衛分野に引き入れる新たなプログラムも予算化され、防衛省を中心にして本格的にデュアルユースの活用政策が動き始めた。

⑤ デュアルユース技術の相互依存と獲得競争

このように、アジア太平洋地域の重要国である米国、中国、日本は、２０１０年代に入り、いずれもデュアルユース技術を重視する方向に舵を切り、これを強化するための政策を打ち出している。興味深いのは、素材、部品などの民生分野発のデュアルユース技術を手掛ける企業はすでにグローバルな事業展開を行っており、この分野では相互依存関係が進展している点である。この一方で、日米中いずれもの国が、このグローバル化した技術を国の安全保障分野に取り込み、軍事力を強化しようとしている。すなわち、放っておけば相互依存が進む技術を、安全保障政策の下で、一国の傘下に収めようとする努力を始めたのである。このような国の動きは当然、グローバル化しようとするマーケットの力により制約を受けることになるため、現在は、国による技術の取り込みとマーケットによる技術の広がりの力が綱引きをしている状況にあるといえる。

いずれにしても、現在、グローバル規模で起こっているのは、国によるデュアルユース技術の獲得競争である。このため、一国で技術を囲い込んで軍事力を強化しようとする場合があるし、日米のような同盟国間では技術を共有して協力体制を構築しようとする動きも出てきている。一方、日米にとっての中国のような安全保障上の脅威を与える可能性を持つ国に対しては、輸出管理や外資規制の枠組みを強化し、技術の流出を防ごうとしているのである。

現在のアジア太平洋地域では、技術の相互依存と国益が絡んだ国際関係が動き始めている。このような環境下では、経済と安全保障の世界をうまく切り分け、この両分野が交錯して複雑な問題を引き起こさせないようにする努力が必要となる。すなわち、経済のグローバル化がもたらす相互依存関係を活用した、地域を安定化させるための知恵が求められているのである。

第3節　まとめ―安定と不安定のせめぎ合い

以上見てきた通り、貿易、投資、(防衛)技術いずれの分野においても、相互依存の結びつきが深くなりつつある一方、これに抵抗する各国の動きも見られることが注目される。

貿易および直接投資の面では、先進国と新興国の双方向の相互依存関係が強まっている一方で、近年は貿易や投資によるグローバル化が各国内の所得格差を生んでいるとの考えも拡がってきており、英国のEU離脱や米国新大統領によるNAFTA見直しといった保護主義的な動きも現実化してきている。

防衛技術の面でも、民生分野発のデュアルユース技術を手掛ける企業がグローバルな事業展開を行い、国を跨いだ相互依存関係の進展に寄与している一方で、このグローバル化した技術を一国あるいは同盟国と協力して囲い込もうとする国家間の獲得競争が起きている。

前章で述べた通り、相互依存の進展は、その関係を断ち切ろうとする場合、相応のコストを強いることになるという点で、関係安定に資する面があると考えられる。他方で、そうした脆弱性を他国に対して抱えることを嫌い、これに抗しようとするインセンティブも働きうる。貿易、投資、(防衛)技術の分野では、まさにこうした相互依存による安定と不安定のせめぎ合いが現実に起きているのだと言えよう。

注および参考文献

1　椎野は第1節を、村山は第2節を、関山は序論および第3節を、それぞれ執筆した。

2　スロー・トレードとは、世界の実質貿易伸び率が実質ＧＤＰ成長率を継続的に下回る状態を指し、２０１２年以降、世界貿易はスロー・トレードの状況下にある。スロー・トレードの要因には循環的要因と構造的要因があると指摘される。循環的要因は、世界的に設備投資が低迷し、貿易弾力性の高い資本財貿易が低迷したことが挙げられる。構造的要因には国境を越えた生産ネットワークの拡大ペースの鈍化があり、その背景として先進国と新興国の賃金格差の縮小、中国を中心に新興国の国内供給力の拡大などが指摘されている。ジェトロ（２０１６）や高富他（２０１６）参照。

3　中国の香港向け輸出のうち、一部は中国に再輸出され、同貿易は中国国内貿易とみなせるため、香港の中国原産品の対中国再輸出額を中国の輸出額と世界の輸出額の双方から削除した上で算出すると、２０１５年の中国の輸出額は1兆9、９９５億ドル、世界貿易に占める構成比は12・4％となる（１９８０年は統計制約から算出できず）。

4　統計はＲＩＥＴＩ－ＴＩＤに基づく。消費財、中間財、資本財の他に素材もあるが、価格変動の大きい素材は除外した。

5　サービス貿易統計は世界貿易機関（ＷＴＯ）に基づく。

6　新興国の対外直接投資残高の中には英領ヴァージン諸島やケイマンなど多くの投資の経由地と考えられる国が含まれている。金額の多い両国を新興国及び世界の対外直接投資残高の双方から除くと１９９０年の比率は7・0％、２０１５年は10・0％となる。

参考文献

浦田秀次郎［２０１７］「グローバリゼーションと格差」、『世界経済評論第6号』、国際貿易投資研究所。

木村福成［２００４］「国際貿易理論の新たな潮流と東アジア」、『開発金融研究所報』、国際協力銀行開発金融研究所。

ジェトロ［２０１６］「世界貿易投資報告2016年版」。

ジェトロ［２０１６］「世界と日本のＦＴＡ一覧」。

高富康介、中島上智、森知子、大山慎介［２０１６］「スロー・トレード：世界貿易量の伸び率鈍化」、日本銀行。

友原章典［２０１４］『国際経済学へのいざない第2版』、日本評論社。

村山裕三［２００８］「中国向け輸出管理─両用技術をめぐる中国と日本」、浅田正彦、戸崎洋史編『核軍縮不拡散の法と政治』信山社、351-368頁。

村山裕三［2016］「防衛装備移転三原則後の日本のデュアルユース技術」、『防衛学研究』第54号、97-106頁。

安全保障貿易情報センター［2015］『中国ビジネスに潜む軍事転用・拡散リスク』。

総合科学技術会議［2006］『第3期科学技術基本計画　分野別推進戦略』。

第8章
金融の超国家ネットワーク

金融分野における世界の相互依存関係は趨勢的に増大しており、米中2国間の相互依存関係も深化している。しかし一方で、中国を含むアジア域内の金融ネットワークの構築の動きも進んでいる。本章では、中国人民元の国際化の動きを中心にアジア域内の金融ネットワークの現状を概観することとしたい。

第1節　金融分野の相互依存

（1）　世界の相互依存関係

金融の分野における世界の国々の間の相互依存関係は、趨勢的に増大している。まず、世界貿易額をUNCTADの統計によって財サービスの輸出額で見ると2006年から15年の9年間で42%の増加となっている。これに対し、世界の為替取引高の推移をBISが3年に一度取りまとめる統計によって見ると、16年4月の取引高は07年4月に比べて52%増加している。世界貿易についても、為替取引高についても最近時点では減速が見られるが、両者が趨勢的に増加している中で為替取引高の方が高い伸びを示しているということは、国際間での金融・資本取引がより高い伸びで増加したことを示唆している。

（2） 中国・米国間の相互依存関係

こうした中で米中2国間の金融分野での相互依存関係も進展している。

米中間の貿易関係を見ると、アメリカにとって中国は輸入相手国として第1位であり、輸出相手国としてはカナダ、メキシコに次ぐ第3位である（2015年）。また中国にとってアメリカは輸出相手国として第1位であり、輸入相手国としては韓国、日本、台湾に次ぐ第4位（16年）と、米中両国はお互いに密接な関係にある。

金融面で米中間の関係を、まず銀行部門について見ると、中国は新興国の中で国際的な銀行部門債権の最大の借主であり（**図表8―1**）、貸し手銀行として米国の銀行は英国所在銀行、ユーロ圏所在銀行に次ぐ規模となっている（**図表8―2**）。

国際証券発行額を見ると2011年第2四半期では新興国の中で中国は19位に止まっていたが、5年後の16年第2四半期には第5位まで上昇し、金額も

【図表8―1】 銀行部門国別クロスボーダー借入

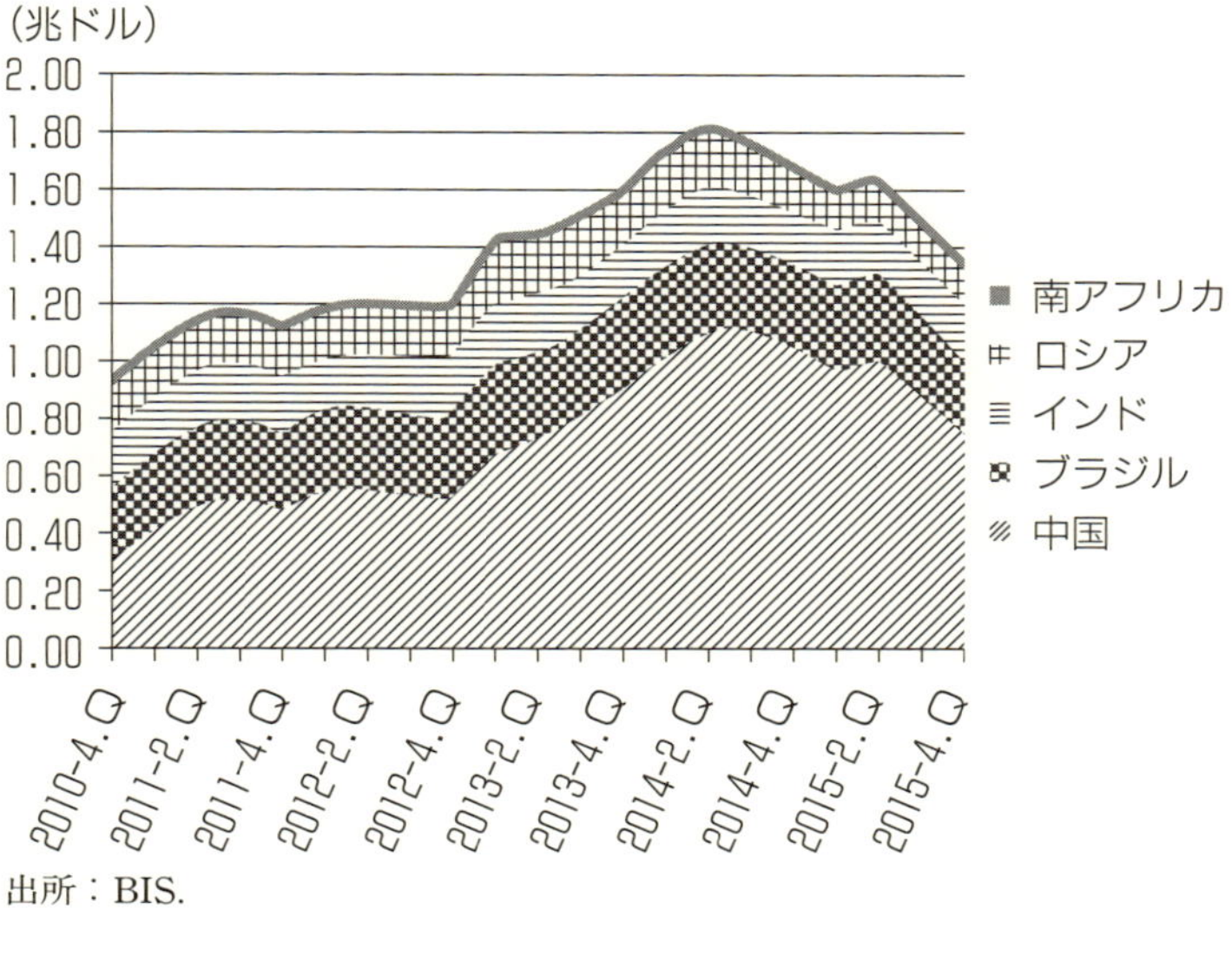

出所：BIS.

【図表8―2】 海外銀行の中国に対する債権

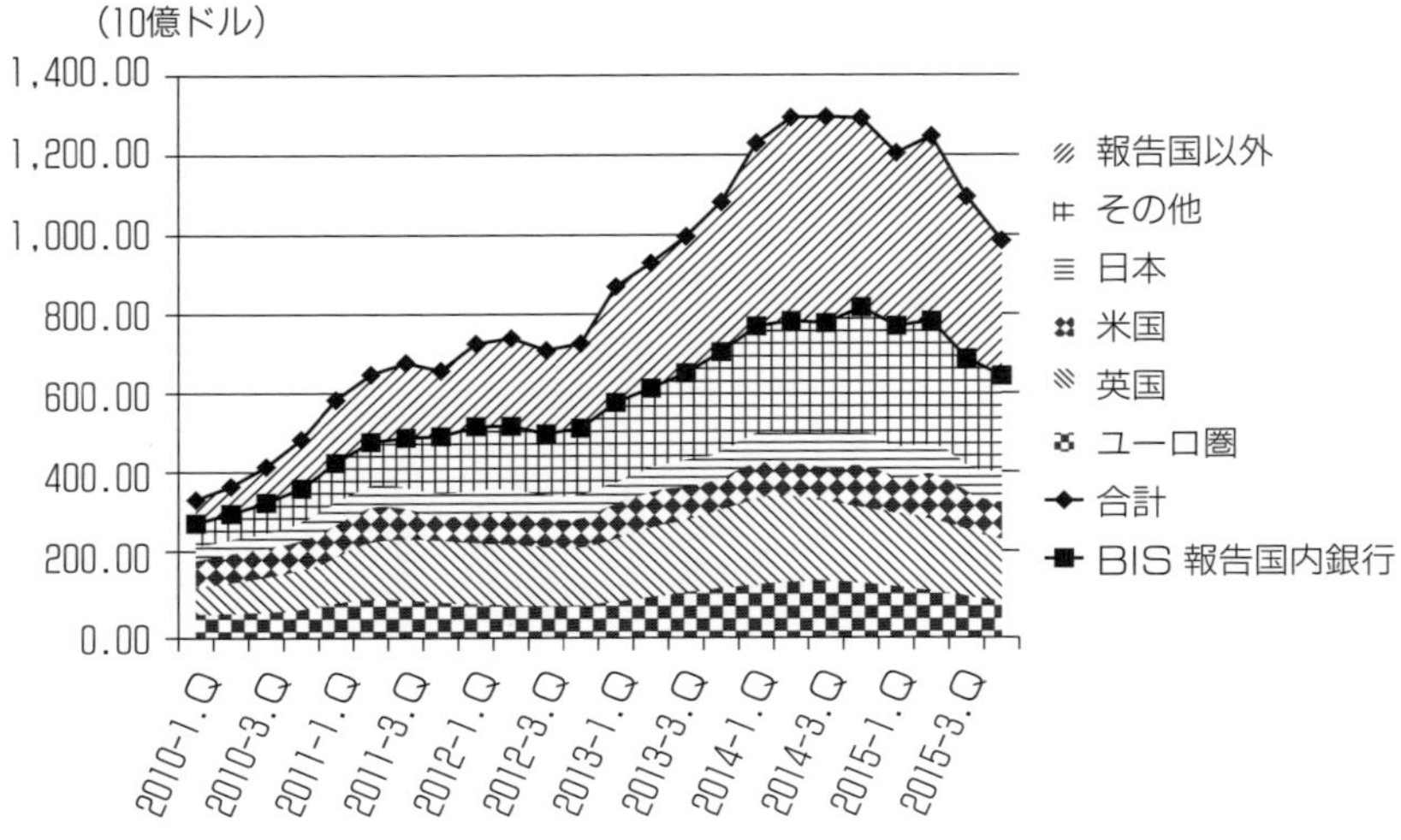

出所：BIS.

4・7倍に増加している（**図表8―3**）。

中国による米国債権の保有状況を見ると、財務省証券の保有額は2016年10月末で1兆1、157億ドルであり、日本の1兆1、319億ドルに次いで2位となっている。15年3月以降16年9月まで中国が1位であったが、16年10月に日本に1位を譲った。株式や社債などを含めた債権保有額で見ると、15年6月末で中国の保有額は1兆8、440億ドルで、日本の1兆9、030億ドルに次いで2位である（**図表8―4**）。

なお、中国の外貨準備に比して、米国債保有額が少ないが、これは特別な状況ではない。外貨準備と米国債保有額の関係を各国についてみると様々である。米国側の国別米国債保有額統計は各国の政府部門だけでなく、民間部門の保有額も含むものであるが、アイルランド、イギリス、ベルギー、ルクセンブルグなどは外貨準備に比べて米国債保有額がかなり大きい。これらの国は、金融機関が海外の顧客のために証券を保管理するカストディアン業務に

【図表8―3】 国際証券発行額

単位：10億ドル

	2011年6月末	
1	韓国	141
2	ブラジル	131
3	メキシコ	104
4	ロシア	73
5	ポーランド	64
6	UAE	58
7	アルゼンチン	57
8	トルコ	54
9	ベネズエラ	51
10	フィリピン	42
11	ハンガリー	40
12	南アフリカ	31
13	インドネシア	28
14	マレーシア	27
15	インド	26
16	コロンビア	25
17	チリ	25
18	カタール	25
19	中国	24
20	ペルー	20

2016年6月末	
メキシコ	233
韓国	171
ブラジル	133
トルコ	120
中国	112
UAE	105
ロシア	104

出所：BIS.

【図表8—4】 日本と中国の米国債保有額等

単位：10億ドル

	2016年10月末		2015年6月末				
	公的外貨準備	米国債保有額	公的外貨準備	証券保有額合計	米国債保有額	公社債・株式等	対外総資産
中国	3,216.2	1,115.7	3,771.3	1,844	1,271	572	6,351.1
日本	1,242.7	1,131.9	1,242.9	1,903	1,198	705	7,739.0

出所：中国国家外貨管理局，US treasury department，財務省，日本銀行。

よって米国債を保有していることなどもあって、国全体として多くの米国債を保有しているものとみられる。一方、スイス、フランス、ドイツ、韓国などは外貨準備のほうが米国債保有額よりかなり大きい。これらの国は海外のカストディアン経由で米国債を保有している場合が多く、米国側統計ではそれがカストディアン所在国の保有分として計上されているものと考えられる。中国も後者と同じパターンに含まれていると見るべきであろう。

以上に述べたように、金融取引面での米中両国の相互依存関係は深化してきている。

第2節 人民元の国際化と中国の通貨戦略

(1) 中国の通貨戦略

人民元の為替レートは1994年1月以来管理された変動相場制を採用しているが、97年のアジア通貨危機と08年の世界金融危機に際し、アジアの主要通貨やユーロなど国際通貨の対ドル為替レートが暴落する中、二度にわたり、米ドルペッグ制に移行した。世界通貨危機においては、国際的に活動する銀行が海外の銀行に対するクレジットラインを縮小し、市場で米ドルが枯渇するという事態にも直面した。このような経験を経て、中国政府は対外取引を米ドル建てに依存していることのリスクを強く認識した。そして、09年に入ると、中国人民銀行は積極的な情報発信を開始するとともに、クロスボーダーの対外取引決済に人民元を使用することを認めた。

まず、2009年3月、人民銀行の周小川行長は、「国際通貨システム改革に関する思考」と題する文書を公表した[1]。この中で、周行長は「危機の発生と世界への波及は、現在の国際通貨システムに内在する脆弱性とリスクを反映している」と述べ、「特定の主権国家から離れた国際準備通貨を創造することが国際通貨システムの改革の目標である」としている。そして米ドル、ユーロ、日本円、英ポンドの4通貨のバスケットで構成されるIMFの特別引出権（SDR：Special Drawing Right）の活用を提案している。

また、2009年7月にクロスボーダー人民元決済の試行が開始された際の人民銀行の公表文では、人民元を対外取引の決済に使えるようにする理由として、第一番目に「世界金融危機の影響を受け、米ドル、ユーロなどの主要な国際決済通貨の為替レートが大幅に変動し、わが国と近隣国家や地域の企業が第三国通貨を使用して貿易決済を行う場合大きな為替リスクに直面した」ことを挙げている[2]。この「第三国通貨」は明らかに米ドルを指している。

そして2010年11月に行った講演で周行長は次のように述べている。「アメリカのQE2（量的緩和政策第2弾）は、アメリカにとっては優れた選択かもしれないが、全世界的に見ると必ずしもよい選択とは言えず、副作用をもたらす可能性がある。これは、米ドルが世界の準備通貨であることの重要性を説明している。」[3]

これらの主張は、対外取引を米ドルに過度に依存することによって為替リスクが大きくなり、さらに、アメリカの金融政策の影響を受けるということを意味している。そこで、中国政府は、中国と他国との取引において米ドルへの過度の依存を回避することによって、為替リスクや、アメリカの金融政策からの不利な影響を抑制することを目的として、人民元の国際化を開始したということが読み取れる。

(2) クロスボーダー人民元決済の仕組み

中国人民銀行と関係する政府各部門の連名で2009年7月1日、「クロスボーダー貿易人民元決済試行管理弁法」(中国人民銀行、財政部、商務部、税関総署、国家税務総局、中国銀行業監督管理委員会公告〔2009〕第10号、以下「管理弁法」)が公布、施行され、海外との貿易決済を人民元で行うことが認められた。

それ以前は、海外との貿易決済に人民元を使用することは認められていなかった。現金で国境周辺の外国との間で貿易決済することは、禁止することは難しくそれ以前から行われていた。しかし、現金による決済は運べる現金の量に物理的な限界がある。ある程度の金額以上の貿易の決済には銀行システムを使うことが必要となる。

銀行システムを使った決済の仕組みを見てみよう(**図表8―5**)。中国の輸入企業Aが日本の輸出企業Eに人民元で代金を支払う場合を考える。図のバランスシートの数字が無印の場合は残高を示し、+、−はそれぞれ残高の増加と減少を示す。当初中国の輸入企業Aは中国所在の銀行Bに100人民元の預金を持っているものとする。また、銀行Bは中央銀行である中国人民銀行に100人民元の預金を持っているものとする。日本の輸出企業Eは日本所在の銀行Dに人民元建て預金口座を保有し、銀行Dは中国国内所在の銀行Cに人民元建ての口座(コルレス口座)を保有している。輸入企業Aは100人民元の輸入代金を日本の輸出企業Eに支払うことを必要な情報とともに銀行Bに依頼する。銀行預金口座を通じた支払いは、次のように行われる。

依頼を受けた銀行Ｂは、顧客企業Ａの預金口座から１００人民元を引き落とし、中国人民銀行にある預金口座に保有する１００人民元を銀行Ｃの口座に振り替えるよう人民銀行に依頼する。銀行Ｃは人民銀行に保有する口座で受け取った１００人民元を見合いに日本の銀行ＤがＣに保有する預金口座に１００人民元を預入する。日本の銀行Ｄは銀行Ｃに保有する預金口座で受け取った１００人民元を見合いに顧客企業Ｅの預金口座に１００人民元を預入し、送金決済が終了する。

東京市場において、日本所在の銀行Ｄが同じく日本所在の銀行Ｆから人民元を買い、円を売る為替売買取引を行う場合も基本は同様である。上記の企業Ａに代わって、日本所在銀行Ｆが中国国内銀行Ｂにコルレス口座を保有しその口座に預けている人民元を日本所在銀行Ｄに同様のプロセスで引き渡すことによって人民元の決済が終了する。

以上で明らかなように、海外との間で人民元によ

【図表８－５】 人民元による貿易決済

国内銀行B

人民銀行預金 人民元100	企業A預金 人民元100

⇩

中国人民銀行

	銀行B預金 －100 銀行C預金 ＋100

国内銀行B

人民銀行預金 －100	企業A預金 －100

国内銀行C

人民銀行預金 ＋100	海外銀行D預金 ＋100

海外（日本）銀行D

中国国内銀行C預金 ＋100	企業E預金 ＋100

出所：筆者作成。

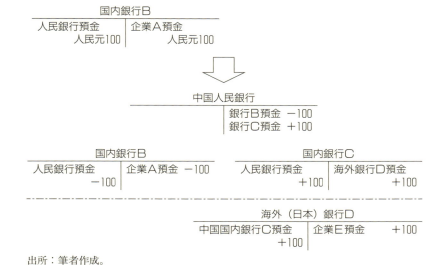

る送金で取引の決済が行われる場合や、海外の為替市場で人民元が売買される場合、中国所在の銀行が海外の銀行のために開設した人民元預金口座（コルレス口座）を通じて、最終的には中央銀行である中国人民銀行に保有する人民元口座間で人民元を振り替えることによって決済される。したがって、中国当局は中国所在の銀行に命じて、海外の銀行のために人民元建ての口座（コルレス口座）を開設することを禁止して、人民元による対外決済を規制することができる。２００９年７月までは、これが禁じられていたわけである。

なお、このような海外における自国通貨の決済のプロセスは、円やドルなど他の通貨でも同様である。特に、ドルは国際基軸通貨であり、国際的な取引の決済は多くの場合ドルで行う必要がある。アメリカ当局は、このような決済の仕組みを使って、特定の国や企業、個人などのドルを使った決済を停止することができる。これがアメリカ当局による他国に対する金融制裁の力の源泉である。中国が過度のドル依存から脱却を図っている一因としてこのようなアメリカの金融制裁に対する懸念も存在するものと考えられる。

（3） クロスボーダー人民元決済の開始

２００９年７月１日に前出の「管理弁法」が施行されクロスボーダー人民元決済が開始された。海外で人民元決済に参加する参加銀行は、中国国内の代理銀行に代理勘定と呼ぶ人民元口座（コルレス口座）を保有することが認められた。

人民元によるクロスボーダー決済の仕組みについて**図表８―６**に示した。ここで、代理銀行とは海外の銀行のために人民元建てのコルレス口座を提供する中国本土内の銀行であり、決済銀行とは中国の企業がクロスボーダー人民元決済のための口座を保有する銀行である。ＣＮＡＰＳ（China National Advanced

Payment System）は中国人民銀行の人民元決済システムであり、日銀ネットに当たるものである。クリアリング銀行は香港、マカオにおいてＣＮＡＰＳに直接接続し、国内銀行間市場に参加して人民元取引を行うことが可能であり、代理銀行と同じ機能を果たす銀行である。参加銀行は、中国本土以外において人民元クロスボーダー決済を行うために、代理銀行やクリアリング銀行に人民元口座を保有する銀行である。

　人民元建てクロスボーダー決済が可能な取引は、当初経常取引に限られていたが、その後、資本取引にも拡大されている。中国人民銀行は２０１０年８月16日、海外の中央銀行、クリアリング銀行、参加銀行の３種類の銀行が、中国本土の銀行間市場で取引される中国国債などの債券に対して、人民元を利用して投資することを認めた[4]。

　また、中国人民銀行は２０１１年１月６日、対外直接投資を人民元建てで行うことを認め、同時に、中国の銀行が直接投資先企業に対して人民元建ての貸出を行うことも認め[5]、11年10月13日、海外からの対内直接

【図表８－６】　クロスボーダー人民元決済の概要

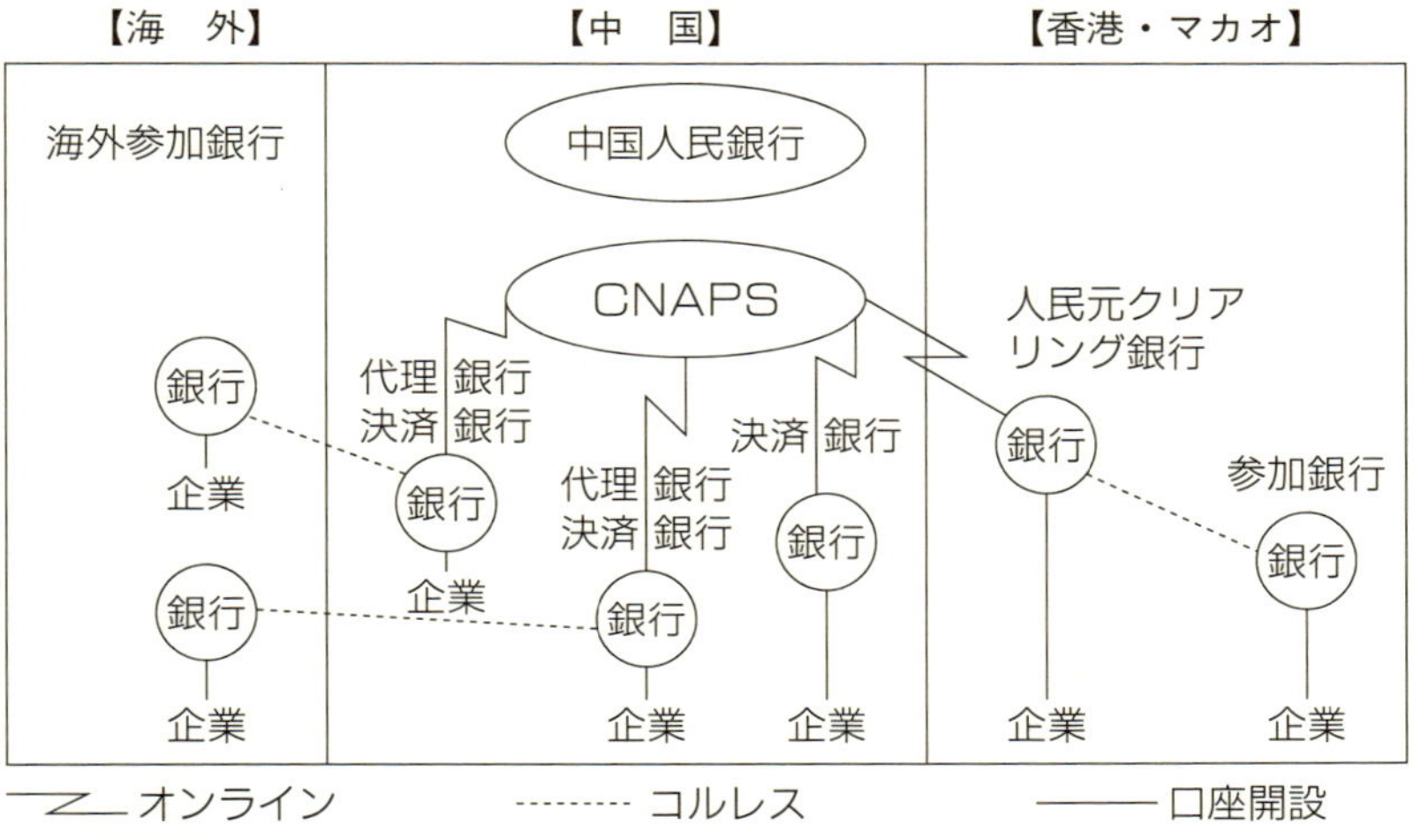

出所：筆者作成。

投資と対外借入の手続きを定めた[6]。11年12月16日には、香港に人民元建て適格外国投資家制度（RQFII）を導入し、海外の機関投資家が人民元で送金する国内証券投資を認めた[7]。14年11月6日には、人民元建て適格国内投資家制度（RQDII）を開始し、国内機関投資家が人民元で送金し海外証券投資を行うことを認めた[8]。

（4）オフショア市場における人民元取引の自由化

中国人民銀行と香港金融管理局（HKMA）との間で2010年7月19日、香港における人民元ビジネスについての協力に関する合意文書が取り交わされた[9]。それまで、香港の参加銀行が人民元口座を提供できる企業は、貿易企業に限られていたが、この制約が撤廃され、人民元口座間の資金の振替は取引の種類に関係なく自由となった。これによって、香港で人民元決済参加銀行間での人民元取引が自由に行えるようになり、中国本土外のオフショア人民元市場が初めて成立した。これ以降、中国本土の銀行間市場で取引される人民元（オンショア人民元）をCNY、香港の銀行間市場で取引される人民元（オフショア人民元）をCNHと呼ぶようになり、CNHの為替レートや金利はCNYと若干異なるものが成立することとなった。

なお、オフショア市場と大陸の間のCNH送金はクリアリング銀行経由に限るという制限が存在したが、2015年の人民元のクロスボーダー決済システム（CIPS）の稼動に向けて、13年7月に緩和されている。

第3節　人民元国際化のための諸措置

中国人民銀行は海外との間の人民元取引を活発化するために以下のような措置を採っている。

(1)　通貨スワップ協定

中国人民銀行は、2008年12月、韓国との間で人民元と韓国ウォンの1,800億人民元相当を限度とする通貨スワップ協定を締結した。通貨スワップ協定とは、例えば韓国で人民元が必要となったとき、韓国の中央銀行である韓国銀行が中国人民銀行に韓国ウォンを提供し、代わりに人民元を受け取るという協定である。その後、香港、マレーシア、シンガポール、オーストラリア、英国、カナダなどと立て続けに締結し、16年6月末で33カ国・地域と総計3兆1,350億人民元の通貨スワップ協定を締結している（**図表8−7**）。これらの通貨スワップ協定は「貿易投資を促進すること」を目的としている。例えば、オーストラリアの輸入業者が人民元で中国の輸出業者に支払う契約を結んでいるときに、オーストラリア所在の銀行が人民元を調達できずに支払いが滞るという事態を回避するために、そのバックアップとして中央銀行間で通貨スワップ協定を締結しておき、人民元建て決済に対する安心感を高めるという効果を持つ。

(2)　人民元クリアリング銀行の設置

前述の通り、人民元クリアリング銀行は当初、香港とマカオに設置されていたが、2013年2月にシンガポールに設置されてから、各国に設置が認められ始めた。16年9月にアメリカニューヨークとロシア

【図表 8 ― 7】 中国と各国の人民元対相手国通貨の通貨スワップ協定（2016年 6 月末）

	国名	署名時期	金額		国名	署名時期	金額
1	韓国	2008.12	3,600億元	19	ハンガリー	2013.9	100
2	香港	2009.1	4,000	20	アルバニア	2013.9	20
3	マレーシア	2009.2	1,800	21	ECB	2013.10	3,500
4	ベラルーシ	2009.3	70	22	スイス	2014.7	1,500
5	インドネシア	2009.3	1,000	23	スリランカ	2014.9	100
6	アルゼンチン	2009.4	700	24	ロシア	2014.10	1,500
7	アイスランド	2010.6	35	25	カタール	2014.11	350
8	シンガポール	2010.7	3,000	26	カナダ	2014.11	2,000
9	ニュージーランド	2011.4	250	27	スリナム	2015.3	10
10	モンゴル	2011.5	150	28	アルメニア	2015.3	10
11	カザフスタン	2011.6	70	29	南アフリカ	2015.4	300
12	タイ	2011.12	700	30	チリ	2015.5	220
13	パキスタン	2011.12	100	31	タジキスタン	2015.9	30
14	UAE	2012.1	350	32	モロッコ	2016.5	100
15	トルコ	2012.2	120	33	セルビア	2016.6	15
16	オーストラリア	2012.3	2,000				
17	ウクライナ	2012.6	150				
18	英国	2013.6	3,500	合計			31,350

出所：中国人民銀行。

モスクワに認められて、この時点でロンドン、フランクフルト、ソウルなど22カ国・地域に設置が認められている。同時点で日本には設置が認められていない。香港・マカオのクリアリング銀行は直接人民銀行の決済システムであるＣＮＡＰＳに直接接続し、中国本土の銀行間市場で直接取引主体となれるが、それ以外のクリアリング銀行は自行の中国本土の本店など経由でＣＮＡＰＳに接続し、銀行間市場で取引を行っている。したがって、これらはクリアリング銀行としてオフショア人民元の中国本土との送金経路という機能を持つのみであるが、この規制も前述の通り15年のＣＩＰＳ稼動に伴い緩和されており、クリアリング銀行の存在によってその地における人民元取引が便利になるという効果は薄れてきている。

(3) 人民元と相手側通貨の直接交換取引

中国の輸入業者が日本の輸出業者に輸入代金を支払う場合に、円建てで送金しようとして、中国所在の銀行に人民元預金を円に交換するよう依頼した場合、中国の銀行は交換に応じ、顧客企業の円口座に円を振り込む。銀行は、為替リスクを回避するため銀行間市場で人民元売り円買いの取引を行うが、円と人民元の取引が少ないと同じタイミングで同じ量の人民元買い円売りを行おうとする相手銀行を探すことは困難である。そこで銀行は通常、人民元を売ってまずドルを買い、次にドルを売って円を買うという二つの取引を行うこととなる。これは日本側でも同様である。これでは円と人民元の交換はコスト高となるし、また、間にドルを挟むとドルの最終的な決済がニューヨークで行われることとなり、人民元を引き渡した後、ドルを受け取るまで時差があるというリスクも負っていた。そこで、２０１１年12月に北京を訪問した野田佳彦総理が、温家宝首相に対し提案を行い、日中両国は円・人民元直接交換取引と日中間の取引決済を円か人民元で行うことを促進することを内容に含んだ「日中両国の金融市場の発展に向けた相互協力の強化」に合意した。日中間の貿易取引の増加に伴い、円・人民元直接交換取引のニーズも急速に増大し、銀行間市場でそれが実現する可能性も高まっていたのである。

合意に基づき、2012年6月1日に、東京と上海で円・人民元直接交換取引が開始された。中国では銀行間為替売買取引は上海の中国外貨交易センター（CFETS）での取引に集中されている。中国当局は12年6月1日以降、円・人民元取引専門のマーケットメーカー制度を導入し、邦銀3行を含む10行を指定した。この10行は常時、円・人民元取引の売値と買値を提示し、取引に応じる義務を負う。円・人民元の直接取引を希望する他の銀行は、銀行間市場で取引相手を常に見つけられることとなった。

一方、東京市場では、大手銀行がブローカー経由のボイスブローキングの体制を整え、円・人民元取引の売値と買値を自主的に常時提示する形で、直接取引が開始された。銀行間市場で為替売買取引が開始されたことにより、東京においてオフショア人民元市場がスタートした。これによって、銀行間市場の取引に米ドルが介在することを回避し、時差リスクを抑制することが可能となった。

また、日本と中国との間の貿易取引などの決済は主に米ドルによって行われている。日本側の統計で2011年当時の状況を見ると、アジアとの取引ではドルが最も多く、次に円が使われ、人民元はほとんど利用されていなかったことが分かる（**図表8－8**）。

円・人民元直接交換取引の開始によって、円と人民元の交換コストが低下し、中国では2012年6月初めに大手銀行が公表している顧客向けの円・人民元売買レートの参考値の中間値からの乖離（売買手数料）が従来の0・4％から一斉に0・35％に引き下げられた。また日本でも12年7月から8月にかけて大手銀行が公表している対顧客円人民元売買の手数料が従来の片道40銭～50銭が30銭に引き下げられた。これらは、中国で円を、日本で人民元をより使いやすくするものであり、両国間の取引決済を米ドルではな

【図表８－８】 日本の貿易取引通貨別比率（%）

(2011年下半期)

（輸出）

世界	米ドル	円	ユーロ	オーストラリアドル	カナダドル	その他
	48.8	40.3	6.4	1.3	0.6	2.7
アジア	米ドル	円	タイバーツ	韓国ウォン	人民元	その他
	49.6	48.1	0.7	0.4	0.3	1.1

（輸入）

世界	米ドル	円	ユーロ	スイスフラン	英ポンド	その他
	72.4	23.1	3.1	0.3	0.2	1.0
アジア	米ドル	円	タイバーツ	ユーロ	韓国ウォン	その他
	71.5	26.8	0.4	0.3	0.2	0.7

(2016年上半期)

（輸出）

世界	米ドル	円	ユーロ	オーストラリアドル	人民元	その他
	51.2	37.1	6.1	1.1	1.0	3.5
アジア	米ドル	円	人民元	タイバーツ	韓国ウォン	その他
	49.2	45.8	1.9	1.0	0.7	1.4

（輸入）

世界	米ドル	円	ユーロ	人民元	スイスフラン	その他
	66.9	26.1	4.1	0.8	0.5	1.6
アジア	米ドル	円	人民元	タイバーツ	ユーロ	その他
	70.5	25.7	1.6	0.9	0.4	0.9

出所：財務省。

く円や人民元で行い、円や人民元の国際化を促進する効果を持つ。

人民元との直接交換は円以前にもマレーシアリンギットとロシアルーブルについてそれぞれ２０１０年8月、10年11月から行われていたが、メジャー通貨との直接取引は円とのものが初めてであり、これ以降、人民元との直接取引の方式が確立し、中国が各国と金融協力協定を締結する際の重要な要素となった。16年11月末時点で、14通貨について人民元との直接交換取引が行われている。円、ユーロ、英ポンド、オーストラリアドル、ニュージーランドドル、シンガポールドル、スイスフラン、マレーシアリンギット、ロシアルーブル、南アフリカランド、韓国ウォン、ＵＡＥディルハム、サウジアラビア・リヤル、カナダドルである。

ＣＦＥＴＳにおける人民元の取引相手通貨を見ると、円・人民元直接交換取引が開始される前の２０１２年第１四半期においては米ドルの比率が99％を超えていたが、開始後の13年第１四半期には92・1％まで低下し、円の比率が6・6％まで上昇した（**図表8—9**）。

【図表8—9】 CFETSにおける人民元の取引相手通貨

単位：億元　（　）内シェア％

	米ドル	ユーロ	円	香港ドル	英ポンド	豪ドル	カナダドル	シンガポールドル	その他共計
2012年1Q	54,578 (99.2)	147 (0.3)	77 (0.1)	183 (0.3)	21 (0.04)	—	—	—	55,029 (100.0)
2013年1Q	52,306 (92.1)	410 (0.7)	3,774 (6.6)	228 (0.4)	7 (0.01)	25 (0.04)	0.9 (0.0)	—	56,769 (100.0)
2016年3Q	96,078 (96.6)	1,165 (1.2)	848 (0.9)	505 (0.5)	172 (0.2)	187 (0.2)	50 (0.05)	169 (0.2)	99,472 (100.0)

出所：中国人民銀行。

(4) 人民元建て適格外国機関投資家制度(RQFII)の枠の付与

2011年12月に、まず香港において中国当局によって適格機関投資家に認定された投資家が人民元を使って中国本土に送金して中国国内の人民元建て証券に投資する限度額の枠が設定された。これを人民元建て適格外国機関投資家制度(RQFII)と呼ぶ。その後、13年に英国、シンガポールにもRQFII枠が設定され16年6月に枠が設定されたアメリカまで17カ国・地域にRQFII枠が設定されている(**図表8―10**)。日本はまだRQFII枠を得ていない。

【図表8―10】 人民元建て適格外国機関投資家(RQFII)枠

	国名	限度額
1	香港	2,700億元
2	英国	800
3	シンガポール	1,000
4	フランス	800
5	韓国	1,200
6	ドイツ	800
7	カタール	300
8	カナダ	500
9	オーストラリア	500
10	スイス	500
11	ルクセンブルク	500
12	チリ	500
13	ハンガリー	500
14	マレーシア	500
15	UAE	500
16	タイ	500
17	アメリカ	2,500
合計		14,600億元

出所:中国人民銀行。

(5) その他の資本取引の自由化

人民元国際化をさらに一層すすめるためには、資本取引一般の自由化が必要である。

対内直接投資については、2016年10月に外資系企業の設立等についての商務部の認可がネガティブリスト方式となり、リストに掲載されている業種以外は届出手続きのみで実行できるようになった。

証券投資面では2015年7月に、海外の中央銀行・通貨当局、国際金融機関、ソブリンウエルスファンドについて、人民銀行に届け出を行った後、銀行間債券市場で投資を行うことが認められた。16年2月17日には、海外の商業銀行、保険会社、証券会社、ファンド管理会社などの金融機関が銀行間債券市場で投資を行うことが認められた。

対外借入については、金融機関以外の外資系企業は外貨管理局に登録することが必要である。対外借入の限度額は当局に認可された総投資額と登録資本金の差額（中国語で「投注差」という）に制限されている。2016年4月に、全国の金融機関と企業に対して、海外からの資金調達についての新たな制度が導入された[10]。新制度によると、企業は純資産額、非銀行金融機関は資本金の額、銀行は一級資本金の0・8倍を限度に海外から資金を調達することができる。外資系金融機関と外資系企業は従来の制度と新制度のいずれかを選んで適

【図表8—11】 貿易額に対する為替取引高の倍率

	2007年4月	2010年4月	2013年4月	2016年4月
米ドル	195倍	240倍	236倍	225倍
日本円	104倍	145倍	161倍	186倍
人民元	2倍	4倍	7倍	11倍

出所：BIS, UNCTAD.

用することができるが、当局に選択を届け出た後は原則として変更できない。

以上のように、中国の資本取引規制は徐々に緩和されてきているが、依然として取引主体や取引金額に制約が残されている。各通貨の世界全体の外為売買市場での取引高が当該通貨発行国の貿易額（輸出額＋輸入額）の何倍かを見ると、ドルや円では２００倍前後に達するのに対し、人民元は未だに11倍に止まっている（**図表８―11**）。ドルや円などの資本取引が自由な通貨では為替売買高のほとんどが資本取引であり、その金額も巨額に上るのに対し、人民元は資本取引による取引額が小さい。これは、人民元の資本取引がドルや円に比べて厳しく規制されていることを示している。

（6）　クロスボーダー銀行間決済システム（CIPS）の稼動

２０１５年10月にＣＩＰＳが稼動した。海外の間接参加銀行は中国国内の直接参加銀行を通じて、人民元建てのクロスボーダーの貿易決済、直接投資、融資、個人送金などの送金決済を、クリアリング銀行を通さずにより簡便に行うことができるようになった。

（7）　SDR構成通貨入り

ＩＭＦは２０１５年11月30日に開催した理事会において人民元のＳＤＲ構成通貨入りを認め、16年10月1日から実施することを決定した。ＩＭＦの特別引出権（ＳＤＲ）は、ＩＭＦの加盟国間で外貨準備通貨の融通を受ける権利である。従来、ＳＤＲ構成通貨はドル、ユーロ、円、英ポンドの4通貨であり、中国政府は人民元の国際化を進めるため、ＳＤＲ構成通貨入りを強く推進してきた。ＳＤＲの構成通貨とそのウエイトは従来のドル41・9％、ユーロ37・4％、ポンド11・3％、円9・4％からドル41・73％、ユーロ30・93％、人民元10・92％、円8・33％、ポンド8・09％となった。ＳＤＲ構成通貨に入ることによって、人民元は外貨準備適格通貨とみなされ、各国は外貨準備として人民元建資産を保有する動機が高まるため、人民元の国際化に貢献する。

(8)　ＡＩＩＢの設立

アジアインフラ投資銀行（ＡＩＩＢ）は、57カ国が創設メンバーとなり、２０１５年末までに設立協定の調印を終了し、中国財政部は応募済資本の50％を超える参加国が設立協定の批准を終了した15年12月25日にＡＩＩＢの設立を宣言した。ＡＩＩＢはアジア諸国のインフラ投資資金を融資する国際金融機関である。また、シルクロード基金が、中国独自のインフラ投資ファンドとして14年12月に設立された。中国人民銀行が主導し、資本金は４００億ドル、当初資本金は１００億ドルである。シルクロード沿線国家のインフラ設備、資源開発などに対し中長期の開発投資資金を供給することを目的としている。ＡＩＩＢやシルクロード基金は、今のところドル建てで投融資を行っているが、今後、人民元建てで調達した資金を投融資に利用することが見込まれる。したがって、人民元国際化を促進することが期待される。

(9)　人民元国際化の進展

以上のような措置の結果、人民元は為替市場の取引通貨として２０１０年の17位から16年には8位に順位を上げ、中国の対外取引決済に人民元が使用される比率も、09年まで禁止されていた状況から15年には28・7％に達した[11]。

第4節　アジアの通貨戦略

１９９７年のアジア通貨危機や２００８年の世界金融危機を経て、米ドルへの過度の依存の危険性の認識は中国だけでなく、東南アジア各国にも共有されている。

香港では、ＨＫＭＡが主導して２０００年に米ドル決済システム、03年にユーロ決済システム、07年に人民元決済システムを稼動させた。これらの決済システムと香港ドルの決済システムをリンクし、一方の通貨が支払われない限り他方の通貨も支払わないという同時決済（Payment versus Payment：ＰｖＰ）制度を導入した。これによって香港ドルとの取引にかかる米ドル、ユーロの決済のかなりの部分が香港で行われるようになりヘルシュタットリスクなどのリスクが削減された。

２００６年11月にマレーシア・リンギット、10年1月にインドネシア・ルピア、14年7月にタイ・バーツそれぞれの決済システムが香港の米ドル決済システムとリンクした。これらの国は、時差リスクなどニューヨークにおける米ドル決済に伴う危険を回避することを目的としたものと考えられる。

香港・東南アジアの各種通貨間の決済ステムネットワークは**図表8―12**の通りである。

アジアの対応として、さらに、ＡＳＥＡＮを中心とした各国間のＡＴＭ接続が挙げられる。このプロジェクトはAsian Payment Network（ＡＰＮ）と呼ばれる。例えば、マレーシアの旅行者がタイで現地の銀行のＡＴＭからタイ・バーツの現金を引き出すことができ、マレーシアの銀行の自分の口座からマレーシア・リンギットの同等額が引き落とされる。国際的に使用される主要なクレジットカードでも同様の取引が可能であるが、その場合2国間の送金決済は通常米ドルを経由して行われる。ＡＰＮの場合、２国間の決済は原則としてどちらかの国の通貨によって行われることとされている。日本加盟前の状況ではアジア大洋州の10カ国が加盟していた[12]。2014年1月、日本のATMシステム間の情報交換を行うNTTデータがAPNに加盟した。現在、稼動に向けての交渉が行われているが、このATM接続が稼動すると、日本とアジア大洋州各国の間で米ドルを使わないクロスボーダー決済が増加することとなる。日本の旅行者がタイのATMでバーツを引き出す場合の決済をAPNと従来の国際的クレジットカードについて図示すると**図表8―13**の通りである。

【図表8―12】 東南アジアの決済システムネットワーク

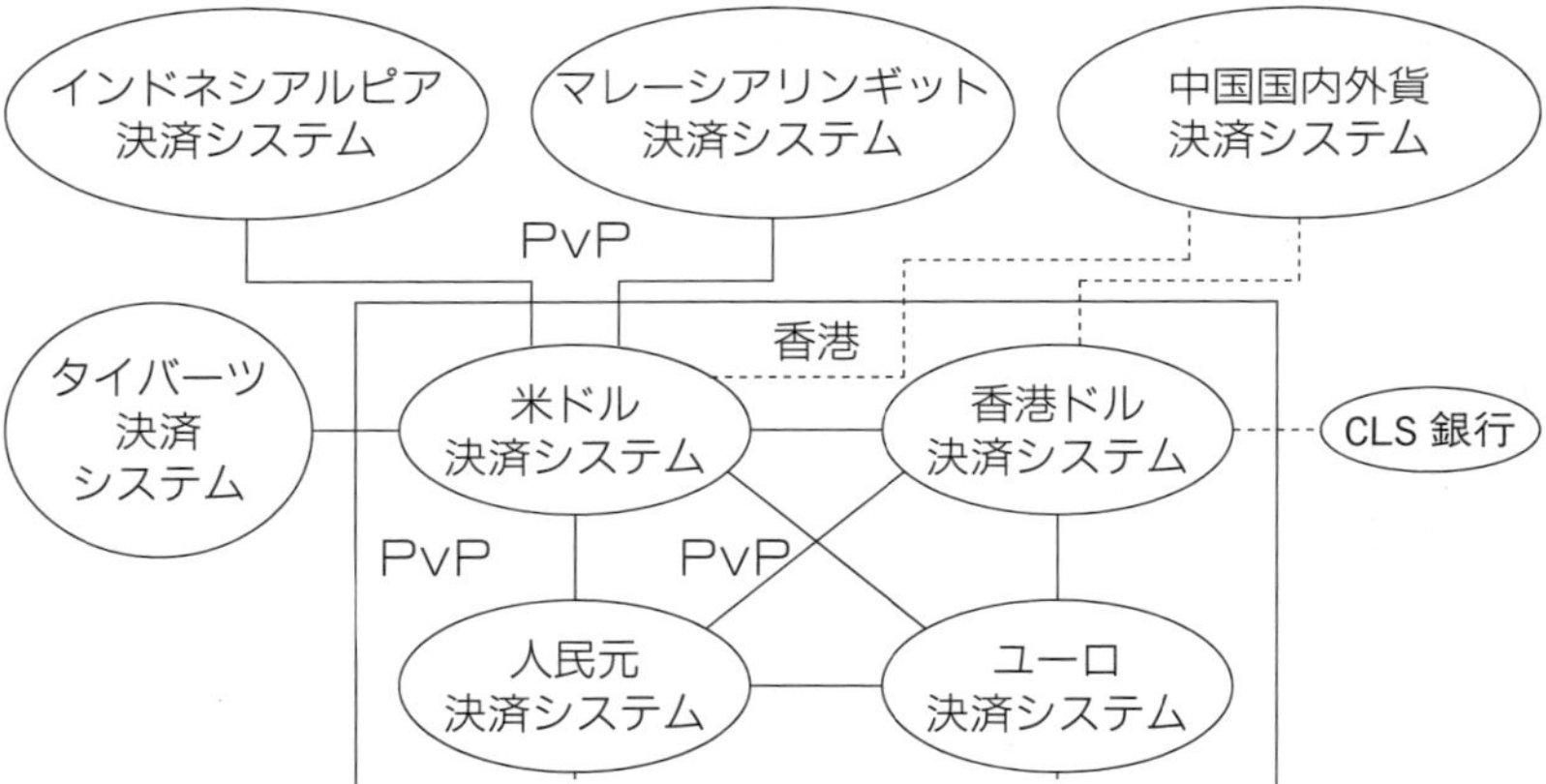

出所：HKMA "Annual Report"を基に筆者作成。

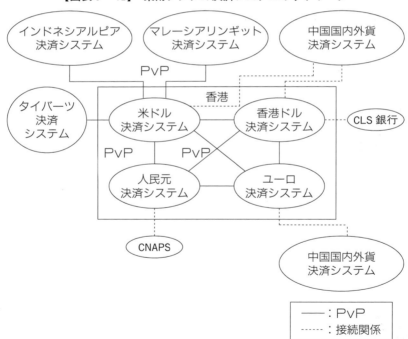

【図表8―13】　APNによる取引と従来の取引

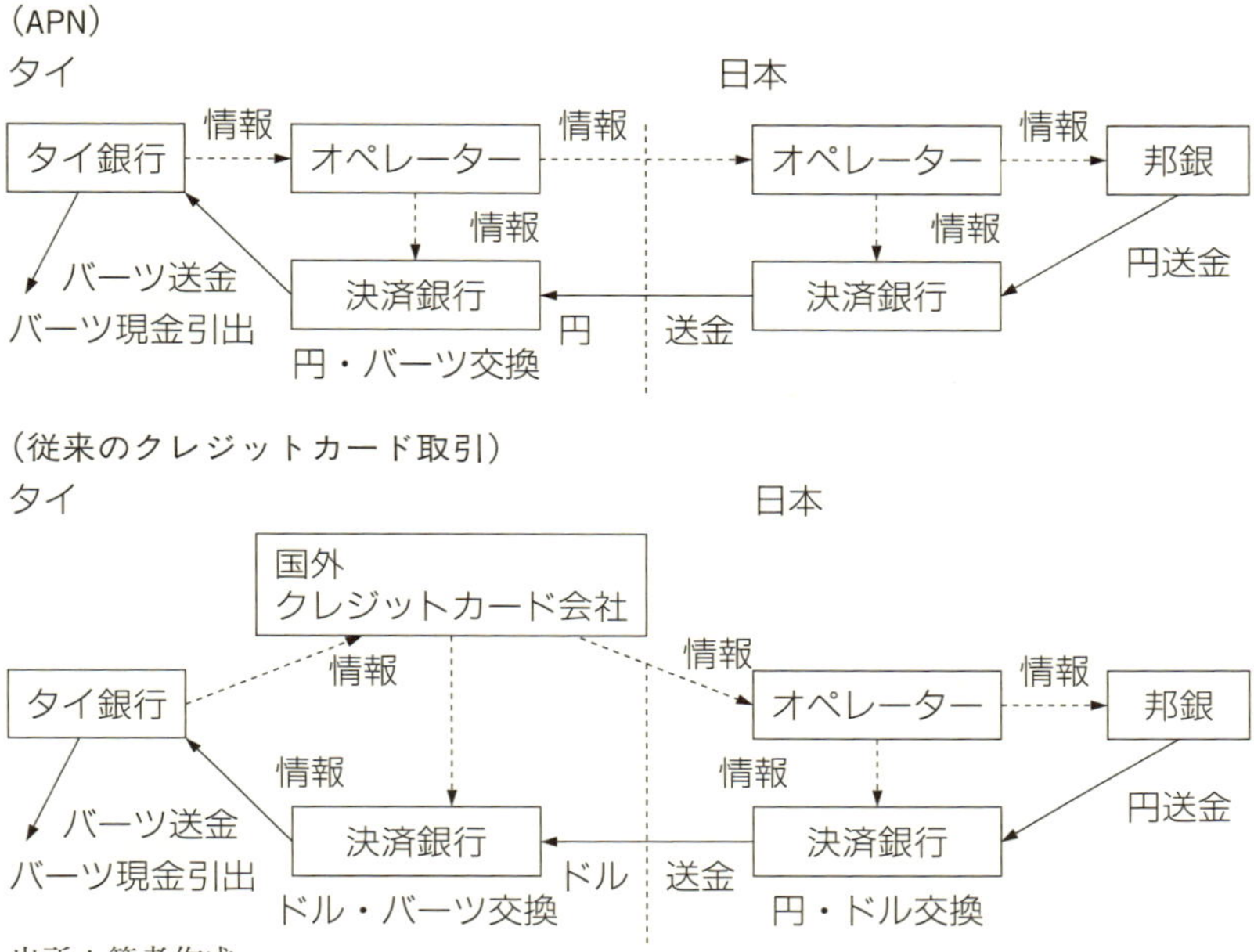

出所：筆者作成。

第5節　今後の日本の対応

国際的な金融面での相互依存が趨勢的に進展している中で、アジアにおいては、過度の米ドル依存からの脱却という方針が共有されている。

中国と米国の金融面での相互依存が進展する中、一方で中国はアジア通貨危機や世界金融危機を経て、過度に米ドルに依存することの危険性を認識し、過度の米ドル依存からの脱却のために人民元の国際化を開始した。当面は、人民元を国際的な基軸通貨にするということではなく、米ドル依存に伴う様々なリスクを避けるために中国と取引相手国の取引について人民元決済を増やしていきたいという自衛的な対応に止まっているとみるべきである。その過程では、米ドル依存からの脱却が最優先であり、アメリカ以外の国との間の取引では、米ドルでさえなければ、人民元でなくとも相手側通貨でもよいというスタンスを示している。日本との金融協力合意においても、米ドルの使用を減らし、人民元か円を使用するということが合意されている。

また、アジアでは、前述の通り、ＡＰＮや人民元を中心とした通貨スワップ網、通貨の直接交換取引、香港における米ドル決済システムと各国通貨のリンクなど、アジア域内での金融ネットワークを形成する動きが見られている。

日本としては、東京市場の活性化と円の国際化のためにこのような動きを活用すべきであろう。東京市場活性化のためには、円・人民元直接交換取引の開始により、東京に人民元オフショア市場の基礎がすでに形成されている。２０１５年6月には三菱東京ＵＦＪ銀行とみずほ銀行が東京市場において人民元債を発行し資金調達を行った。みずほ銀行の人民元債は東京証券取引所のプロボンド市場に上場されている。今後は人民元に限らず、外貨建て債券の東京市場への上場と取引を活性化するために、外貨建て証券と外貨資金の同時決済（ＤｖＰ）を可能とする決済インフラを東京市場に整備することが望まれる。それによって東京市場でより安全で効率的な外貨取引が可能となる。

また、円の国際化については、ＡＰＮへの参加を活用するほか、円建て対外送金のコスト削減を図り、外貨より円による対外取引のインセンティブを高めるなどの措置が考えられよう。

●注および参考文献

1　周小川「关于改革国际货币体系的思考」中国人民銀行、２００９年3月23日。

2 「中国人民银行有关负责人就《跨境贸易人民币结算试点管理办法》有关问题答记者问」中国人民銀行、２００９年7月2日。

3 「周小川行长在财新峰会开幕式上的讲话」中国人民銀行、２０１０年11月19日。

4 「关于境外人民币清算行等三类机构运用人民币投资银行间债券市场试点有关事宜的通知」（銀発［2010］２１７号）。

5 「域外直接投資人民元決済試行管理弁法」（中国人民銀行公告［2011］第1号）。

6 「外商直接投資人民元決済管理弁法」（中国人民銀行公告［2011］第23号）。

7 「基金管理会社、証券会社人民元適格域外投資家域内証券投資試点弁法」（証監会、人民銀行、外貨管理局第76号令）。

8 「关于人民币合格境内机构投资者境外证券投资有关事项的通知」（銀発［2014］３３１号）。

9 "Signing of Memorandum of Co-operation on Renminbi Business" HKMA, 19 July 2010.

10 「关于在全国范围内实施全口径跨境融资宏观审慎管理的通知」中国人民銀行２０１６年４月29日。

11 「２０１６年人民元国際化報告」中国人民銀行、２０１６年8月。

12 マレーシア、シンガポール、タイ、インドネシア、フィリピン、韓国、ベトナム、中国、オーストラリア、ニュージーランド。

第3部

結論　アジア太平洋の未来図

─新秩序に向けて

第9章

ソフトパワーの意義と役割

本書では、アジア太平洋の新たな秩序を担う「主体」と「構造」を考えるに当たり、安全保障分野そのものと共に、経済の相互依存の深まりが安全保障に与える影響につき様々な角度から論じてきた。本章では、この過程において、近年重要性が飛躍的に増大しつつあるソフトパワーがもつ意義と役割について考察を加える。

なぜなら、本書の主題である複数国家のネットワークによるPax Amicitiaが安定的なシステムとして成立するためには、軍事・経済面での諸条件が整うことに加え、ネットワーク覇権の主体となる諸国家が、(i)どこまで自国が信ずる国際社会の統治理念を他国に納得させ、(ii)また自国文化への親しみや憧れを他国民にもたせることで信頼を得ることができるかが重要となるが、そこで決定的な役割を演じるのがソフトパワーだからである。

主題の性質ゆえ、伝統的社会科学の理論の枠を超えざるを得ないことを予めお断りしておきたい。

国際関係の行方をみるとき、人間の思想・行動には二つの異なる基本的な流れがある。振り子のように左右に振れながら進む流れ（周期は長短まちまちだが）と、一方向に不可逆的に進む流れである。振り子の動きをするのは、人間の心の中に存在する二つの極、すなわちリアリズム対リベラリズムという政治学的思想や、ひとの理性と感情の間、善性と悪性の間の「振れ」である。他方一方向に進むのは、科学技術とりわけＩＴ技術の進歩や、グローバル化、経済相互依存の深化、そして個人の役割の増大とそれに起因するソフトパワーの役割である。本章ではこれらの二つの流れの相互連関を念頭に置きながら、長期的かつグローバルな視点から議論を進める。

第1節 ソフトパワー

(1) ソフトパワーとは

ソフトパワーと言われているものの実態は古くから存在する。しかしその意義を国際政治学の文脈で明確に認識し、定義し、論じたのは周知のごとくジョセフ・ナイ教授である。彼はソフトパワーを、

「強制や報酬ではなく、魅力によって望む結果を得る能力」

と定義づけ、それは、

「国の文化、政治的な思想、政策の魅力」

によって生まれるとする[1]。

ナイがこの概念を使い始めたのは1990年であるが、ソフトパワーが注目されるようになった主な理由は三つ挙げることができる。

第一は民主化の世界的拡大により、世界の多くの市民が自国政府の政策決定に次第に大きな影響力を及ぼすようになったことである。第二は先進国や新興国の経済発展により豊かな中間層が激増し、情報のマー

ケットが量的に飛躍的に拡大したことである。第三は言うまでもなく情報技術・産業の発展という、情報マーケットの質的拡大である。こうした諸現象が一方向に、不可逆的に進むものであることを考えれば、ソフトパワーの重要性もまた増加の一途を辿ると考えるのが妥当であろう。

こうしたソフトパワーの重要性が為政者の間で認識されるにつれて、各国においてかつては国家による海外広報といういわば外交政策の付属に過ぎなかった政策が、パブリック・ディプロマシーすなわち一般大衆を相手にした「外交」そのものという位置づけを与えられるようになった。さらに近年は観光客の誘致などの経済的側面に着目した国家ブランディングの要としてもとらえられるようになった[2]。東アジア地域も例外ではない。

(2) ソフトパワーの特徴

しかしソフトパワーには、各国がその力を効果的に活用するに当たって認識しておかなければならない重要な特徴がある。その第一は、一旦成果を上げると、その効果がいつまでも続くことである。あるフランス女性は、ハローキティーのバッグを持っている理由として、3～4歳の頃に「キティーちゃん」に魅せられ、それ以来欠かさず身のまわりにおいてきたからだと語った。

これに対しハードパワーは力で相手を強制するので、その力が効いている間は効果があるが、それがなくなった途端に効力を失うのが通例である。それは経済的利益によって誘導された場合も同様である。「金の切れ目は縁の切れ目」となる。

他方ソフトパワーの決定的とも言える弱点は、採用する手段と効果の因果関係を確立できないことにある。ミサイルは打てばほぼ１００％に近い高い確率でターゲットに命中し、事前に計算された破壊効果と相手国への圧力をもたらすことが予測できる。巨額の経済援助や相手国政府高官への贈賄は、政策面での見返りを得ることが期待できる。それらの効果を予め想定して戦略を立てることもできる。しかしソフトパワーはそもそもどの政策がどのような効果をもたらすかを予め計算し、予測することができない。相手国にポケモンのファンをいくら沢山つくっても、その国の政府の国連での投票が日本に有利になる保証はない。

加えてソフトパワー政策は「意図せざる」効果をもたらすことがある。世界の国民に愛されたNHKのTVドラマ「おしん」の作者の橋田壽賀子氏によると、「おしん」を制作した動機は、戦後の経済至上主義を批判するためだったという[3]。それが、戦争中に女性差別に苦しみながらもじっと耐え、努力した結果、終戦とともにチャンスがめぐってきて成功した女性のストーリーとして、同様の差別に苦しむ世界、とりわけ途上国の女性に爆発的な人気を得て日本贔屓を増やした。

「意図せざる結果」はしばしば否定的な形で発生する。イラクへの軍事介入によってアラブ諸国の反米感情が高まったことを憂えた米国国務省が、アラブ系米国人が、米国は自由で豊かな素晴らしい国であると述べるビデオを制作してアラブ諸国に配った。それはアメリカへの誤解を解いてその真の姿を知ってもらえれば親米感情は高まるだろうとの当初の期待とは逆に、反米感情の火に油を注ぐ結果となった。発信者が自分の魅力と思っているものが、必ずしもターゲットにとって魅力的であるとは限らない。

こうした難点はどうしたら克服できるのだろうか？　それはソフトパワーの発信者と受け手の間の、現場での絶えざる相互作用 interaction によってである。発信されたある情報を相手がどのように受け、反応をするかを分析し、それを踏まえて発信の内容を修正する。そして相手が自然に受け入れるようなものになるまでこの相互作用と修正を続けていくことである。さらに一歩進んで、そもそもターゲットとなる市民は何を望んでいるか、何を魅力と感じるかを予め調査しておくことが望ましい。これは民間企業による商品開発・販売に通じることであろう。しかし後述するようにこれは国家が最も不得意とするところである。ターゲットとする市民の感性の念入りな市場調査や、彼らとの絶えざる相互作用というプロセスを構築する組織的・人的体制をもっていない。国家はもともと人々の感性を扱うことに適したシステムではないし、一旦採用した政策を相互作用を通して絶えず修正していく柔軟性をもっていない。従って世論調査は行われても、その結果と具体的なパブリック・ディプロマシー政策を有機的に結びつけることはできない。アラブ系米国人を使った米国のビデオはその典型である。

従って日米中の三カ国は、今後の東アジアにおける新たな秩序づくりをできるだけ自国の国益に沿うものにするために、以上述べたような特徴をもつソフトパワーを、いかにして使いこなしていくかという共通の課題を有している。それは第一に、それぞれの国家がこの使いにくいソフトパワーをどこまで自らコントロールできるかであり、第二はソフトパワーの源泉ーナイの分類によれば文化か、政治的理念か、政策かーのうちどれを自国の魅力の中心に置くかである。これらの課題を考えるに当たっては、それぞれの国の特性を論じる前に、一旦目を国際関係全体に移し、今後多様化していくであろう行動主体の中で、国家というものがどのような機能を果していくか、及び何が国のソフトパワーになるかに決定的影響を与えるであろう国際的な価値感の動きを把握しておくことが重要である。

第2節　国際関係の新たな展開

(1)　主権国家の機能低下

まず指摘されるべきは、これまで国際関係の主体であった主権国家の力がじわじわと低下していることである。それには三つの側面がある。ひとつは後述するリベラル・デモクラシーの広がりの下で自由を得た個人の間で国家離れが進むとともに、そうした個人が形成する市民社会や種々の非国家団体が台頭し、国際関係に一定の影響力をもつようになったことである。第二の側面は、国家がグローバル化の進展がもたらす挑戦にうまく対応できていないということである。最近国際関係で生じている問題の多くは、主権国家が国境を管理し、国民の生命財産を外敵から守り、豊かで安全な生活を保障するという本来の役割を果たし得ていないことを表わしている。一金融機関が引き起こしたリーマン・ショックの影響から国民を守れた国家はない。社会の安定に支障をきたすと分かっていながら、いずれの国も経済格差の拡大を防ぐことができていない。治安面での力の低下は、最近の欧州に頻発するテロを挙げるまでもない。サイバーテロは自由に国境を越える。また国際犯罪組織やイスラム国のような、主権国家に従わないばかりか敵対する非国家組織まで誕生している。

第三の側面は国家間の協力がうまく機能していないことである。温暖化防止のためには何をすべきか分かっていながら、主権国家はお互いに牽制し合って有効な手段をとるに至ってない。国連安保理の常任理事国の二カ国が、憲章の精神を踏みにじるような侵略行動をとっても国際社会はそれに有効な制裁を加えることができない。

この結果国家のクレディビリティーは国際的にも国内的にもじわじわと低下している。もっともこの問題はもともと主権国家に内在する問題点が今になって表面化したに過ぎない。主権国家やそれによって構成される国際社会という概念の誕生は、17世紀のウェストファリア条約体制に遡ることができる。国家はこれによりカトリック教会の支配から解放され、世俗的近代国家への道を歩み始めた。そして当初は君主による支配が中心であった国家は、18世紀の市民革命によって国民国家となり、国家の主権者は君主から国民全体に移った。しかし国民全体による統治は理念としてあり得ても現実的ではない。そこで折しも台頭した、理性に至上の価値をおく啓蒙思想によって国家主権の抽象化が始まった。それがボーダンやヘーゲルらによる理論構成を経て、何者にも犯すことのできない至高の権威すなわち絶対主権という概念ができあがる[4]。

こうしてできた抽象的概念である主権国家には二つの特徴がある。第一は、主権の絶対性を守るため、国家は擬人化され、合理的かつピラミッド型の官僚制度によって秩序を維持し、統治を確立することが最優先される結果、合理性に欠ける文化や国民の感性を扱うことが不得手になることである。生身の人間である君主がもっていた徳や温情は近代国家には備わっていない。第二は、絶対主権をもつ複数の国家が併存するという矛盾を抱えた社会ができあがったことである。誰にも犯されぬ至高の主権をもつ国家同士の意見が異なるとき判定を下す者はいない。こうしたアナーキーの下では国家同士が武力で決着をつけるしかない。戦争は主権国家の意見の相違を調整する合法的手段と認めざるを得なかった。これが19世紀を特徴づける「無差別戦争観」となる。そして秩序は二つの国家（群）の間の力が均衡することでしか維持できないとする、モーゲンソーらのリアリストに代表されるバランス・オブ・パワー論が生まれた[5]。

しかしやがて二度の世界大戦の惨禍とそれへの反省を経て、国家は国際連盟や国際連合という国際機関やＥＵ（欧州連合）のような超国家的地域連合組織が管理する秩序の体系をつくることで、その主権の一部を一定の条件の下で自ら制限する制度をつくった。同時に徐々に始まったグローバル化の進展とともに、国家のコントロールの及ばない多国籍企業などの非国家組織や様々なＮＧＯが誕生して、国際関係は多次元的な権力によってマネージされるようになる。この体制は、多様な主体間の相互依存が徐々に深まる中で辛うじて混乱を防ぎつつ保たれてきた。この状況は国家や教会など複数の行動主体が併存した中世になぞらえて「新しい中世」と表現されたが、その進化の度合いには大きな地域差がある。田中明彦教授はヨーロッパや日米など最も進んだ国家群を「新中世圏」、中国のように依然として近代の国家主義に基礎を置く国家群を「近代圏」、そこに至らぬ後発途上国を「渾沌圏」と名付けた。そこには世界の国家は徐々に渾沌圏から近代圏を経て新中世圏へと「進化」するとの暗黙の前提があったように思われる[6]。しかし次のセクションで述べるように、新中世圏の各国を束ね、秩序を支える重要な役割を果たしてきた理念であるリベラル・デモクラシーがここへきて綻びをみせ、かつ近代圏にいる中国やロシアがその国力を高め、国家主権を前面に出して新中世圏に対する対決の姿勢を強めることで、国際社会の進歩が止まってしまったか、または後戻りさえし始めたようにも見える。

このように国家は自国領土内では他の何者の干渉も許さぬ絶対権限をもちながら、他国内の出来事には権限が及ばないという「主権」概念に内在する矛盾が生みだす諸問題をマネージすべく様々な知恵を出し、試行錯誤を繰り返してきたが、現在右に述べた諸要因と、曲がりなりにも世界を束ねてきた超大国アメリカの力の相対的低下により、世界は再び新たな振り子の変動期に入りつつある。そのような状況の中で、不可逆の流れであるグローバル化やＩＴ革命がそうした国家の機能を低下させ、自国民や非国家団体からのクレディビリティーの低下を招き、テロリストにつけ入る余地を与えている。理性による国内の合理的統治をその中心課題とする国家は、信頼回復のために益々安全保障やマクロ経済運営にその限られた資源を投入せざるを得ない。このことは、元々ソフトパワーの扱いが不得手な国家が、今後その行使主体となる上での大きな制約になると考えざるを得ない。

(2) 理念（リベラル・デモクラシー）の価値の綻び

戦後の世界をリードしてきたのは、17世紀に始まった西欧合理主義の最終成果物であるリベラル・デモクラシー（自由と民主主義、人権尊重、法の支配等の要素から成る「普遍的」価値体系）である。フクヤマは冷戦の終結により、この理念こそが人類が長い歴史の中で求めてきた望ましい統治形態の終着点であることが確定したとして、『歴史の終わり』と呼んだ[7]。

この理念体系は欧米で制度化されて大成功を遂げた。その結果、他の地域もそれに倣って民主化をすべきだし、人々はそれを望んでいると一般に信じられてきた。この理念が根付き、自由と繁栄を亮受しつつ、それを他国に伝える使命感をもつことが先進国の最大のソフトパワーであると考えられたのも当然である。

しかしこの理念体系は日本等一部の国を除き、必ずしも欧米以外で十分に成功したとは言い難い。それはある時は先進国による自国の制度の押し付け（経済援助などを通して）であったり、途上国側の誤解や理解不足（ジャスミン革命やアラブの春の失敗）であったりと原因は多様である。しかしたとえ欧米以外への伝播に必ずしも成功しなかったとはいえ、この理念体系それ自体は普遍的なものであり、それがある国で機能しないのはその国が「遅れて」いるからと考えられた。しかし世界でこの理念の実現に最も成功し、それゆえ世界にこの理念の価値を最も熱心に説いてきた英国と米国において、それと全く反する出来事が起きた。英国国民投票によるEU離脱の選択や、トランプ大統領の選出とそれに次ぐ米国社会の分裂である。

民主主義の後退自体はこれまでも見られる現象ではある。しかしこれらの結果が世界を驚かせたのは、それが自由貿易と人権尊重という、英米が自ら声高に唱えてきたリベラル・デモクラシーの中でも中心を為す価値観に真っ向から挑戦するものであること、しかもそれが独裁者によってではなく民衆によって明示的に示されたことである。

これらの背景として共通しているのは、経済格差の拡大と反エリート（反エスタブリッシュメント）感情の高まりである。各人が自由競争の下で精一杯努力をすれば、それぞれの能力が最大に発揮され、資源を最も効率的に使い、低コストで最大のアウトプットを出すことで社会の進歩に貢献するという制度。そして負けた者は何度でも再挑戦が許されることで、やがて成功し、社会において上昇できるという「アメリカン・ドリーム」が社会の基盤にあった。しかし今日大衆の多くは自分たちの努力は報われず、職にありつけないか、あっても所得は増えない。他方で金持ちはますます資産を増やしている。ホワイトハウスやブラッセルのエリート政治家・官僚たちは、リベラル・デモクラシーという、合理性を売り物にする美しい理念によって大衆の目をくらまし、自分たちだけいい思いをしている。おまけに大量の移民を受け入れることを、人権という美名の下で強要され、自分たちは一層の経済困難を強いられている。いままで大事な理念を守るために不満を抑えてきたが、もう我慢できない。きれいごとは真っ平だ。このように感じる大衆が一斉にトランプ氏と、EU離脱に票を入れた。リベラル・デモクラシーのお膝元で、大衆がそれに「ノー」を突き付けたのだ。

人権という、欧米先進国が途上国に説教してきた理念体系が、自国の大衆によって否定され、それが投票という民主主義の代表的制度によって示された。これをどう理解したらよいのだろうか。英国Financial Times紙は、多くの国民にとって民主主義は目的ではなく手段と捉えられているからだと分析している[8]。

18世紀以来の西欧合理主義の賜物であるリベラル・デモクラシーは、啓蒙の時代以来の理性中心の思想体系である。人間には理性と感情があるので、ある時は前者の力の下で合理的に行動できる。しかししばしば情念の力が上回って、不合理な行動もとる。だから制度によって人間を縛り、賢明かつ合理的に行動させることで社会は進歩するというのが、経済学に代表される西欧合理主義の基本思想である[9]。この思想の下で人類はマクロ的には飛躍的な文明の進歩を遂げた。しかし個人のレベルでは能力不足や不運によって競争に負け続け、あるいは競争に参加すらできずに底辺から脱出できない者が次第に増えてきた。それが一般大衆の感情的恨みとして蓄積されてきた。リベラル・デモクラシーの当然の帰結であるグローバリゼーションは、競争を一層激化させ、勝つための条件を厳しくし、それをクリアできない者を容赦なく見放した。「置きざり」にされた彼らにとって「正義」はなされていないのだ。欧米における最近の一連の出来事は、そうした情念が抑えきれなくなって表面化したと解釈するのが妥当であろう。既成政党が大衆の苦境に対して無策であるばかりか、エリートの一部が心の中に潜む人間の悪性を鎖から解いて起こした巨額の脱税が明らかになるなど、支配層の側にも大きな問題があることは事実である（「パナマ文書」の発覚はその一例）。しかし、それが積年の恨みを抱えた大衆の心底にもともとある反エリートや人種差別という悪性に火をつけた。そしてグローバルかつ長期的なヴィジョンはないが、ただ大衆のそうした感情に敏感なポピュリストへの熱狂的支持という流れをつくった。極端な理性主義に振れていた振り子がその反動で情念の世界に向かって戻り始めたのかも知れない。ＬＧＢＴやマイノリティー保護等のポリティカル・コレクトネスを守ることへの「疲れ」が表面化し、人種差別やヘイトスピーチが大手を振って歩くようになった。

前述の如く近代国家というものが安定的統治を最優先し、競争や選挙の敗者の感情への配慮に欠けることが、リベラル・デモクラシーの理念の硬直的な実施を助長した。

このリベラル・デモクラシーの綻びが早期に修復されるのか、更なる飛び火をするのかは予測できない。欧米エリートはしたたかであり、これまでのように困難を乗り越えていくかも知れない。しかしこれまでと異なるのは、中国やロシアなど、これまで表立っては西側の理念体系に異を唱えてこなかった大国が、この機に乗じて「新中世圏」への移行を拒み、近代主権にしがみつくリアリスト振りを一層明確に打ち出していることである。そして途上国に対しても「西側理念のまやかし」を説くことでその影響力を広げていくであろうことである。それどころかトランプ政権が米国を「新中世圏」から「近代圏」に逆戻りさせることにすらなり兼ねない。

ソフトパワーの最大の源泉の一つであるリベラル・デモクラシーが、今後の世界が共有する価値観として生き残るか否かは、日米中いずれのソフトパワー戦略にとっても死活的に重要である。

(3) 課題解決に果たす市民社会の役割

主権国家が国際関係の行動主体としての機能を徐々に低下させ、また戦後世界の運営の中心的理念と考えられてきたリベラル・デモクラシーが綻びを見せ始めたとすれば、今後誰が世界秩序の担い手(従ってソフトパワーの主体)になり、どのような理念がそれを支える(従ってソフトパワーの中心的源泉となる)のであろうか。

日米中三国に話を戻せば、この問は即ちこれら三国がいかにして主権国家としてのクレディビリティーを維持していけるか、および「普遍的理念」の退潮の兆しの中で、いかにして自らの理念の魅力を磨き、それを安定的に実行していけるかということである。ここではそれらの課題に取り組むに当たって大きな鍵となる市民社会の役割について取り上げる。

主権国家の機能低下という大きな流れはあるものの、東アジア地域の秩序をつくり、維持していく作業が今後とも主権国家を中心になされることは疑う余地はない。世界全体を見わたしても超国家連合を目指すEUの戦略は、英国の離脱によって少なくとも当面頓挫するであろう。トランプ大統領の当選が、大衆の反エリート感情の表れであったとしても、それは国家（ホワイトハウス）そのものへの反感ではない。米国という国は、圧制からの解放を目指して苦難の末大西洋を渡り、自分たちでつくった組織である。トランプ大統領の選出は、国民の中下流層が大規模な雇用創出を政府に期待していることの表れでもある。

主権国家の併存というアナーキーな国際社会は様々な問題点を孕んでいるものの、それに代わって抜本的な世界秩序づくりを達成するような体制は現実として考えられない。われわれの努力は「主権国家の機能不全」を嘆くのではなく、この体制ができる機能をいかに高めていくべきか（それに反する動きへの制限をいかに強めていくべきか）であるとのヘドリー・ブルの主張は今日なお妥当である。確かに国家は広島・長崎以降は核兵器の使用を控えてきた。途上国の発展も実現した。温暖化問題も、極めて不十分とはいえ曲がりなりにもパリ協定が成立した（２０１６年）。主権国家が失敗したことは多いが、国防、インフラ整備、マクロ経済政策を含め、他のシステムならもっと成功するという保証はない。これはグローバル化の進展やＩＴ革命の加速化が主権国家の力を一層奪っていくであろう近い将来においても、なお妥当する[10]。

このような状況にある主権国家がそれなりのクレディビリティーを回復し、引き続きその本来の役割を果たしていくためには、前記第２節（２）で述べたような市民の感情の問題を避けて通ることはできない。自由競争や選挙の敗者、弱者に対し、単に理念の普遍性や合理性で押し切るだけでなく、彼らの心を汲みとるような制度、正義は完全には為し得ていないが、少しずつ改善していると思わせる制度をつくらなければならない。理性主義に基づく規律一辺倒であったリベラル・デモクラシーを、大衆の感情に上手く反応するものへと再構築することが求められている。２０１７年5月のＧ７蔵相会合が、格差是正を各国に呼びかけたのも当然だ。更に特権階級（政府高官や金持ちのモラルの回復も必要だ。だが国家にとってこれは容易でないどころか不可能に近い。大衆の価値感やニーズは多様であるため、「正義」はひとつではないからである。

ここで国家がすべてを仕切るという発想からの転換が必要である。その答えが台頭しつつある市民社会との連携である。市民団体には、選挙で選ばれたという正統性はない。しかし個人の善性を代表するグループとして、国家の弱点である市民の感情への配慮の面で、政策を補強することができる。これにより格差の是正など既成政党・支配層の目を大衆の日常生活上の不満に向けることができる。加えて利益団体からの圧力や国家間の面子をかけた駆け引きによって重要な問題が長期的な市民の視点から離れた形で処理されることをチェックすることが可能となる（もちろん市民社会のダークサイドを忘れてはならないが）。ＮＧＯの参加と圧力が、国家だけではなしえなかった対人地雷禁止条約の締結（１９９７年オタワで署名）につながったのはその例である。ますます多くの市民がＩＴでエンパワーされることで、市民の善性が国境を越えてつながりやすくなったいまの状況は、国民全員が主権をもつという、本来の国民主権論の原点に戻るという意味でも、理性的で擬人的な国家の欠陥を補い、心のある政策形成に貢献しやすい環境を提供していると考えることができる。このようにして良心的市民社会は大衆の不満が過激なポピュリストに操られるリスクを軽減してくれる。このような成熟した市民社会の構築は容易ではないが、その前進は即ちリベラル・デモクラシーの復権に資する力となるであろう。

そして市民社会には、ソフトパワーの発揮において国家が不得意とすることを行う力がある。それは前記第1節(2)で述べた、現場における相手（ターゲット）とのきめ細かい相互作用である。理屈ではなく、相互の感性をきめ細かく探り合うことで、ソフトパワーの効果的な発信を可能にする。日本のマンガが米国民の間で人気を得るまでには、その暴力や性描写をめぐって長期にわたる種々のやりとりがあった。また同様に地方自治体の役割を見逃すこともできない。２０１１年に日中韓文化大臣間で合意された「東アジア文化都市」構想は、毎年それぞれの国の都市をひとつ文化都市として選び、三国協調してその都市の行う文化イベントを支援する構想である。もともとEUのヨーロッパ文化首都構想を範にして日本が提案し、直ちに受け入れられたものだが、その後の尖閣列島、慰安婦などの問題の噴出と、それによる多くの文化交流の停止という事態にもかかわらず、この都市間交流は現在まで着々と進んでいる（17年は京都市、長沙市、大邱市）。これは日米中間で、文化交流による長期的相互理解を進めていくひとつのモデルになり得るものである。

国家は一方で国防やマクロ経済運営に力を注ぎつつ、他方で市民の目線や感情に対応すべく、個人の善性に根差した市民社会や自治体との連携を深めることで、その弱点を補い、内外でのクレディビリティーの低下に歯止めをかけ、リベラル・デモクラシーが依然として現時点では最も好ましい理念体系であることを市民にアピールすることができる。

第3節　日米中のソフトパワーの役割

ここでは、日米中が東アジアの秩序づくりのためにとる安全保障や経済面での政策を有利に進めていく上で、それぞれがもつソフトパワーがどのような役割を果たし得るかを考える。二つの点が鍵となる。第一はそれぞれがもつソフトパワーの源―ナイによる文化、政治的思想、政策の魅力の三つの分野―の中で、どこに重点をおくことになるだろうかという点である。そこではそれぞれの国が何を「得意」と考えているかではなく、リベラル・デモクラシーへの信頼度に陰りが見え始めた国際的トレンドの中で、何がターゲットに対して所期の効果を上げられるかという観点から考察することが重要である。自国はこれが得意であるとの「思い込み」は「意図せざる結果」を招き易い。

第二点は、前記第2節(3)で述べたように、ソフトパワー発信の主体としての国家の機能の弱点を補うため、市民社会との連携をどのように展開していくことができるかである。ここでは日米中三国がこれまでとってきたパブリック・ディプロマシー政策を概観しつつ、これらの点につきそれぞれが今後どのように対応していくかを展望する。

(1) 米　国

米国でパブリック・ディプロマシーの語が文献に現れるのは1960年代だが、それは主として文化よりも理念や政策をその中心におくものであった。それは文化の分野ではヨーロッパの後塵を拝さざるを得ないことと、リベラル・デモクラシーの理念を自国において実現するとともに、それを世界に広く普及させることが建国以来の使命であり、それを対外政策の基本に据えることが当然であるとの意識があったからである。時として断行される民主化支援や人道のための軍事介入と、リベラル・デモクラシーの価値を説くパブリック・ディプロマシーは米外交の車の両輪と言える。こうした中で戦後の日独の占領政策の成功とともにVOA（ヴォイス・オブ・アメリカ）の放送がソ連の崩壊につながったと言われていることは米国の成功体験として米国人に大きな自信を与えた。パブリック・ディプロマシーが最近改めて外交政策として重視された契機は、2003年のイラクへの武力介入後の反米感情の高まりであるが、そこで中心をなしたのもこの発想であった。

したがって今後の米国の政策展開において、綻びを見せているリベラル・デモクラシーの理念体系が、その旗手である米国自身においても揺らいでいることは重要なインプリケーションをもつと言わざるを得ない。米国の軍事介入や、過剰とも言える民主化・経済自由化要求はすでに少なからぬ途上国において嫌米感情を生み、いわばネガティブなソフトパワーになっているが、それは一方で米国の圧倒的ハードパワー（軍事力・経済力）によって、他方で一般市民の漠然とした「自由で豊かな国アメリカ」への憧れによって、これまであまり表面化することはなかった。しかしトランプ政権の下で部分的（人権や自由貿易）にせよこれまでの理念の放棄が明白になると、それらが重なり合ってこれまで米国にとって絶対と思われていたソフトパワーの源泉の減価につながる恐れは否定できない。それは同時にリベラル・デモクラシーそのものの価値評価の低下を招くリスクにもつながる可能性がある。リベラル・デモクラシー普及という使命感はすでに米国人の心理に制度化されており、短期間で消滅するものではないとしても、米国のソフトパワーの行方を考える上でトランプ政権の今後の言動は注目に値する。

他方ハリウッドやディズニー、ジャズに代表されるアメリカのポップカルチャーが世界の若者の人気を得ていることで、米国自身が自らの自信を取り戻していることから、そしてこの分野はターゲットたる相手国民の心のガードを解き易いことから、その米国のパブリック・ディプロマシーにおける位置づけが今後高まっていく可能性は十分にあると思われる。

米国は伝統的に市民社会の力が強い。それは経済援助、人権擁護、環境問題など多岐にわたる。世界が抱く米国のポジティブなイメージの多くが、政府のパブリック・ディプロマシーによるものというよりはむしろ、彼等の貢献によるものであることはわれわれが肌で感じることである。元々政府への不信感の強い米国において、国家の役割の補完、リベラル・デモクラシーの理念の維持、そしてソフトパワーの効果的発揮において、彼等は引き続き重要な役割を果たすであろう。彼らの力と役割は社会にビルトインされている。彼らの使命感とターゲットとの間断なき相互作用は、得てして理念の説教に走りがちな米国政府の政策の欠点を十分補える力をもっている。米国のパブリック・ディプロマシーにおける最大の強みである。

ただここで唯一留意すべきは、米国にある過激な人権派NGOの存在である。2011年のアラブの春の発端は、米国のNGOが仕掛けたものであるとのうわさが囁かれている。そうであるならば、それが事実であるか否かを問わず、これは中国が最も警戒する米国の「秘密兵器」ということになる。いまの米中の競争的相互依存関係は、かつての冷戦下の米ソ関係とは質的に異なるとはいえ、偏った情報に反応して性急にことを運ぶトランプ政権が、ある情報（例えば中国による執拗なサイバー攻撃）に過剰反応して、かりそめにも「レジーム・チェンジ」を対中政策の柱に据え、そこに市民社会を巻き込むようなことがあると、あるいは単に中国政府がそのような理解をする状況になると、本来政治・安全保障・経済政策を補完・補強する立場にあるソフトパワーの活用が、これらの市民社会のもつあまりの力ゆえに「両刃の剣」となり、地域の安定にマイナスの影響を及ぼすリスクがあることを忘れてはならない。

(2) 中　国

中国は、その政治体制が課する制約故に、リベラル・デモクラシーが主流の今日にあっては、理念は言うに及ばず、本来強みであって然るべき文化においても、日米に比してそのソフトパワー発揮において決定的に不利な立場に立たされている。それでもなお、否それ故にこそ中国は近年になって国際機関への積極的関与、様々な知的・文化的フォーラムへの参加など、自国のイメージ改善のために新中世圏への仲間入りを果たそうとしているように見える。しかし中国にとっては国家（共産党）の主権を守ることが最優先であることから実際の行動様式は近代圏そのものであり、今日の最大のリアリスト国家である。ソフトパワーの重要性に気づきつつも（中国がソフトパワーについて公に語ったのは２００６年の胡錦濤主席が最初である[11]）個人の表現の自由など世界の潮流ともなってきたリベラル・デモクラシーの理念は自国（共産党）の生存にとって有害であるという懸念が強い。したがってその対外広報の中心は、体制や政策に対する批判に言葉だけで応える、いわば受け身の対策が中心となっている。

中国は米国におけるリベラル・デモクラシーに相当する、あるいはそれに対抗するような新たな理念体系はもっていないし、近い将来打ち出されるとも考えにくい。最近の「中国モデル」であれ「新しい大国関係」であれ、欧米の理念が普遍的であるとの主張に挑戦し、中国には中国の正当な理念体系があるというもので、欧米からの理念的「攻め」に対する「防御的」な性格を脱していない。例えば趙啓正は、『中国の公共外交』（２０１１年）において「中国の特色ある社会主義の道」を世界に理解してもらうことを求めている。

このような中国の基本姿勢は、世界の主流となった欧米理念それ自体がアピール力の強いものであるだけでなく、欧米メディアによって支持されていることがあらがえぬ強さになっているとの認識に基づいている。また理念で欧米に真っ向から勝負しないのは、歴史の経験に基づくものであることは想像に難くない。一時は世界のＧＤＰの最大部分を占めていた中国が、やがて西欧の軍事・経済力に屈し、アヘン戦争に代表される歴史的「屈辱」を味わった経験は彼らの心に沁みついている。彼らにとって理念とは、勝者が敗者に押し付けるものに過ぎず、あまねく自由な個人を突き動かすようなアイデアなどそもそも存在すると思っていない。ひとを動かすのは現実の力（ハードパワー）のみである。「中国の夢」とは、勝者たる欧米が世界に押し広げた理念の壁に穴を空け、自由貿易など現体制で利用できるものは利用しつつ、力（政治・軍事・経済）によってかつての栄光を取り戻すことに他ならない。それが彼等のソフトパワー政策が、欧米型理念の全面否定でなく、その枠の中で自国の立場を擁護するものに止まっている背景にある。

したがって人権やチベット・台湾問題などの核心的利益については全く聞く耳をもたぬ断固たる立場をとっているが、それ以外の分野では主要国のパブリック・ディプロマシーと同じ土俵に乗って活動を広げている。孔子学院の設置、ダボス会議に対抗したボアオ・フォーラム（海南島）の主催、CCTVの設置、ユネスコの重視（任意拠出金の提供やシルクロードの世界遺産登録の動き）などである。また報道によれば、習近平主席はスポーツによる国威発揚を計るため、サッカーチームが高額を払って外国人選手を雇うことを禁止したという。しかしいずれも相手がその「衣の下の鎧」（国内の政治体制の問題から世界の目をそらさせる意図）を感じ、一定の距離をおいていることから、それはソフトなプロパガンダの域を出ず、真の意味のソフトパワーにはなっていない。

中国の古典文化は日本人及び近隣国に対しては圧倒的なソフトパワーの源である。しかし共産主義を普遍的価値と主張していた冷戦中ならいざ知らず、リベラル・デモクラシーが世界で広く受け入れられる中では、古典文化のもつ倫理観や道徳が現政権の批判につながることを恐れて積極的なPRには及び腰である。加えて「文化大革命」という負の歴史から、折角の古典が積極的な外交ツールになり得ていない。このように中国はもてるソフトパワーの源泉を、その政治的制約ゆえに十分使えていないどころか、政治体制自体が国のイメージを損ねるという大きなジレンマを抱えている。

発言の自由や人権尊重を唱える欧米のパブリック・ディプロマシーが、それに有効に対抗する術をもたぬまま中国国内に浸透し、やがて自国の民主化運動につながることを最も恐れる中国にとって、最近の英米でみられる欧米理念体系の綻びは予期せぬ朗報であろう。対抗できる理念体系をもたぬまま、自国に都合の悪い部分（人権など）についての相手の批判材料を探し、それを指摘することによって自己を正当化し、また欧米がその理念を振りかざして国内の政治・経済に「介入」を続けてきたことへの歴史的不満を蓄積させている途上国を水面下で抱き込もうとしている中国にとって、最近の英米による「オウン・ゴール」は大きなチャンスであろう。２０１７年１月のダボス会議における、習近平主席の自由貿易擁護論はその典型である。中国がその得意技である「戦わずして勝つ」（孫子『謀攻篇』）機会を逃すはずはない[12]。

中国は今後リアリスト的政策をベースとしつつ、国際規範のうち都合のよいものを「つまみ食い」し、都合の悪いものはできるだけ敵失を利用して自己の正当化や、途上国の取り込みを続けていくことをパブリック・ディプロマシー政策の基本とするであろう。その成否は、中国自身の努力以上に、西側先進国のリベラル・デモクラシー立て直しの成否にかかっている。トランプ大統領就任直後に出された特定外国人の入国を禁止する大統領令が司法当局によって憲法違反と裁定されたことは、司法の独立を否定せざるを得ない中国にとって打撃であったはずである[13]。

米国の強みである市民社会は、中国の弱みである。習近平主席に対して使ってはならない言葉が「リベラル・デモクラシー」と「市民社会」であると言われていることはあながち単なる噂ではあるまい。中国はリスクを承知の上で種々の知的文化的フォーラムを自ら組織し、国際シンポジウムに学者を出席させて政府批判を含む自由な発言を奨励するなどの政策をとった。これがいままた引き締めの時代に入ったことは、最近の香港への締め付けが強まっていることからうかがえる。国際会議に派遣される「市民」は、所詮官制NGOの域を出ない。自由な個人の善性に基づく市民社会本来の力をもつことはない。中国が共産党一党独裁体制を敷く限り、市民社会の役割増大の国際的流れは、そのソフトパワー強化の大きな制約となろう。

(3) 日本

戦後静かな外交に徹してきた日本は、その「海外広報」の重点を、米国のような自国の信ずる理念の投影ではなく、日本の文化の素晴らしさと平和主義政策という、どちらかといえば「文化」の範疇に置いてきた。しかしパブリック・ディプロマシーの重要性の認識は次第に高まり、徐々にその体制を強化してきた（例えば外務省は2004年の機構改革において、それまでの文化交流部を改組して広報文化交流部（Department of Public Diplomacy）を設置した）。

最近になり（特に第二次安倍政権の下で）、日本のパブリック・ディプロマシーはその積極性を大いに増している。それは「価値の外交」や「積極的平和主義」を唱える安倍首相の下で、文化の面でも「クール・ジャパン」やインバウンド観光客の増加を狙った具体策がとられ、また海外の発信拠点としての「ジャパン・ハウス」の建設など積極的な姿勢がうかがわれる。

これは戦後の日本の対外広報政策の大きな転換である。筆者が駐米大使館で広報文化を担当していた1995年前後の欧米メディアの批判が、経済力をつけつつある日本には、その力をどう使うかについてのアイデア（Exportable ideology）が欠如していると批判されたことを思うと昔日の感がある。

これまで述べてきたような米中の政策や立場を前提とすると、日本が今後そのソフトパワーを更に効果的に行使していくためには、政策・理念と文化のいずれに重点をおくことが望ましいであろうか。ODA（政府開発援助）やPKOなどの外交政策の成果はもちろんだが、理念の分野においても、日本らしい主張は可能である。そのメッセージの中核を為すのは、リベラル・デモクラシーは最良のシステムであるが、それはそれを扱う人間が合理性に偏ることなく、地域性やひとびとの感情に配慮した運営をすることによってはじめてその価値が最大に生かされるということであろう。国内の格差は広がりつつあり、一般大衆の不満があるとは言え、米国や英国で起こったような、民主主義の価値を損ないかねない政治現象がすぐ生まれる可能性が少ない、言い換えれば理念の「地域化」の成功例でもある日本はそれを主張し易い立場にある。これは米国・中国いずれに対しても有効である。ただし日本が「理念」を前面に出すことに対して、この地域にアレルギーがあることは留意しなければならない。

他方日本の文化が大きな可能性をもっていることは疑いない。最近の日本の各種文化の人気は、漫画、アニメなどの現代ポップカルチャーから建築、デザイン、日本食や日本酒、刀剣などの伝統工芸、能などの精神文化へと広がりをみせている。そしてそれは単なる異国趣味ではなく、その奥にある日本の伝統的思想や自然観の現代的意味にあることは、Douglas McGrayが「日本はポストモダニズムが流行る前からポストモダンであった」と指摘している通りである[14]。急増する中国からの観光客のほとんどが日本好きになって帰ることは、日本の広い意味の文化―国民性や生活スタイル―が日本最大のソフトパワーになっていることを物語っている。これは日本人自身が認識していないが、実はターゲットにとって大きな「魅力」となっている分野である。そしてそれはアジアにとって受け入れやすい分野でもある。こうした日本文化の魅力を最も効果的に伝える手段は、留学生の受入れ、アーチスト・イン・レジデンスやJETプログラムのように、若い人々を日本に一定期間滞在させることである。官民協力拡大の余地も大きい。

幸い日本は国家の信頼性の低下、移民や格差の拡大に起因するポピュリズムの急激な台頭のいずれにおいても欧米ほど切羽詰まった状態にない。隣国との間の領土・歴史問題だけが、マネージ困難な課題である。その中で将来を見渡して最大の問題といえるのが市民社会が十分育っていないことである。彼らが日本の理念と幅広い日本文化の世界への伝達に果たし得る役割は大きい。成熟した市民社会の構築に向けた政府による環境整備と日本人の意識改革を進めることが必要であろう。

第4節　結　論

主権国家システムの機能低下とリベラル・デモクラシーの綻び、その裏に見え隠れするゆき過ぎた理性主義の時代からの揺り戻しの兆し、ＩＴ技術の発展、グローバル化の加速、ソフトパワーの重要性の増加や市民社会の台頭という世界の流れは、複雑な相互作用を通して、日米中によるアジア太平洋におけるソフトパワー・ゲームに影響を与えていくであろう。地政学的発想に基づくリアリズムが復活しているこの地域においても、ソフトパワーの重要性が減じることはない。

国家はこの地域でも退潮の兆しを見せてはいるが、それは北朝鮮をめぐる軍事的緊張や、中国の領土的野心、それに対する日米の対応などに見られるリアリズムの復活、米中間の新たな関係づくりや日中・日韓の間の政治的対立ゆえに表面化しておらず、地域の秩序管理の主体は当面国家が中心となって担っていくものと思われる。

しかし中長期的に市民社会が国家の限界を補完する役割を増加させていくのが世界のトレンドであるとすれば、米国には十分な体制が育っている。他方市民社会とは相いれない体制にあることは、中国のイメージにとって決定的に不利な状況であり，そのソフトパワーにとって無視できない欠陥となろう。日本では市民社会は育ちつつあるが，まだまだ未熟であり，今後の世界のガバナンスに関与し，またソフトパワーを効果的に発揮するために，積極的に育成していかなければならないだろう。

ソフトパワーの最も重要な源泉の一分野として考えられてきたものの，次第に綻びをみせているリベラル・デモクラシーは，トランプ政権下で，皮肉にもその最大の庇護者であった米国自身によって更なる退潮に追い込まれる恐れがある。この理念が世界のトレンドである限りそのソフトパワーにとって致命的なマイナスとなる中国は，他国からの批判に対し，主権国家への内政不干渉を主張する以外有効な対抗手段をもたぬため，リベラル・デモクラシーの退潮を歓迎し，メディアや途上国への働きかけによってその流れを促進させることに力を注ぐことになろう。それを避け，米国のソフトパワーにおける圧倒的に有利な地位を確保する上でも，トランプ政権の政策の行方が注目される。

リベラル・デモクラシーを比較的巧みに地域化して成功を遂げ，格差などの問題はあるものの欧米に比して問題が顕在化していない日本にとって，欧米先進国における綻びは，これまで慎重であった日本モデルの価値の認識拡大の機会となりつつある。また日米中いずれも現代文化の魅力をもつが，古典文化の価値を主張し，世界の知識人の評価を得る潜在力をもっているのは日本だけである。

このようにアジア太平洋における三国のソフトパワー・ゲームは，世界の潮流に影響されつつ，あるときはそれをリードしていく力をもつということができる。その行方は，Pax Amicitia が成立し安定的に機能していく上で重要な基盤を提供する二つの要素，即ち第一に国際社会の統治理念としてどのようなものを，どのようにしてネットワークの構成主体が共有することになるか（これまでのリベラル・デモクラシーからどの程度乖離した（改善された）ものになるか），及び第二に諸国民が相手の文化への親しみや憧れを通した相互信頼を、主権国家であることの制約（国境、領土等の建前や内政の束縛）を超えて、どこまで深めることができるかの重要な決定要因となろう。とりわけ米国が今後リベラル・デモクラシーのクレディビリティーを回復する方向に向かうのか、その綻びを大きく広げることになるのか、そして日本がどの程度この機会を生かすことができるかは、アジア太平洋のみならず国際関係全体のマネジメントに対して甚大なインパクトを与えうるものである。そしてそうした動きは国家を主体として進められるが、市民社会との連携の得手不得手がその成否に一定の影響を与えることになろう。

注および参考文献

1　ジョセフ・ナイ［２００４］『ソフト・パワー　21世紀国際政治を制する見えざる力』山岡洋一訳　日本経済新聞社。
2　Anholt, Simon, [2003] *Brand New Justice The Upside of Global Branding*, Butterworth Heinemann.
3　ＮＨＫインターナショナル［１９９１］『国際シンポジウム　世界は『おしん』をどうみたか　日本のテレビ番組の国際性』藤原印刷株式会社。
4　ヘーゲル［２００１］『法の哲学：自然法と国家学の要綱』下巻　上妻精也訳　岩波書店。
5　ハンス・モーゲンソー［２００５］『国際政治　権力と平和』現代平和研究会訳　福村出版。
6　田中明彦［２００２］『新しい中世―21世紀の世界システム―』日本経済新聞社。
7　フランシス・フクヤマ［１９９２］『歴史の終わり』上・中・下　渡部昇一訳　三笠書房。
8　２０１７年２月26日の日本経済新聞掲載（13ページ）のＦＴのラックマン論文。
9　猪木武徳［２０１２］『経済学に何ができるか』中公新書。
10　ヘドリー・ブル［２０００］『国際社会論』臼杵英一訳　岩波書店。
11　趙新利［２０１１］『温家宝の公共外交芸術を探る』段躍中　日本僑報社。

12 「百戦百勝は、善の善なるものに非ざるなり。戦わずして人の兵を屈するは、善の善なるものなり」。

13 "China's top judge denounces idea of judicial independence," Financial Times, Jan. 18, 2017, p.5.

14 Douglas McGray, [2002] "Japan's Gross National Cool," *Foreign Policy*.

■参考文献

Franklin, J.H, [1992] *On Sovereignty : Four Chapters from the Six Books of the Commonwealth*, Cambridge University Press.

Kondo, Seiichi, [2008] "Wielding Soft Power : The Key Stages of Transmission and Reception," *Soft Power Super Powers : Cultural and National Assets of Japan and the United States*, M.E. Sharp.

Leonard, Mark, [1997] *Britain TM*, DEMOS.

Slaughter, Anne-Marie, [2004] *A New World Order*, Princeton University Press.

Strange, Susan, [1996] *The retreat of the states : the diffusion of power in the world economy*, Cambridge University Press.

近藤誠一［２０１５］「二一世紀の世界における規範を求めて―世界秩序を国家の役割の進化についての一考察」『国際法の実践』小松一郎大使追悼　信山社　６０３-６２１頁。

篠田英朗［２０１２］『「国家主権」という思想』勁草書房。

アダム・スミス［２００９］『道徳感情論』上・下　水田洋訳　岩波文庫。

アマルティア・セン［２０１２］『正義のアイデア』池本幸生訳　明石書店。

趙敬正［２０１１］『中国の公共外交』王敏訳　三和書籍。

ジョセフ・ナイ［２０１１］『スマート・パワー　21世紀を支配する新しい力』山岡洋一・藤島京子訳　日本経済新聞出版社。

ハワード・W・フレンチ［２０１６］『中国第二の大陸　アフリカ』栗原崇訳　白水社。

ロバート・クーパー［２００８］『国家の崩壊』北沢格訳　日本経済新聞出版社。

第10章
大国の概念と役割
―競争的相互浸透と複合的ヘッジングのなかで

本章の課題は、将来のアジア太平洋の秩序を考える場合に、大国の行動やその果たす役割や機能を明らかにしようとするものである。大国とは、定義が容易でないが、一応は、経済力や軍事力が大きく、またその役割としては、お互いの間で均衡を保ち、国際システムの安定を維持し、紛争や危機をコントロールすることが期待されるものであるとされる[1]。しかしながら、大国は、相互に大国のシステムを形成するだけではなく、それ以外の国々とどのような関係を持つか、また大国以外の国々がどのような行動をするか、ということから大国の行動や役割が規定されるところが大きい。また、そのような相互作用から、国際秩序が形成されていくのであろう。このような観点から、本章では、アジア太平洋においてアメリカと中国を大国と考え、大国同士（米中）の関係、また米中以外の国がどのような行動様式を示し、相互作用しているか、そして、それらのことを通して、アジア太平洋にいかなる秩序が形成可能かを考えようとするものである。

第1節　柔構造のなかの競争的相互浸透[2]

米中は、経済力においても、軍事力においても少なくともアジア太平洋において、他を圧倒する力をもっており、力の分布から言えば、2極になっているといえる[3]。また、政治体制において片や民主主義、片や共産党一党独裁（支配）体制である。経済体制に関しては、ともに市場経済（資本主義）を取っているが、片や国家（政府）介入が小さな自由市場経済であり、片や国家の介入が極めて大きな国家資本主義である。このように見ると、冷戦期の米ソ対立に比する対立が、米中間に展開するのではないかと考えても不思議ではない。米中の間に競争的なパワー・トランジションが起き、また平和的なパワー・トランジションが不可であるというような議論が展開する所以となる。また、東アジアで圧倒的な力をもった中国が、（冷戦期のソ連の東欧における階層的な秩序、あるいはかつての中華秩序になぞらえることができるような）アメリカを排除した地域の秩序を作るのではないか、という「おそれ」も存在することになる。

しかしながら、冷戦期の米ソ関係と決定的に異なるのは、アメリカも中国も色合いは大いに異なるものの資本主義（中国においては社会主義的市場主義）を取っていることであり、それゆえに、米中の経済的相互依存は極めて高いものとなっていることである。したがって、単純に言えば、安全保障で対立が存在しても、経済においては、何らかの形で、協力、調整を行い続けなければならないことになる。

さらに、アジア太平洋全体を見ても、他の諸国は、相互に経済的に結びついているだけではなく、アメリカ、中国は、彼らにとってともに重要な、1、2を争う経済的なパートナーである。また、アメリカも中国も、安全保障上、経済上、アジア太平洋の他の国々に対して、個々に、また集団として、大きな関心と利益を持っており、アジア太平洋、東アジアは、アメリカ、中国にとって、経済上も、安全保障上も、協力の空間でもあり、また競争の空間でもある。二極の競争の中で、一方でアメリカ、中国は地域における影響力を増大しようとして、競争するが、他方では、アジア太平洋の国々は、自律性を求め、また、大国間の競争を自己の利益を実現するための機会とし、また地域の秩序形成への影響力を発揮する手段に転化しようとするのである。

冷戦期、米ソ両陣営に属した国々は、そのような機会はなかった（非同盟諸国のいくつかはそのような機会を追求しようとしたとは言えようが）。冷戦期は、米ソの間には経済的な相互依存はなく、戦略的な（対立）関係が支配的であり、他の国々も米ソの間を選択し、自身の利益と自律性を増大する機会は極めて少ないものであった。このような意味で、冷戦期は、明快な安定した構造をもち、剛構造とでもいえるものであった。これに対して、米中の二極構造は柔構造である。米中間には、協力と競争が入り混じっており、また経済的にはすでに分離不可能である。他の国々は、米中ともに経済関係を持ち、自律性と選択の機会を持っている。このような柔構造のなかで、どのような秩序が形成されていくのであろうか。

第2節　米中の競争と協調

まず、秩序形成については、覇権国と台頭する国の関係を考えた時、単に戦略上の競争だけではなく、秩序（基本的な規範やルールのセット）観の違いから、台頭する国は秩序変更を試み、このことから、覇権国と台頭する国の間には戦争（あるいは、それと機能的に同等のもの）が引き起こされる、というシナリオがある。ツキジデスの罠である[4]。このような可能性を完全に否定するわけではないが、米中は、秩序に関して、異なるところと調節可能なところがあり、秩序の内容についての相互の調整、修正を行っていくのではないか、とも考えられる。もちろん、中国は今のところ民主主義とか人権という基本的規範に関して変化するとは考えられず、19世紀末から20世紀にかけての覇権国イギリスからアメリカの覇権への自由主義的規範の共有にもとづいた平和的なパワー・トランジションのようなことは考えられない。また、今一つのシナリオとしては、すでに触れたように、中国が東アジアにおいて階層的な秩序を作る、というものがある。ただ、この地域秩序論に関しては、秩序の内容が明らかではなく、また、アメリカがどのように位置づけられるかが明らかではない。アメリカを排除し、階層的な秩序が形成されるとは考えられない。もしそのような秩序ができる方向にモメントが働くとすると、秩序の中身は、東アジアの他の国々の支持を得なければならず、東アジアの他の国々との交渉や妥協、修正を得て、創成されるものであり、また、中国が強制的にやろうとすれば、東アジアの国々は、自律性を求めて個々に、あるいは集団で抵抗しようし、アメリカを取り込んでバランスをとり、階層的な秩序への抵抗を示そう。そして、そのようなことを通して、彼らは、秩序の内容（ルール、規範）を左右する影響力を発揮しよう。

アメリカは、冷戦終焉後、圧倒的な力を持つ覇権国となった。このような条件の中で、アメリカには、対中政策として、関与か封じ込めかという戦略（政策）論争があった。これは、平たく言えば、対中融和策か強硬策のいずれを取るかということであった。一般的に言えば、関与とは、中国を国際社会に取り込み、アメリカの利益に沿うように中国の内外の政策を変化させようとするものであった。国際社会に取り込むとは、例えば、経済では、最恵国待遇を与えたり、WTOに加入させたりすることである。また、対象となる中国の政策とは、対外的な行動だけではなく、人権を遵守する体制を作り、民主主義への移行という内政も含んだものである(これは、少なくとも90年代には見られたものである)。これに対して、封じ込めとは、将来の（そして現在の）中国の力を削ぐ政策を取ることであり、また、中国のアメリカに対する望ましくない行動に対しては強く対抗する手段を取るというものである。結果として、アメリカは、関与政策を取っていくのであるが、もしそれがうまく行かず、中国が好ましくない行動を取った時の備えをしておく、という条件付きの関与政策、あるいは「関与とヘッジ」という政策を展開する。これが、以後、現在までのアメリカの政策の基本であった。

　この政策は、もともとは、アメリカの力が圧倒的に大きい、あるいは圧倒的な力を維持する、ということが前提であった。そして、一方的に中国の政策をシェープ（shape、形作る）しようとするものであった。これに対して、中国の戦略は、鄧小平が言ったと言われる韜光養晦《とうこうようかい》であり、それは、「腰を低くし力をつけ、時を待て」ということであり、言葉を変えれば、アメリカとの衝突を避け（アメリカを挑発せず）、力をつける、ということであったろう。これは、まさにＰ・ワイツマンのいう大国間に伝統的に見られるヘッジングである[5]。この戦略は、アメリカの「関与とヘッジ」と整合的であり、中国は、アメリカの関与政策の中で、経済発展を図ってきたと言えよう。しかし、アメリカの関与政策の目的である民主化に関しては、和平演変であるとして、拒否し続けたのである。このアメリカの「関与とヘッジ」と中国の韜光養晦の組み合わせ（相互ヘッジング）[6]の中で、米中の大きな衝突は起きず、中国の力は大いに伸長した。

　しかし、中国の経済力、軍事力が増大するにつれて、アメリカが一方的に中国の行動をシェープする時代は過ぎようとしている。

　２０００年代末から、アメリカの中から、中国の台頭を念頭に置いて、政治戦略関係、そして経済関係で、米中の、二国間関係だけではなく、世界（地域）全体を視野に入れた協力を論ずるＧ２論が出てくる。また、10年代に入り、中国の方も、自国もアメリカと同じく大国であり、そのような認識をもとにして、アメリカとの相互尊重、核心的な利益の尊重などを軸とする「新しい大国関係」の創設という構想を打ち出す。また、具体的な行動に関しても、アメリカが一方的な中国の行動をシェープするのではなく、中国の行動がアメリカの行動をシェープするような相互的なシェープの現象が見られるようになる。例えば、経済秩序に関して、中国はＡＩＩＢを主導し、それは、アメリカの主導する世銀やアジア開発銀行と競争・

協調し、開発援助の新しいルールを作り出す可能性を秘めたものとなっている。南シナ海を見ても、中国は積年の九段線の中の領域を中国の主権内にあるものとする主張を実現しようとする行動を取り、ハーグの国際仲裁裁判所の判決を「紙くず」として一蹴する。ある意味で、中国が安全保障環境を形作り、アメリカの行動をコントロールしようとしている。

ただ、このような現象の中で、国際公共財の供給競争ともいうべきものが起きている。特に、開発援助・支援に顕著に見られる。例えば、中国が一帯一路（海陸のシルクロード戦略）を展開する中、アメリカは、オバマ政権時、クリントン国務長官が主導した、パキスタン、アフガニスタン、トルクメニスタン等を中心とする新シルクロード構想を未だ進めているようである[7]。また、米中のみならず、日本の安倍晋三首相も、インドネシア、フィリピン等に対して、中国の援助と張り合うように巨額の援助（かなりの部分がインフラ整備）を供給しようとしている。

開発援助・支援は公共財の提供であると考えられる。すなわち、各国への開発資金の提供は、全体として開発の促進という公共財と解釈できるし、また、各国のインフラが整備され、コネクティビティが向上すれば、それは世界のインフラとなり、公共財となる。このように見ると、中国、アメリカ、そして日本は、公共財の供給の競争をしているということになる。D・ネクソン[8]は、公共財の供給をめぐる競争は、バランス・オブ・パワーの一つの現れであり、公共財の供給を（他より）増大させることによって、相手に対して優位に立とうとするものである（少なくとも結果においてそうなる）。公共財の供給をめぐる競争は、受け手の国（ほとんどの東南アジアの国がそうである）から見れば、望ましいことである。なぜなら、複数の国から、供与を得られるものであり、また、供与の条件（ルール）が異なれば、有利な条件で獲得できる。もちろん、受け手も多数なので、多くの援助（資金の分配）を獲得できるような工夫も必要である。AIIBが発足する時、ASEANの国々の間には、ASEANになるべく多くの資金が配分されるように団結力を強める（ASEAN内の協力）という考えが見られたのである。

いずれにせよ、例えば、援助ということを考えた場合でも、その目的、ルールに関して、どのようなものが最終的に形成されるかは（すなわち、秩序は）、中国、アメリカ、日本などの相互作用、また受け手の行動が相合わさって、相互に影響を与え合い、相互浸透する（例えば、AIIBと世銀の協調融資）中で、決まってくるのである。

第3節　米中ヘッジングの新段階

安全保障に目を転じてみよう。中国の力、軍事力が増大するに従って、アメリカの「関与とヘッジ」戦略の中で、ヘッジの要素が強くなっていく。2000年代の半ば、ブッシュ政権は、対中ヘッジを一つの政策シンボルとして掲げ、グアム基地の強化、また、中国の人権に関して、もし中国が好ましくない行動を取ったら、それをヘッジするなど、政府の公式文書で述べるようになる[9]。この場合ヘッジは、中国に対するコンティンジェンシー・プラニング（不測の事態に対する対応計画）であり、好んで中国と敵対するつもりはないが、もしものときに備えておく、という意味であった。ある意味で、名指しをしないものの、対中バランシングの一種とも考えて良いものであった。一般に、バランシングには、自国自身の軍事力を整備する内的なバランシングと、他の国との同盟を強化したり、安全保障のパートナーを作り出したりして、相手とバランスを取っていく外的なバランシングが存在する。アメリカは、00年代半ばから、自国の軍事力を増強し（例えば、グアム基地）、制度を整える（軍の再編成トランスフォーメーションで、軍の機動力を高める）とともに、同盟を強化したり（日本の周辺事態法等）、同盟国間のネットワークを作り始めたり（日豪関係の強化）、またインドなどの新しい安全保障上のパートナーを開拓していった。この傾向は、オバマ政権になってからも続く[10]。

また、アメリカの中では、初期の関与政策で顕著であった関与を通して中国の内外の政策を変化させるという目標が全く実現しなかったこと、また結果として、米中の経済が密になり、中国の力が強大になったことを踏まえて、いくつかの政策選択肢が議論されるようになった。一つは、基本的には「関与とヘッジ」を続けるというもの。今一つは、軍事的にアメリカの支配的な地位を維持、あるいは再建し、中国との経済関係をアメリカに有利なものとしていく、という強硬論。そして、三つには、米中協調システムの構築論、というものである[11]。中国の方も、２００８年のリーマン・ショック以降、より積極的な行動を取るべきであるという韜光養晦路線の変更を示唆する動きが顕著となり、習近平国家主席は、中国の夢、軍事強国、海洋権益の確保等、極めて積極的、攻撃的な政策を掲げるようになる。ときに、南シナ海をめぐってアメリカと軍事衝突を辞せずというような強硬論も見られるようになった。米中の相互ヘッジングは試練に立たされているのかもしれない。

第4節　今一つのヘッジング

このような中で、米中以外の国々は、どのような態度や政策を展開しているのであろうか。彼らは、経済上、安全保障上、アメリカ、中国と様々な結びつき持っている。ある国はアメリカと経済的に深く結びついており、また安全保障上も強い提携を持っている。また他の国は、アメリカと経済的に深く結びついていても、安全保障上の提携はそれほど強くはないかもしれない。中国に対しても、経済的な関係を強く持っている国もあり、そうでない国もある。また安全保障上、中国と領土問題で対立している国もあり、逆に深い安全保障上の提携を持っている国もある。ただ、当該の国とアメリカ、あるいは中国との二国間関係においては、自律性を維持するために、深入りしない（限定的な提携）という事象が広く東南アジアの国々に見られる[12]。これは、自律性の維持を脅かすかもしれない事態を避けるというヘッジングである[13]。

また、それぞれの国と米中との関係をみると（三角関係、例えば、フィリピン、アメリカ、中国）、多くの場合、経済においては、アメリカ、中国それぞれと大きな経済関係を持っているが、中国が経済的に台頭してきているため、中国との経済関係がアメリカとの経済関係を凌ぐようになってきている国がほとんどである。他方、政治、安全保障の分野では、米中のパワー・トランジション、中国の拡張に由来して、対立や紛争が起きることが多くなってきている。このような中で、それぞれの国は、その置かれている条件に照らして、自律性、安全保障、経済上のベネフィットを得るために、アメリカと中国とのバランスをどうするか、安全保障と経済をどのように組み合わせるか、ということに腐心することになる。

中国と領土紛争を持つ国は、アメリカとの安全保障の提携を強めるであろう。ときにその国は、中国からの経済上のベネフィットを失うことになろう。このことは、米中の競争という文脈から見れば、アメリカの影響力が増大することを意味する。このことを意識して、中国は、領土紛争についての政策を緩和したり、棚上げしたり、さらに経済上のベネフィットを供与することによって、紛争相手国を懐柔し、自分にひきつけ、アメリカの影響力を殺ごうとするであろう。この相手国は、安全保障はアメリカに頼り、経済は中国に頼るという「安全保障はアメリカ、経済は中国」という現象を呈することになるかも知れない。

ただ、中国に対する経済的な依存を強めることによって、中国の政治的な影響力が過度に強まれば、反発が起き、アメリカに対してより密なる経済、政治的な関係を求めるという、バランシング行動が起きる。また、逆にアメリカは、他の国に人権の蹂躙が起きたり、クーデターなどの民主主義が脅かされる事態が起きた場合、援助の停止などの強い態度・政策を取る。そうすると、その国は、反発し、中国との経済関係を強めたり、米国との安全保障上の提携を低下させることになろう。

以上から明らかなように、米中間相互で、競争と協調がない混ぜになっており（相互ヘッジング）、またアメリカと中国以外の国々の行動に関しても、アメリカと中国、政治・安全保障と経済、というときにディレンマを伴う選択肢中で、柔軟に様々なヘッジングやバランシング政策が展開されている。このような構造は、複合的ヘッジング・システムとも呼ぶことができよう[14]。そこには、ビルトイン・スタビライザーが組み込まれており、一方で、アジア太平洋のシステムが分極化し、対立が支配的になる世界にはなりにくくしており、他方では、完全に調和的なシステムにはなりにくいメカニズムを内包している。

アジア太平洋の将来を考える場合、すでに述べたように、米中の大紛争、G2（米中協調体制）、あるいは、東アジアにおける中国の階層的システムの成立の可能性などのいくつかのシナリオが描かれる。しかしながら、もし本章で展開した、複合的ヘッジング・システムが現実的な政治過程を表すものであり、将来も続くものであるとしたら、それらのシナリオがそのまま実現されていく可能性はあまり高くないように思われる。アジア太平洋においては、このような複合的なヘッジング・システムが働くため、米中は、それぞれの立場の「中間で出会う Meeting China Halfway」[15]、またアジア太平洋全体に関しても、極端に走らない「ちょうど良い［just right な］関係」、あるいは、「ゴールディロックス現象」[16]と呼ばれるものが広く見られることになるかも知れない。

第5節　アジア太平洋の国際（地域）制度
―多角的効用と制度的バランシング

アジア太平洋の秩序は、このような複合ヘッジング・システムの中で作られていくものと考えられる。しかし他方で、現在、アジア太平洋全体を覆う国際制度には、ＡＰＥＣ、アセアン地域フォーラム、東アジア首脳会議、拡大アセアン国防相会議（ADMM-plus）、など多様なものが存在する。これらの、制度は、目的として、地域全体の経済関係の進展（経済発展、自由貿易等）と安定を掲げ、また参加諸国の政治・安全保障上の対話、平和的な紛争解決、非伝統的な安全保障への共通の対処など地域全体の問題を解決していくという、いわば国際公共財を供給していこうとするものである。そして、このような視点からは、国際制度は、多国主義的に利益を増進しようとするものであり、多角的な効用を求めるものである[17]。究極的には、アジア太平洋の秩序の基本となるものである（ただし、多角主義を否定するトランプ政権の出現によって、短期的には、退行も考えられる―本章第9節参照）。

とはいえ、これらの制度の中で、また制度を巡って、各国は、自国（個別に、また集団で）の利益を追求する行動を行っている。それは、制度を作る時、変える時、また所与の制度の中での行動に見られ、制度そのものを利用して、自国の影響力を増大したり、相手の行動を掣肘《せいちゅう》したり、紛争を自国に有利に解決しようとする。このような事象の例は多いが、一つだけ東アジア首脳会議の成立と拡大の過程を例として考えてみよう。１９８９年、ＡＰＥＣが設立されるやいなや、マレーシアの首相マハティールは、東アジアの自律性、独立性を追求するために、アメリカやオーストラリアなどを除いた東アジアの国々を構成員とする「東アジアグループ」（のちの、ASEAN＋3）創設を提案し、アメリカなどが強く反発した。96年「アジア・ヨーロッパ会議AEM」が発足し、そこでは、アジアの国々がまとまってヨーロッパ（EU）との対話を始めた。そして、97年、アジア通貨危機に対応する中で、東アジアの国々がまとまる動きが顕在化し、ASEAN＋3や、日中韓首脳会議（98年）が行われたり、チェンマイ合意（2000年）が形成された。また、98年、韓国の金大中大統領によって、「東アジア共同体」構想が提起され、それ以後、東アジア共同体を具体的に形成していく過程が見られた。それは、05年に東アジアサミットに結実する。しかし、そこに至る過程で、01年、日本の小泉純一郎首相は、シンガポールで、東アジア共同体形成の支持を表明するが、その時オーストラリアとニュージーランドをも参加させることを提唱する。東アジアサミットの参加国に関して、中国は、ASEAN＋3に限ることを望み、また、ASEANは、台頭する中国とのバランスを取るため、インドの参加を望んだという。いわば、制度を巡ってバランシングが行われたということであり、K・ヘ（Kai He）は、このような事象を指して、「制度的なバランシング institutional balancing」と呼んだ[18]。そして、最終的には、ASEAN＋3（ATP）にオーストラリア、ニュージーランド、インドを加えた16カ国からなる東アジア首脳会議が、05年に発足する（それは、経済問題はもちろんのこと、広く、戦略的、政治的な共通の利益と関心を取り扱うものとされた）。以後、東アジア首脳会議は、東アジアにおいて、大きな役割を果たしていくが、問題は、アメリカが（を）どうするかということであった。東アジア首脳会議は、ASEANの同心円的拡大という側面が強く、その参加国となるには、東南アジア友好協力条約（TAC）に加盟する必要があった。TACは、東南アジアの地域において、武力行使を禁ずる条項があった。アメリカは行動の自由を確保するため、TACへの加盟、すなわち東アジアサミットへの参加には慎重であった。また、中国は、それほど明確ではないが、東アジアサミットへのアメリカの参加には慎重であった。しかしアメリカは、オバマ政権になり、東アジアへの関与を強めようとする。ここに、ASEANの強い後押しもあり、アメリカは10年、ロシアとともに東アジアサミットに参加することが決定された。東アジアサミットの参加国は、いまや18に及び、それはまさにアジア太平洋を覆うものとなった。

また、アジア太平洋全域を覆う制度は、ASEANを「中心」にして、それが域外の国々を同心円的に拡大した側面が強い。ASEANは、すでに述べたように、メンバー個々に、また全体として、自律性を維持することを目途としている。このことは、ASEAN中心の国際制度は、域外大国の影響力をコントロールしようとするものであるとともに、ASEAN諸国が、国際制度のルールにあまりに縛られて、自律性を失うことを避けようとすることにつながる。ASEANは自己の作る制度に対してもヘッジする（強いコミットメントを避ける）のである[19]。そうすると、ASEANの同心円的拡大としての制度は、それほど強いものとはならない。また、最近では、ASEAN以外の国々―中国、アメリカ、日本、韓国など―が、積極的に、多角的な制度を作ろうとしたり、活用しようとする動きがみられる。ASEANの同心円的拡大としてのアジア・太平洋（東アジア）の多角的制度とは、異なる動きである（トランプのアメリカは例外かも知れない）。

このようなことから、アジア太平洋の将来を考える場合に、国際制度の多角主義的な効用と各国の個別の利益とをいかに調整し、出来る限り、国際制度の多角主義的な効用にサヤ寄せさせていくことが望まれる。これは、単なる理念ではなく、具体的な方策を伴う必要があろう。ただ、各国が制度を自己の利益に従属させようとすると、ときに単独主義とか、二国間主義に走り、多角的な制度、またその効用が損なわれることがある。しかし他方で、アジア太平洋を覆う制度の生成の仕方を見ると、国益からの視点で制度を利用することが、逆説的ではあるが、結果として包括的、非排他的な制度の形成に結びついていくのである。競争を通しての秩序形成の可能性を示している。

また、環境、自然災害、疫病などの管理においては、すでに、広く協力が行われており、アジア太平洋全体での、またサブリージョンでの協力は、一層進展していくと考えられる。これらの問題の管理や解決は、純粋な国際公共財の創出だといえ、地域全体の、非排他的な協力のモデルとなる。もちろん、この分野での協力が進むことが、直接に安全保障上の対立などを解消することになるとはゆめ思えないが、アジア太平洋の秩序の一つの柱となろう。

第6節　民主主義と人権

アジア太平洋の秩序（より一般に国際社会の秩序）を考える場合に、民主主義、人権等の価値規範を考えることが必要である。冷戦後の国際秩序を考える場合、民主主義や人権を国際秩序の必須の要素と考えることが、広く見られた。しかし、それは、ブッシュ（子）政権の体制転換政策の失敗、中国（やロシア）の権威主義的な国家の台頭によって、大きく変容した。アメリカ自身についても、オバマ大統領は、体制転換は放棄したが、人権等の価値をアメリカ外交の一つの重要な要素と考えていた。しかし、トランプ大統領は、世界の警察官をやめると宣言し（これは、オバマ大統領と同じ）、さらに民主主義とか人権を表に出さない稀有の大統領であるといわれる。また、中国の政治体制は、権威主義体制であり、言論の自由などの人権はとても守られているとはいえない。さらに、中国においては、国内外の困難を克服するためには、民主主義よりも、権力が集中している方が有利であるという議論も広く見られるようである。また、世界全体で見ても、このような状況のもと、民主主義は守勢に立っているようである。冷戦終焉と前後して、アメリカの政治学者、故S・ハンティントンは、民主主義の『第3の波』を著した[20]。彼は、フランス革命以来、民主主義は、三つの波動を伴って、上昇期、下降期を繰り返して来たと指摘した。冷戦末期から冷戦終焉にかけては、民主主義の第3の上昇期であった。すなわち、74年のポルトガルでの革命を境に民主主義体制を取る国が増大していき、さらに、冷戦の終焉後旧共産圏の多くの国々が民主化していく。ハンティントン自身、将来の第3の波の下降を予期していたが、民主主義体制を取る国の割合は、2000年代の半ばで頭打ちになり、それ以後、若干の低下が見られる。そして、先に触れたように、権威主義的な国（中国）の力が強くなり、また、トランプ現象により、民主主義や人権の伸長が滞るか、反転する状態にある[21]。民主主義とか人権の進展を国際秩序の上での重要な要素と考えるとすれば、当分の間、我々は、民主主義／人権と権威主義との「不都合な共存（awkward coexistence[22]）」を前提として、民主主義諸国の連携を確認しつつ協調と競争を管理する秩序を構築していかなければならない。ただ、イデオロギーは、歴史的に見ても、大国間政治の重要な次元の一つであり、アメリカと中国が、特にアメリカが、双方のイデオロギーの違いをいかに捉えるか、それをどの程度脅威と捉えるかは、今後とも、米中、またアジア太平洋の秩序形成に影響を与え続けると考えられる[23]。

第7節　まとめ

(1)　米中相互ヘッジング

アメリカは、関与とヘッジ、中国は、アメリカを挑発しない限りでの力の増大を旨とする戦略を追求してきた。その中で、中国は台頭し、米中は、経済的に密接な関係を持つようになり、かつ安全保障上対立する局面も多くなった。もしアメリカと中国が、相互に直接の衝突・挑発を避ける中で、競争と協調を引き続き展開するならば、すなわち、相互のヘッジングを続けるならば、米中関係は、危うい中でも安定を保つであろう。しかし、もしアメリカが、東アジアにおいて（軍事的に）支配的な地位を維持しようとし、中国がアメリカと対抗し、ときに衝突をあえて厭わないようになれば、相互ヘッジングによる安定は、瀬戸際に立たされることになる。

(2)　アジア太平洋における米中の競争

米中は、東アジアにおいて、自己の影響力の維持あるいは増大を試み、自己の利益に基づいて秩序を作ろうとして競争している。アメリカも中国も、経済、安全保障の両面において、なるべく多くのパートナーを得るべく活動している。アメリカは、ハブ・アンド・スポークスという同盟網、また同盟国間、さらに様々な国と共同軍事演習、能力構築支援などを通して、安全保障協力のネットワークを形成しようとしている。また、経済においても、アジア太平洋にＴＰＰなどを構築しようとしてきた。中国は、南シナ海、東シナ海において、主権を主張し、軍事的な活動、軍事増強に暇がない。また、東南アジアの国々（の一部）とは、武器の売却、援助、共同演習、など影響力を増大しようとしている。

（3） 公共財供給の競争

アメリカと中国は、他の国々に対して、公共財の供給競争を行っている。安全保障で言えば、アメリカは、アジア太平洋の同盟国（そしてパートナー）に安全保障の供給を行っている。アメリカがこのような安全保障の供給を低下させたり、撤退するということ（可能性）は、アメリカから安全保障を供給されている国々にとっては、冷戦後、ヘッジすべき大きな課題であり続けた。アメリカの撤退は、アジア太平洋の秩序にとってワイルドカードである[24]。これに対して、中国は、アメリカのこのような安全保障上のネットワークや役割をときに分断し、またアメリカの役割を低下させようとする。

経済の分野においては、急速な経済の拡大により、中国は巨大な市場をテコに、東アジア諸国を強く引きつけている。加えるに、中国は、大規模な経済支援、協力を開発途上国に提供してきており（ただし、中国の行っているインフラ投資などは、通常のＯＤＡではなく、商業活動の一環である色彩が強い）、そのような活動は、２０１３年以来、一帯一路、ＡＩＩＢなどに見られるように、積極的、体系的になってきている。これに対して、アメリカや日本は、個別に、またＡＤＢを強化したりして、援助競争とでも言える事象を現出している。このような経済の面における国際公共財の供給競争は、影響力の角逐・競争と混じり合いつつ、進展している。

（4） 東アジア諸国のヘッジング

アジア太平洋の他の国々は、アメリカ、中国、また米中関係そのものに対して多様な政策を展開する。アジア太平洋地域が経済的な相互依存を深め、他の国のアメリカ、中国への経済的な結びつきと依存が増大している。また米中の安全保障上の競争が展開する中で、これらの国々は、アメリカに対して、また中国に対して、また経済と安全保障において、自律性を維持しつつ、安全保障と経済の利益を増大するように行動する。自律性の維持、安全保障の増進、経済利益の増大の三つは、アメリカとの関係、中国との関係、米中関係そのもの、という観点から見ると、ときに矛盾し、片方をとれば、他方にマイナスになる、という関係がしばしば見られる。例えば、安全保障を重視し、アメリカとの提携を高めれば、自律性を減ずるかもしれないし、中国からの経済的な利益を失うかもしれない。また、中国との経済的な利益を求めて関係を緊密にすれば、中国からの自律性を失うかもしれないし、安全保障上も失うものが出てくるかもしれない。このような中で、諸国は、アメリカと中国、経済と安全保障の組み合わせの中で、微妙なバランスを取っていかなければならない。これが、これらの国々のヘッジングと呼ばれる行動様式である。

（5） 複合ヘッジング・システム

長期的に見て、米中の競争と協調は、二国間で直接に、またアジア太平洋全域で展開しよう。米中関係を見れば、そこには相互のヘッジング政策が見られ、他方で、他の国々は、アメリカと中国、安全保障と経済という組み合わせの中で、ヘッジングといわれる行動をとっている。これらを、組み合わせてみれば、そこには、複合ヘッジング・システムとも呼べるものを看取ることができる。そこでは、全体として、一方で、米中の対立やアジア太平洋の分極化を防ぐメカニズムが作動する。他方では、米中間にG２などの深い安定した協調枠組みや、アジア太平洋全体で、制度化された協力が支配する状態にはなかなかならないメカニズムが働く。

（6）アジア太平洋における国際制度
―多角的な効用と制度的ヘッジング

アジア太平洋全域を覆う国際的な制度は、大きく分けて二つの機能を持つ。一つは、多角的な効用と呼ばれるものであり、地域全体の共通の利益を、多角的な協力によって成し遂げようとするものである。今一つは、各国が、国際制度を自国の利益の観点から利用しようとするものであり、「制度的バランシング」とか「ヘッジングの効用」と呼ばれるものである。将来の秩序形成は、アジア太平洋全域全体に均霑《きんてん》する国際公共財を供給する制度と、各国の国益、またそれに由来する行動の両方を考え、それを調整しつつ、前者に向かう方策を考えていくということが必要であろう。

第8節　日本への含意

長期的にみると、日本にとって、アジア太平洋の望ましい秩序は、米中を中心とする力関係が安定し、各国の主権が維持され、紛争が平和的に解決、管理されるようなシステムである。また、経済的には貿易が自由化され、時代に合ったルールがつくられ、また、通貨も安定することである。

日本は当面（あるいは今後のかなり長い間）、一つの重要なプレーヤーとしてアジア太平洋の力の均衡づくりに参加していかなければならないであろう。それは、直接には東シナ海における中国の進出にソフト、ハードの両面でバランスを取っていくことであり、アメリカとの同盟を軸に、東南アジアの国々をはじめ安全保障協力のネットワークを進めることが必要であろう。そして、その際、ほとんどの国が、アメリカと中国、安全保障と経済の組み合わせの中でヘッジングをしていることを考慮に入れなければならない。したがってそれは、自ずと、ソフトなネットワークづくりになるが、それと同時に、アジア太平洋の国際制度の強化をはじめとして、法の支配や紛争の平和的解決ということを進めることを目標にした行動をとらなければならないであろう。

また、他の多くの国と同じように、日本は、安全保障で中国と齟齬することが多く、アメリカとの同盟が必須であるが、それと同時に経済では、中国と密接な関係を持つ。安全保障と経済のバランスをいかに取っていくか長期にわたり大きな問題であろう。また、日本を含んで、米中の間では、開発援助、インフラ援助など、国際公共財の供給競争がみられるが、日本は、供与国と受容国（開発途上国）をともに含めて新たな制度やルールを作っていくイニシアティブをとるなどの役割を考えなければならないであろう。この点、中国の展開するＡＩＩＢ、一帯一路に対して、体系的な戦略を早急に作る必要があろう。

経済においては、日本は、アジア太平洋全域の自由経済秩序を維持、発展させること、また、そのための制度作りに貢献するべきであろう。日本にとっては、制度の多角主義の効用が日本自身の国益と一致するのである。例えば、日本にとっては、アジア太平洋全域の自由貿易圏（ＦＴＡＡＰ）の形成を目標とすることを考えなければならない。ただ、東アジア地域包括的経済連携ＲＣＥＰはなかなか進まず、ＴＰＰは、トランプ大統領が永久に離脱を宣言し、二国間の自由貿易協定を進めるという。将来どのようになるかは軽々には言えないであろう。しかし、日本は、粘り強く、様々な方法で、様々なネットワークの中で、アジア太平洋における自由貿易秩序を見据えて、政策を展開していくべきであろう。

最後に、民主主義と人権という規範についてである（日本流に言えば、価値外交）。冷戦後、経済の自由化だけではなく、民主主義、人権も国際秩序の主要な要素と考えられていた（リベラルな国際秩序）。しかし、権威主義体制をとる中国（やロシア）が強くなり、いまやアジア太平洋の秩序を考える場合、民主主義や人権を早急に一つの基盤とすることは（今後見通しえる将来）困難になった。しかし、日本は、アメリカを始めとして、オーストラリア、韓国、フィリピン、インドネシア、さらにはインドなどの民主主義国と、多様なネットワークを形成し、政治上、安全保障、また経済関係などの面で協力を進め、アジア太平洋の秩序形成に一定の指導力を発揮することを試みるべきであろう。

第9節　トランプ政権の成立とそのインパクト

最後に、アメリカのトランプ政権の出現の影響に関して。すでにいくつかの箇所で、その影響に触れたが、ここでは、本論文の基本的な柱である競争的相互浸透と複合的ヘッジングの二つに対する影響について考えてみたい。

競争的相互浸透とは、繰り返して言えば、米中の間で、経済的な相互依存と戦略的な相互関係の中で、競争と協力が相混じり合い、相互に自国の利益を追求し、また自己にあった国際ルールを、相互影響・修正の中で作り出そうとするものである。この点に関しては、トランプ政権のもとでもそれほど大きな変化はないかもしれない。ただ、トランプ政権は、価値とかルールに重きを置かないため、アメリカの自国の有利になるような取引を主とした行動を取り、その上で何らかの利益の均衡によるシステムが形成されるかもしれない。

　複合的ヘッジングには、米中二国間のヘッジングと米中以外の国々の対米、対中に対するヘッジングの二つからなる。米中間のヘッジングは、アメリカは、関与とヘッジ、中国は、アメリカを挑発しない限りで、力を伸長させる、というヘッジングの組み合わせである。この構造は、トランプ政権のもとでもあまり変わらないと考えられる。ただ、アメリカ側からいえば、関与は基本的に経済分野で行われ、中国の民主主義とか人権に関しては、今まで以上に触れることはないと考えられ、それは米中関係の安定（中国からの反発がないという意味で）に資するであろう。他方、トランプ政権は、軍事の大幅な増強を図りアメリカの軍事覇権を維持する意図を鮮明にしている（ただし、それがどこまで実現できるか不明であるが）。ヘッジの要素が強化されるかもしれない。また、中国から言えば、韜光養晦の中で、かなりの力をつけ、基本的には韜光養晦（これは、未だアメリカに対しては有効であるといわれる）を続けながらも、大国としての地位をアメリカに認めさせようとする政策を展開しよう。

　米中以外の国々のヘッジングであるが、トランプ政権の政策が、不確実性、不透明感が高いものであることから、それに対処しようとするヘッジングを取ると考えられる。例えば、自分たちの間での協力を促進し、アメリカの不確実で、気まぐれな行動に対処したり、あるいはより不確実性の少ない中国との連携を強めるなどである。あるいは、逆にアメリカとの連携を強め、アメリカの懐に飛び込んで、アメリカの行動を制御したり、自国に火の粉が降りかかるのを回避しようとしたりするかもしれない。

　また、アメリカ、中国、それ以外の国々を含めて、国際制度は、一方で、地域全体の利益を供給し（多角的効用）、他方では、自国の利益を達成する制度的バランシング（ヘッジングの効用）の基礎となる。しかし、トランプ政権は、国際制度を重視せず、二国間の関係・交渉に重点を置く。したがって、多角的効用、ヘッジングの効用、両方の面において国際制度の効用は低下するかもしれない。しかし、これに対して、中国は、曲がりなりにも、グローバルな自由貿易を唱え、ＡＩＩＢや「一帯一路」というヴィジョンを示し、実行に移している。この地域における国際公共財の供給競争は、明らかに中国が先行する事態になっている。トランプ政権は、この地域における体系的な政策・ヴィジョンを示さないことによって、戦わずして中国に敗れる（不戦敗の）可能性さえあると言えよう。

このような中で、日本の安倍首相は、トランプの懐に飛び込み、日米の関係を安定させようとしているように見え、他方、対外支援を活発に行い、またアメリカ抜きのＴＰＰ（ＴＰＰ11）を追求し、この地域での秩序形成を模索している。そして、この中には、アメリカ、オーストラリア、韓国、さらにヨーロッパの民主主義国との連携も視野に入っていよう。トランプ政権の（日本から見ての）足りない部分を補い、地域の安定をはかることが、日本の役割の一つと考えられる。

注および参考文献

1　このような大国論については、例えば、Ｈ・ブル『国際社会論』岩波書店、２０００年。

2　「競争的相互浸透」に関しては、山本吉宣「競争的相互浸透秩序の可能性―北東アジアの安全保障環境をめぐって―」PHP Policy Report, 9：69、２０１５年。(http://thinktank.php.co.jp/wp-content/uploads/2016/05/policy_v9_n69.pdf)

3　もちろん、2極であるかどうかは、極の定義や測り方、グローバルに見るか地域で見るかによって異なってこよう。地域でみても、日本の経済力はまだまだ強く、単純に、米中二極とはいえないかも知れない。またグローバルにみれば、米中はいまだ対等の軍事力を持っているとはいえないであろう。例えば、Stephen G. Brooks and William C. Wohlforth, "The Rise and Fall of the Great Powers in the Twenty-First Century：China's Rise and the Fate of America's Global Position." *International Security*, 40：3

(Winter 2015/16), pp.7-53。

4　覇権国と挑戦国との間に秩序を巡って大きな戦争がおき，それが国際政治のダイナミックスを決定づける，という議論は，1950年代末にA・F・K・オルガンスキーによって提起された理論である。しかし，それは，近年，G・T・アリソンによって，アテネとスパルタとの戦争の戦史を書いたツキジデスにちなみ，ツキジデスの罠と呼ばれることがある。Graham T. Allison, "The Thucydides Trap: Are the U.S. and China Headed for War? In 12 of 16 past cases in which a rising power has confronted a ruling power, the result has been bloodshed," *Atlantic*, Sep 24, 2015. ツキジデスの罠の学問的な検討については，例えば，Richard Rosecrance, et al eds., *The Next Great War?: The Roots of World War I and the Risk of U.S.-China Conflict* (Belfer Center Studies in International Security), Cambridge: The MIT Press, 2014。この書では，三つの章をさいて，ツキジデスの罠を検討している。

5　Patricia A. Weitsman, *Dangerous Alliances: Proponents of Peace, Weapons of War*, Stanford: Stanford University Press, 2004, 特に pp.20-21. ワイツマンの取り扱った時代は，第一次世界大戦に至る時期であった。

6　米中の相互ヘッジングについては，Evan Medeiros, "Strategic Hedging and the Future of Asia-Pacific Stability," *Washington Quarterly*, 29: 1, 2005／06, pp.145-167。また，中国の研究者のなかにも，米中相互ヘッジングを論ずるものがいる。例えば，Wang Dong, "Is China Trying to Push the U.S. out of East Asia?" *China Quarterly of International Strategic Studies*, 1: 1, 2015, pp.59-84。

7　中国の展開する一帯一路，また，アメリカの展開するシルクロード戦略については，例えば山本吉宣「中国の台頭と国際秩序の観点からみた「一帯一路」」PHP Policy Review, 9: 70，2015年8月。
(http://thinktank.php.co.jp/wp-content/uploads/2016/05/policy_v9_n70.pdf) また，「一帯一路」の英訳は，One Belt, One Road (OBOR) が使われていたが，最近では，One を取り，Belt and Road (B&R) という言い方が使われる。中国語では，「一帯一路」のままである。

8　Daniel H. Nexon, "The Balance of Power in the Balance," *World Politics*, 61: 2, 2009, pp.330-359.

9　例えば，2006年版QDR（Quadrennial Defense Review, 2006，4年ごとの安全保障政策の見直し）においては，ヘッジは，6カ所で使われ，同報告書の一つのキー・コンセプトになっている。

10　この点，例えば，Nina Silove, "The Pivot before the Pivot: U.S. Strategy to Preserve Power Balance in Asia," *International*

Security, 40：4, Spring 2016, pp.45-88。

11　このような整理については、例えば、Elizabeth Economy, "The Debate on U.S.-China Relations：Make Room, Make Way, or Make Hay," *Asia Unbound*, May 20, 2015。

12　John D. Ciorciari, *The Limits of Alignment：Southeast Asia and the Great Powers since 1975*, Washington, D.C.：Georgetown University Press, 2010.

13　東南アジア諸国のヘッジング行動に関しては、例えば、Evelyn Goh, "Southeast Asian Perspectives on the China Challenge," *Journal of Strategic Studies*, 30：4-5, 2007, pp.809-832。Idem, "Southeast Asian Strategies toward the Great Powers：Still Hedging after All These Years?" Special Forum, February 22, 2016, The Asan Forum. アメリカの対中ヘッジングは、中国の意図と力に関する不確実性に対処するものであり、東南アジア諸国のヘッジングは、自律性を維持することを目途として、それを米中いずれにも深くコミットしないことで達成しようとすることを旨とするものであり、かなり意味内容が異なるものである。

14　米中の間で、また他の国々の米中に対する政策で、広くヘッジングが見られることを複合的ヘッジング・システムと呼ぶ。このような着想については、山本吉宣「パワー・シフトの中の日本の安全保障」渡邉昭夫・秋山昌廣（編著）『日本をめぐる安全保障：これから10年のパワー・シフト』亜紀書房、２０１４年、第１章。Michael Mastanduno, "Order and change in world politics：the financial crisis and the breakdown of the US-China grand bargain," in G. John Ikenberry, ed., *Power, Order, and Change in World Politics*, Cambridge：Cambridge University Press, 2014, chapter 6. G. John Ikenberry, "Between the Eagle and the Dragon：America, China, and Middle State Strategies in East Asia," *Political Science Quarterly*, 131：1, Spring 2016, pp.9-43.

15　Lyle J. Goldstein, *Meeting China Halfway*, Washington, D.C.：Georgetown University Press, 2015.

16　Nuno P. Monteiro, *Theory of Unipolar Politics*, New York：Cambridge University Press, 2014, p.218. ゴールディロックス（Goldilocks）の寓話は、ゴールディロックス（金髪の意）という女の子が父、母、子の三匹のクマの親子の家に迷い込み、その家にあった三つのスープの中で、熱すぎず、冷たすぎず、ちょうどよいものを飲んでしまう。また、椅子も、ちょうと良い大きさの椅子を使う、などの内容からなるものである。国際政治でも、極端に走らない中間の政策（あるいは、どっち付かずの政策）を選択することを指すことに使われる。例えば、日本の外交に関しても使われる。Richard J. Samuels, "Japan's Goldilocks Strategy," *Washington Quarterly*, Autumn 2006, esp. pp.114, 120-121.

17　Christopher M. Dent, "Asia-Europe Meeting and Interregionalism：Toward a Theory of Multilateral Utility," *Asian Survey*,

44 : 2, 2004, pp.213-236. Jürgen Rüland, "Southeast Asian Regionalism and Global Governance : 'Multilateral Utility' or 'Hedging Utility'?" *Contemporary Southeast Asia* Vol. 33, No. 1 (April 2011), pp.83-112.

18 Kai He, *Institutional Balancing in the Asia-Pacific*, London : Routledge, 2009.

19 T.J. Pempel, "Soft Balancing, Hedging, and Institutional Darwinism : The Economic-Security Nexus and East Asian Regionalism," *Journal of East Asian Studies*, 10, 2010, pp.209-238.

20 サミュエル・ハンティントン（坪郷他訳）『第３の波』三嶺書房、１９９５年。

21 民主主義の反転は、いまや世界に広く見られるものである。トランプ政権発足後、アメリカの論者の中で、アメリカにおける民主主義の後退、またそれが持つ国際政治へのマイナスのインパクトについて、悲観的な議論を展開するものも目立つ。例えば、次を参照。Robert Mickey, et al, "Is America Still Safe for Democracy? Why the United States Is in Danger of Backsliding," *Foreign Affairs*, April 2017. G. John Ikenberry, "The Plot Against American Foreign Policy : Can the Liberal Order Survive?" *Foreign Affairs*, April 2017.

22 Robin Niblett, "Liberalism in Retreat : The Demise of a Dream," *Foreign Affairs*, December 12, 2016.

23 Mark Haas, *The Ideological Origins of Great Power Politics, 1789-1989* (Cornell Studies in Security Affairs), Ithaca : Cornell University Press, 2007.

24 Robert A. Manning and James J. Przystup, "Asia's Transition Diplomacy : Hedging against Futureshock," *Survival*, 41 : 3, 1999, pp.43-67.

第11章 新秩序の構想
―ネットワーク覇権の姿

考察しようとしているアジア太平洋地域の新秩序（未来図）は政治、経済、社会、文化など広い分野に係るものと理解しているが、この章では国際関係の秩序を議論しようとする場合避けて通れない安全保障を対象として、新しい秩序が構築されるかどうか、あるいは構築できるかどうかを考えてみたい。そのため、まずはこれまで議論されてきた安全保障概念を整理しておくこととする。

第1節 安全保障の概念

(1) 安全保障の思想

安全保障の思想については長い間、リアリズムとリベラリズムの二大潮流があった。

① リアリズム

リアリズムは、国際システムは国内システムとは異なり、極端に言えばアナーキーの世界であるため自分自身は自分の力で守るしかない、言い換えれば国を統治する超国家の上部機構はないので国の安全保障は各国それぞれが自分の力で守るしかないとする認識に基づくものである。

神谷万丈は、リアリズムの安全保障を、「国家が、自国の領土、独立、および国民の生命、財産を、外敵による軍事的侵略から、軍事力によって、守る」といった形で定義することになる、と述べている[1]。実際過去の歴史を顧みると、結局は軍事力に頼る戦争を通じて紛争が解決されるということが多かった。現在は国内においてすら国家の管理能力の低下から、過激なテロリズムの暴力的紛争が絶えない。こういった暴力が国境を越えトランスナショナルなものになるといよいよ、連携することを含め国家がその軍事力を使って対応することが避けられない状況となってくる。リアリズムは伝統的な安全保障概念であるが、現実もまたリアリズムの世界である。

日米同盟など2国間軍事同盟、NATOのような集団防衛なども最終的には協働してでも軍事力により脅威に立ち向かう、紛争を解決するという意味でリアリズムの世界の議論と言えるだろう。

中国が飛躍的に国防力を高めているのは、中国としては自国の防衛のためという認識であろうし、その認識の前提として自国の防衛は自国の力しか頼れないというリアリズムの世界を信奉しているからに他ならない。

②　リベラリズム

これに対してリベラリズムは国家間の紛争であっても国際協調によって解決しうるあるいは解決していこうという考えである。

国家間で、経済の相互依存が進み、人的物的交流が進展し、国際法の発達や国際機関の出現、国家間の条約やソフトローの増大、国家を超えて企業、組織、個人が活動し接点を広げている状況から、国家間の利益の調整、紛争の防止を国家の軍事力に頼らないで実行しうると考えるのである。

制度的にみた場合、この安全保障体制の一つは1945年に発足した国際連合である。国連憲章第1条は、平和に対する脅威の防止及び除去と侵略行為その他の平和の破壊の鎮圧のため有効な集団的措置をとること並びに平和を破壊するに至る虞のある国際的紛争または事態の調整または解決を平和的手段によってかつ正義及び国際法の原則に従って実現することをうたっている。制度としては国連安全保障理事会を通じて、かつ国連憲章に基づき国連軍の創設をも想定して、国際協調の原則に基づいて紛争を解決する仕組みであり[2]、これはあくまでも国家自身で自国を守れという概念ではない。

もっとも、国際連合のこの集団安全保障モデルは、安全保障理事会における常任理事国の拒否権乱発及び国連軍未創設により機能していないとの評価が一般的である。しかし、経済、貿易その他における国家間の相互依存の進展、国際法や国際機関の発達により、色々な形での国際協力により国家間の暴力的紛争は回避されてきたし、人類の努力により紛争解決は可能とする考えも十分領けるものがある。

後程説明するが、協調的安全保障モデルは、リベラリズムの中の一つの有力な安全保障モデルである。現実には、リアリストもリベラリズムの世界ないし状況を否定してはいないし、リベラリストもリアリズムを否定するのではなくむしろ各国の軍事力を前提としてあるいはラストリゾートとしつつ、国際協調の可能性を追求するという立場にある、ということが正しい見方と考える。

③　コンストラクティビズム

最近、このリアリズムとリベラリズムに対して、コンストラクティビズムという概念が唱えられている。コンストラクティビズムの理解は容易ではないが、神谷万丈による解説は的確である。すなわち、社会に存在する物理的事実と人間が関与する社会的事実は区別すべきとする。例えば、国際社会はアナーキーであるというのは物理的事実ではなく、社会的事実であって人間の考えや行動によれば変動しうる事実であるとする。

「国家や人間は、人間の社会的な営みにより『構成された』世界の中で存在している。国家や人間の行動は、世界の在り方（「構造」）によって制約を受けるが、世界の在り方も、国家や人間の行動によって変化していく。」[3]

以下、アジア太平洋における新秩序の議論の展開をしていくが、筆者の基本的立場はこのコンストラクティビズムと同じである。すなわち、地域の安全保障は現実の構造に制約を受けている、いや強く受けているが、その安全保障の構造自体は人間の知恵と工夫で変えていくことができる、という考えである。

（2） 安全保障モデル

安全保障に関するリアリズムあるいはリベラリズムの議論は、その環境ないし前提条件に関する基本的なもので、具体的な対応は以下で議論する各種安全保障モデル

【図表11―1】 安全保障のモデル

総合安全保障モデル	協調的安全保障モデル	集団安全保障モデル	集団防衛モデル	勢力均衡モデル	覇権安定モデル
狭義の安全保障＋広範囲な安全保障分野	集団内の不特定脅威の低減と紛争防止への協力	集団内の不当武力行使国へ集団的制裁	対外脅威に対する共同防衛・同盟形成	敵対関係の勢力間均衡により紛争防止	力の優れた強国が国際社会に平和と安定を提供
国防・同盟・国際協力の他 経済安全保障 エネルギー安保 食糧安保 大規模災害	(OSCE) (CSCE) 二国間安全保障協力 ASEAN, ARF，EAS	国際連合 (国際連盟)	日米同盟, 米韓同盟, NATO 旧ワルシャワ条約機構	17―19世紀の欧州 19世紀の大国間協調体制 米国リバランス政策	一極　米国 二極　米中（米ソ) 多極 米中日露豪印アセアン
武力制裁極力せず	武力制裁なし	武力制裁あり	武力制裁あり	武力制裁あり	武力制裁あり

により考察され実行される。安全保障モデルには、色々な種類があるが、ここではアジア太平洋の新秩序の可能性を考える観点から取捨選択して紹介をし、後の議論の基礎としたい（**図表11―1**）。以下は、主に防衛大学校安全保障学研究会『安全保障学入門』を参考にしている[4]。

①　覇権安定モデル

覇権安定モデルは、大国がその力を背景に国際秩序の確立と維持を図ることができる状況を指し、結果として国際社会の平和と安定が確保されるとするものである。覇権という言葉のイメージは一般的には良くないものであるが、政治学の世界では、国際社会に秩序の確立と維持という公共財を提供できる力を持つものという定義であり、悪いというよりもむしろ良い意味を与えている。パックス・ブリタニカ、パックス・アメリカーナと言われる場合の英国や米国が、この覇権にあたるものであり、このような覇権国が存在したおかげで、本来アナーキーの国際社会が一定の平和と安定を享受できた。

覇権国は強大な国1カ国（単極）の場合もあれば、複数併存（多極）することもあると考えられている。冷戦下では米国と旧ソ連が併存（二極）したケースであり、冷戦終了直後は米国1カ国すなわち単極のケースであったとみることができる。現在は、中国が大国として台頭、ロシアの復活などから、これらの国がここで定義するような覇権国にあたるようになるとすれば、多極の覇権構造となる。

覇権国になりうる大国の定義あるいは大国の範囲について定説があるわけではなく、米国、中国、ロシアに続きインド、日本、豪州、さらにはインドネシア、タイなどを大国に数える考えもある。ASEANもグループとして大国と考えることもできる。

覇権安定モデルは、覇権国の制御しうる範囲内での安定モデルであり、複数の覇権国の間に国際的安定がある場合は、次項で説明する勢力均衡モデルの要素を考慮しなければならないと考える。

② 勢力均衡モデル

歴史的にみると、勢力均衡モデルは17世紀から19世紀にかけてヨーロッパにおいて現れた有効な安全保障モデルであるが、国家間ないし複数のグループ間で勢力を均衡させることによって平和と安定を確保するものである。リアリズムの世界では、しばしば力の強いものが弱いものに武力行使をして目的を果たすということが多かったので、弱いと感じる国が結束して勢力を増大させ、強いと見られた国との勢力を均衡させることによって安定を確保しようとしたのである。

当初は巨大な力を持つ国に対して数カ国が提携して勢力の均衡を図るものであったが、そのうちグループ同士で勢力の均衡を図る現象が出たり、複数の大国間で勢力均衡を前提に対立ではなくむしろ協調するといった状況が出現したりする。１８１５年ウィーン会議以降から20世紀初頭までの間、欧州に見られた平和と安定がその典型例と言われ、大国間協調モデルとも言われた。

現在では、アジア太平洋地域における米国のリバランス政策が、勢力均衡モデルに近い現象と言える。

③ 集団防衛モデル

国連憲章第51条は集団的自衛権を認めている。次項で述べる通り国連は集団安全保障がメインの安全保障レジームであるが、同時に個別的自衛権並びに集団的自衛権を妨げるものではないとした。これは集団安全保障がなかなか機能しないことを想定していたとも言えよう。いずれにしても、国の防衛ないし地域の平和と安定のためには、２国間ないし複数の国家で力を合わせて敵に対抗することが現実には最も有効だと考えられ、第二次世界大戦後の冷戦下において、マルチラテラルでは北大西洋条約機構やワルシャワ条約機構、バイラテラルでは日米同盟や米韓同盟がある。また、中国を中心とする上海協力機構も近年は集団防衛の機能が強まってきている。

集団防衛モデルは安全保障の機能に着目した理論的な分析では覇権安定モデルや勢力均衡モデルとは違うが、実際は米国による覇権モデルや各種の勢力均衡モデルと一体混然として機能している。

④　集団安全保障モデル

集団安全保障モデルは安全保障の仕組みとしてはリベラルの最終目標と言っても過言ではない。このモデルは、世界的規模では国際連盟に始まり国際連合の安全保障レジームに具現化されている。すなわち、国際連合に加盟する国家集団の中で、不当に武力行使をする国に対して国際連合に加盟する他の国全体で、当該武力行使をする国に対して最終的には軍事力の行使を含めた強制措置をとって世界の平和と安定を維持・回復しようとする体制である。しかし、国連では、国連軍の創設が実現しないため、この集団安全保障レジームは絵に描いた餅となり、第二次世界戦争終了後に創設された国連が、期待された世界の安全保障機構としての結果をほとんど残せなかった。

⑤　協調的安全保障モデル

冷戦下において、欧州では相対する東西の陣営が、実際に戦争（核兵器を使用した戦争の可能性）が起こった場合の惨禍を何とか避けるため、敵同士ではあるが情報の交換、挑発行為の排除などによる信頼醸成措置を進める体制を作っていた。１９７５年の欧州安全保障協力会議（ＣＳＣＥ）がそれであり、これは一般に共通の安全保障体制と呼ばれた。

冷戦終了後、このCSCEは、ほぼ同じ構成国だが今度は敵味方ということではない多数の国の参加する安全保障体制としてスタートすることとなり、名前も欧州安全保障機構（OSCE）と変わった。これが協調的安全保障と呼ばれるものである。

神谷万丈は、これを特徴づけるのは「制度化された安全保障対話、安全保障に対する総合的アプローチ（安全保障の手段として、軍事分野のみならず経済、人権など非軍事分野も考える）、信頼醸成措置の実施」などとした[5]。協調的安全保障の一つの重要な特徴は、紛争解決のための最終的な強制手段（軍事力）は予定していないことである。これは、国際協調を確保するための重要な要素であるが、同時に最終的な安全保障解決にとっては欠点になると考えられている。

アジアではASEANが核となり1994年にASEAN地域フォーラム（ARF）が発足した。これは、信頼醸成措置の促進、予防外交の進展、紛争へのアプローチの充実を目指しており、参加国も地域を中心に27カ国・地域に上り、形としてはOSCEに並び本格的な協調的安全保障体制と言っても過言ではない[6]。協調的安全保障モデルは、武力衝突の予防、紛争の平和的解決、発生してしまった紛争の極小化をねらうものであるが、手段として強制措置が含まれていないため、実際に本格的な武力衝突が起こってしまうと、解決のために大国の軍事力、同盟の軍事力などの発動が避けられないケースが多いのが現実である。

⑥　総合安全保障モデル

総合安全保障はこれまでの安全保障モデルとは性格を異にし、安全保障の一つの概念と言った方が適当かもしれない。しかし、安全保障体制なりレジームなりを議論するときに、安全保障が多くの要素により成り立っていること、あるいは新しい秩序作りを考察するにあたって軍事力の行使など暴力的な脅威のみ議論しているのは適切ではないことから、総合安全保障は価値ある概念、あえてモデルであると考えたい。

総合安全保障は、1978年、当時の大平正芳首相が提唱した新しい安全保障概念に見られるものだが、大平総理の政策研究会報告書[7]は次のように述べている。

安全保障はいくつかのレベルの努力により構成される。狭義の安全保障に関していえば、第一はより平和な国際体系創出のための努力、第二は同盟や利益を同じくする国々との連携による努力、第三は自助努力あるいは拒否能力であり、これらが相互に関係する。また、安全保障の対象領域には、日米関係、自衛力強化、対中・対ソ関係にとどまらずエネルギー安全保障、食糧安全保障、大規模地震対策—危機管理対策といった具体的な考察課題がある。安全保障はその手段においても、対象においても単一ではなく、いくつかの要素を総合的に把握し、有機的に結び付けていかなければならないものである。

また、この総合安全保障の目的として、武力の使用を極力抑える、制限するということが挙げられた。

第2節　アジア太平洋地域の情勢

前節で安全保障の思想及び安全保障モデルを概観した。我々が焦点を当てるアジア太平洋地域は、この思想とモデルとの関係でみるとどのような情勢であるのであろうか。

(1) 中国の勃興

安全保障という観点からアジア太平洋地域の情勢に大きな変化をもたらしているのは、何といっても中国の大国化である。

中国は1990年代以降改革開放政策もあって経済発展がめざましく、国民総生産では2010年頃に日本を抜き現在米国に次いで世界第2位（米国GDPの60%程度）の経済大国になっている。今後中国の経済成長率は低下していくが、それでも30年頃には米国の経済規模に近づくとの見方が多い。

中国は人口では世界第1位（因みに米国は第3位だが中国の約4分の1）、国土面積は第4位（同第3位米国とほぼ同規模）だから、以上の指数を見るだけでもその大国ぶりが分かる。政治的には、国際連合の安全保障常任理事国5カ国の一つであることにも見られるようにもともと政治大国である。

この中国の大国化を明確にしたのが、近年の軍事力の増強整備である。中国の軍事戦略については、本書第1部第4章で明らかにされている。国防費は公表ベースで2016年度9、500億元、冷戦終焉時期からみると40倍強で、過去10年間を取ってみても3・4倍のペースで拡大してきており、今後は米国の国防費の水準に徐々に近づいて行く様相を示している。海軍と空軍において質量ともレベルアップを図っており、また核兵器及びミサイル部門でも近代化を進め、その残存性と防護能力を高めている。特に、情報化の推進、宇宙空間とサイバー空間の活用、軍事力の統合運用は、将来の中国の軍事力を飛躍的に高めるだろう。軍事戦略はその海洋戦略に見られる通り沿岸・近海を対象とした国防から、遠海を対象とした遠方への戦力投射を目指している。

中国の拡大戦略は軍事分野にとどまらず、「一帯一路」構想の推進、アジアインフラ投資銀行（AIIB）

の創設、中国人民元の国際化などその関心を世界に向けていった。米国とは、太平洋の支配に関して「新型大国関係」構築の可能性を模索したりした。世界が多極化に向かうというよりは〝両超多強〟＝Ｇ２に向かうと見て、「中華民族の復興」、「中国の夢」を思い描いているようである。

しかし他方で、中国の国内政治は改革開放前を知らない新中国人が3分の2を占めるなど社会意識が大きく変わりかつ所得階層別では中位以下～下位が同じく3分の2を占めている。同時にＩＴ化は急速に進んでいることもあり、中国の社会・政治体制は不安定になっていると言わざるを得ない。換言すれば、中国は大国化しているが国内に大きな問題を抱えているため、脅威を海外に求めて国内統治を固めることはあっても、内政に負荷をかけてまで国際的な貢献、言い換えれば覇権国的な機能を果たす余裕が今のところ見られない、という問題がある（以上第1部第3章を参照）。

(2) 米国の力の相対的低下

米国は、その大国としての力を相対的に低下させてきている。米国の場合は特に、アジア太平洋地域においては国際秩序を提供する覇権国としての機能が重要であるが、これも弱まってきていると言わざるを得ない。米国を中心とする西側が冷戦に勝利し、ソビエト連邦が崩壊した直後の１９９０年代は米国が唯一の超大国と見られて世界の安全保障は一極覇権安定状態となったが、中近東や西アジアでの度重なる軍事介入とその成果が不完全であったこと、その間における中国の台頭、ロシアの復活、インドの台頭などパワー・トランジションの進展により、アジア太平洋の国際情勢は大きく変わってきた。

特に中国の台頭は目覚ましく、その影響力がアジア太平洋に拡大する情勢の下米国はリバランス政策を取ってアジアに回帰してきたが、政策転換のタイミングが遅れたこと、リバランス政策を保障する具体的措置が見えないことなどから、この地域における安全保障面での秩序維持の機能は十分発揮できていない（本書第1部第2章参照）。

このことは、結局米国が超大国ではなくなり覇権国としての機能を十分発揮できなくなっていることを示していると考える。さらに、トランプ新大統領が米国第一主義を徹底させ、米国が世界の秩序維持を果たしてきた覇権国としての地位から降りることとなれば、この傾向はさらに強まることが懸念される。

（3）　安全保障上の脅威

アジア太平洋地域の安全保障上の懸念は、北朝鮮の核開発問題と朝鮮半島の分断、中国の拡大戦略志向、台湾問題未解決、日中・日韓の政治的・歴史的対立、未解決の領土問題、非伝統的脅威（少数民族問題、テロリズム、海賊、パンデミック、大規模自然災害など）と広範にわたる。

軍事的観点から見ると、北朝鮮の核開発問題は、政権の独裁体制とその瀬戸際政策遂行から、しばしば武力衝突に近い状況が生じる高度な脅威案件である。国連安保理決議違反の核実験あるいはミサイル発射をたびたび行い、話し合いの場である六者協議は機能不全に陥っている。加えて韓国の政情不安がこの安全保障情勢を悪化させていると言わざるを得ない。この北朝鮮問題の根底には、朝鮮半島の南北分断国家の統合の方法、ビジョン、プロセスなどをどう進めるべきかという困難な問題が横たわっている。

中国の海洋進出の歴史は古いが、近年、一方的な国内法の整備と軍事力ないし準軍事力を駆使した強制的な現状変更によってこれを進め、周辺国に警戒心が高まってきた。中国は、南シナ海における九段線内部の海域における権益主張と領土権の主張を、4、50年前は武力抗争により、最近は準軍事力の使用と国家主導の大規模な埋め立て工事の実行により現実化してきている。

南シナ海における領土紛争に関してフィリピンが起こした国際仲裁裁判所への提訴に対して昨年判決が出たが、それは中国の主張する九段線内部の権益主張をほとんど認めないものだった。中国はその判決を認めず、いわば国際法ないし国際秩序を無視して、国家的な力によって埋め立て事業を一方的に進めるという、力による現状変更を続けている。日本との関係でいえば、中国は1970年頃から東シナ海の尖閣諸島に対する領有権を主張し始め、近年は法執行機関の公船を定期的に派遣して示威行為を続けている。台湾問題は、中国としては核心的利益にかかわるものとして、最終的には武力解放の手段を放棄しないことを公言している。1990年代においては、台湾近海に向けたミサイル発射訓練を行って台湾に芽生えた独立志向を力によって抑えようとしたこともあった。

ポストモダンの世界では、一定以上の規模の国同士の戦争は起こらないと認識されるが、アジア太平洋地域には重商主義的な力で国益を追求する国が残っており、まさにポストモダンとモダンの世界が併存している。

（4） 相互依存の進展

このように安全保障上の厳しい状況がある一方、このアジア太平洋地域には安全保障にプラスに働くといわれている相互依存関係が高まっているという事実がある。以下の記述は本書第2部を参照している。世界経済の物品貿易は、その対GDP比が1993年の14％台から2008年に25％台に拡大しており、経済分野では貿易を通じた相互依存が急速に拡大している。しかも世界貿易に占める新興国の貿易の占める割合は40％ほどまでに拡大している。これは新興国の多いアジア太平洋地域の状況を示していると言ってよい。またこれには、二国間・地域の貿易自由化協定（FTA）の増大が寄与している。

投資面ではその相互依存関係はさらに進み、世界の直接投資残高のGDP比は1990年の9％台から、2015年には34％に上昇している。特に新興国の対内投資が拡大し、その表れが国境を越えた生産工程間分業（フラグメンテーション）の進展である。これが典型的に広がりを見せたのが東アジア地域である。世界の貿易総額に占める中間財の比率は14年で48％に近いが、東アジアではこれが65％ほどになっている。貿易額の伸びは顕著だが、これを上回る勢いで伸びているのが為替取引であることから、金融分野における世界の相互依存はより深まっていると言えよう。

（5）価値観の共有

アジア太平洋地域においてもう一つ重要なことは、資本主義、市場経済、自由貿易、民主主義、言論の自由、法治主義などの経済・社会に関する価値観が広まってきたことである。民主主義に関していえば、韓国、フィリピン、インドネシア、台湾、カンボジア、ミャンマーなどそれほど遠くない時期に民主主義国家に変貌してきたし、資本主義、市場経済に関しては、政治体制の異なる中国、ベトナムにおいても取り入れられ、眠れる大国インドも冷戦終焉時期に開放経済に転換した。

政治体制では一党独裁体制をとる中国が他と大きく異なるものであり、また、文化・民族という観点で見ればこの地域は多様な価値観が存在するというべきであるが、経済・社会に関する上記の各種価値観はアジア太平洋地域において一般的に共有されることが拡大してきたと言えると考える。

第3節　新秩序の構想とその形成

第1節の安全保障の概念の中で，いくつかの安全保障モデルを見てきた。そのモデルの機能する環境については，前節のアジア太平洋地域の情勢により確認した。ここでは，これらのモデルがアジア太平洋地域で，現実にいかに位置づけられるか，新しい安全保障体制を構想することができるかを考えてみたい。

これまで六つの安全保障モデルを示してきたが，現実の状況，特にアジア太平洋地域の状況をベースに考えてみると四つのモデルに集約できると考える。それらは覇権安定・勢力均衡モデル，集団防衛モデル，協調的・集団安全保障モデル及び総合安全保障モデルである。

さらに，これらが共存・機能分担している状況から，ネットワークを通じて「ネットワーク覇権」が構想されるのである（**図表11—2**）。

【図表11—2】　ネットワーク覇権モデル

総合安全保障モデル	協調的・集団安全保障モデル	集団防衛モデル	覇権安定・勢力均衡モデル
狭義の安全保障 経済安全保障 エネルギー安保 食料安保 大規模災害	二国間安全保障協力 ASEAN → ARF → EAS 国連 PKO	日米同盟 米韓同盟 集団安全保障条約（ロシア）	二極覇権安定モデル 多極覇権安定モデル グループ間勢力均衡 中国の大国化 日本等の役割増大

⬇

ネットワーク覇権モデル
- 複数国が共同で覇権機能分担
- 覇権安定モデル，集団防衛モデル，協調的安全保障モデルの共存
- 複数モデルの重層的，状況別対応的，目的別機能発揮及び利用
- 複数モデル，責任大国，安保要素のネットワーク化

（1） 安全保障モデルの集約

① 覇権安定・勢力均衡モデル

まず、覇権安定モデルだが、米国の力の相対的低下により覇権安定の機能は低下していると言わざるを得ない。トランプ新政権の内政中心、国益最重視の方針からすれば、米国が今後とも覇権国として国際公共財（平和と安定と秩序の維持）を提供し続けること自体が見込めなくなるかもしれない。他方で大国化しつつある中国が、地域の平和と安定をもたらす国際秩序の提供と維持をもたらす覇権国になるかどうかは、現在のところ不明である。中国にその意思があるかが不明のみならず、内政が不安定の中、覇権国になる一つの条件たるソフトパワー（受け入れられる価値の提供）が欠けているからである。今の中国については むしろ、重商主義的で国益中心の強制外交を展開しているとみるのが一般的である。

他方、力は落ちたとはいえ米国は世界の広い地域においてなお覇権国として機能していると認められる。米国の覇権国としての機能とその歴史については山本吉宣の『「帝国」の国際政治学』に詳細に説明されている[8]。他方、ロシアにしても中国にしてもインドにしてもその影響力を周辺国に及ぼしつつあり、それが覇権国的な形に変わっていく可能性がある。したがって、この地域の現状あるいは展望としては、多極覇権モデルに近い状況と見る。

そして、複数の覇権の間で、勢力を均衡させようと動いている。米国は日本、韓国、豪州を含め東南アジアの国々と連携を強めている。本書第2章に示されたようにオバマ政権のリバランス政策は中国への対抗、勢力均衡を模索しようとしてきたことは間違いない。中国はロシアと提携し、かつ上海協力機構のメンバー国との連携を強めて、政治的に勢力の拡大を図っている。ロシアは冷戦終焉後旧ソ連邦のいくつかの共和国と国家連合を形成しかつ中国との連携に意を用いている。勢力の均衡が世界の平和と安定をもたらすとする勢力均衡モデルの考えに従えば、アジア太平洋地域の現状は覇権安定モデルと勢力均衡モデルが合わさったような状況であると見ることが可能である。

② 集団防衛モデル

集団防衛モデルは、この地域において最も明確に存在している。日米同盟、米韓同盟、米豪同盟、米国をハブとするアジアの諸国との同盟に近い提携関係がそれで、これらの防衛モデルは対外脅威に対し共同で防衛する力を持ち意思を持つことによって、敵の攻撃ないし侵略を抑止しようというものである。国際社会の基本はアナーキーであるとの認識が根底にある。

中国やインドは非同盟政策を維持しているので今のところ明確な同盟関係を持つことはないが、戦略的な提携関係を事実上同盟に近いと考えれば、中国とロシアの関係は集団防衛モデルの範囲に入るといってもよいかもしれない。朝鮮戦争を想起するまでもなく、中国と北朝鮮は安全保障面で特別な関係があるというべきである。また、ロシアは実際中央アジアその他の旧ソ連邦構成国のいくつかと集団安全保障条約を締結し事実上の同盟関係を形成している。

③ 協調的・集団安全保障モデル

冷戦が終了した以上、東西の敵味方を前提にした共通の安全保障は意味がなくなったが、欧州でその発展的延長として協調的安全保障が大いに発達した。他方で、アジア太平洋地域でもこの協調的安全保障モデルが開花しいくつものレジームが発足し活動している。これらの動きが、この地域の相互依存が高まったからだと実証的に説明することは容易ではないが（本書第6章）、実態としてはその相関関係は高い。ASEANにおいてみれば、相互依存がルール作り、国際協調に大きく寄与したと考えられる。

東南アジア諸国連合（ASEAN）は、1994年ASEAN地域フォーラム（ARF）を発足させ、信頼醸成、予防外交、紛争管理を行動目的として地域の平和と安定を図ることを目指した。97年のアジア金融危機後にはASEAN＋3（APT）の枠組みが創設され、中国、日本、韓国を加えるとともに地域の安全保障に加え経済社会問題の解決に取り組むこととなった。ASEAN国防会議なども動き出した。

2003年ASEAN各国首脳は「第2ASEAN協和宣言」を採択し、20年（後に15年に前倒しした）までにASEAN共同体を設立することで合意した。このASEAN共同体は、政治安全保障共同体、経済共同体、社会文化共同体から成るとしている[9]。

その頃議論されていた、より対象範囲を拡大した東アジア共同体（EAC）を念頭に置いて、2005年12月初めて東アジアサミットが開催された。EACは紛争の防止と平和の促進、緊密な経済協力、教育と人材開発などを進め平和、繁栄、発展を目指す地域を築くことを目的としている[10]。

総じてこれらの活動は、欧州におけるOSCEに匹敵するものである。

国連では、本来の集団安全保障モデルとは異なる諸活動を展開している。国連安全保障理事会の決定を受けて行われた有志連合による対イラク軍事行動は限りなく集団安全保障モデルに近かった。国連主導の多くの平和維持活動（PKO）は、メンバー国における紛争を他のメンバー国が協力して対処するという意味では集団安全保障の範疇に入ると思うが、軍事力あるいは武力の行使を回避した対処という意味では国際協調的安全保障モデル（予防外交、紛争管理）に近い。両者とも武力によらない国際協力による紛争の回避、解決を目的としているからである。

以上により、この範疇の活動を協調的・集団安全保障モデルと呼ぶ。

④ 総合安全保障モデル

狭義の安全保障（国防、軍事同盟）に限らず、安全保障の考慮対象を経済、エネルギー、食糧、災害、環境、貧困など広くとらえる傾向は近年高まっている。覇権安定モデルはそもそも、覇権国が対象地域の平和と安定のため貿易システム、金融システム、経済システム、政治社会システムなど国際的に通用するかつ認められる秩序といった国際公共財を提供するわけだから、その安全保障の概念はまさに総合安全保障モデルと同じである。前記に見るようにアジアにおける協調的安全保障モデルにおいては軍事、同盟、武力の使用よりは非軍事力による安全保障、経済、社会問題に焦点が当てられている。安全保障問題としても金融、経済が強く意識されている実態がある。

総合安全保障の概念は、安全保障モデルすべての底流に存在すると言った方が適切である。

(2) モデルの共存・機能分担

アジア太平洋地域の平和と安定にとっては、これらの四つの安全保障モデルが状況に応じてそれぞれ機能していると考えられる。

米国の覇権機能は相対的に弱まっているが、なお世界一の覇権力を持っているので米国中心の覇権安定モデルはその限りではなお有効だし、中国などが覇権国に向かうのであれば二極ないし多極の覇権が勢力均衡モデルの機能を加えて地域の安定を維持するという状況が出てくることが予想される。多極という場合、超大国ではない日本、インド、豪州、ＡＳＥＡＮなどが、それぞれが極を構成するというよりも覇権国と協力して地域の安全保障に一定の役割を果たしていくことを指すものと考える。

異なるモデルが共存し，状況に応じてそれぞれの機能を果たすとの考えは，結果として全体が管理されている状態を意味するガバナンスの考えに近い。この考え方に沿って，神保謙はアジアの安全保障アーキテクチャーとして「地域安全保障の3層構造」を分析している[11]。第1層は米国との二国間同盟とそのネットワーク化であり，米国のリバランス政策，日米安保体制，米韓・米豪・米比安保体制，日比・日豪関係の変化を分析している。第2層では問題領域別のアドホックな協力として人道支援，災害救援，海洋安全保障の分野での地域の協力を観察し，第3層として地域の安全保障協力の制度化としてASEAN国防相会議（ADMM）及び拡大ASEAN国防相会議（ADMMプラス）の展開を見ている。

米国が国力を十分温存し覇権国にふさわしいリーダーシップを発揮すればそのこと自体により覇権安定モデルの効果が維持されるが，それが不十分な場合かつ武力をバックアップにした強制外交が展開される場合は集団防衛モデルをベースとした抑止力により地域の平和と安定を目指す以外手段はない。

他方で，大半の国がリベラルな協調的安全保障を追求しており，その活動も広がりと深化が進んでいて，この分野の活動及びその役割が条件次第では効果的なものとなっていることを知るべきである。

(3)　ネットワーク覇権の構想―パックス・アミキティア

今や一つの超大国ないし覇権国だけで世界ないし地域の平和と安定，秩序の確立と維持はできない状況である。ここで，我々はネットワーク覇権を構想した。

いくつかのモデルが併存し，それぞれが安全保障機能を持っていて，ある状況ないし一定の条件で各々その役割を果たすと考えるのだが，これらモデルの担い手は超大国のみならず意思と能力のある国（地域）

を含め大きな広がりがある。しかも、これらの国の関係（ネットワーク）が大事であり、全体としてみれば担い手のネットワークが公共財、すなわち秩序の確立と維持、ひいては平和と安定を地域にもたらすと考える。アジア太平洋の地域での意思と能力のある複数の国（地域）を考えると、現実には、米、日、豪、印、韓、ASEANなど価値観を共有する国が中心となろう。まさに、担い手たるネットワークの構成国にぴったりの姿である。ただし、将来的に、ここに中国、ロシアなど今は敵対しているように見える国も取り込みたいし、取り込まなければならないと考える。

担い手のネットワークのみならず、いくつかのモデルの間の関係すなわちネットワークにも着目する必要がある。協調的・集団安全保障モデルは原則として武力の使用を想定していないが、武力をラストリゾートとする覇権安定・勢力均衡モデル及び集団防衛モデルの有効性を前提にすることにより、非軍事の安全保障活動を高めることが容易となるのである。覇権・勢力均衡安定モデルと集団防衛モデルは事実上オーバーラップしているし、協調的・集団安全保障モデルと総合安全保障モデルでは関心の対象が武力行使以外という点で共通性すらある。その意味ではモデル間のネットワークに注目すべきで、これが公共財を提供していると考える。

さらに、安全保障は経済、社会、政治、さらには人間と切っても切り離せない関係を有しており、安全保障は軍事だけというのではなく、すべての問題に関係している。非軍事での国際協力、連携から進んで、結果として軍事を含む安全保障が確保されるというプロセスが考えられる。これは総合安全保障の考えに非常に近い。つまり、軍事、政治、社会、経済、人間という多くの要素の相互の関係すなわちネットワークが国際公共財を提供していると考えるのである。

ネットワークは単なる相互関係ではなく多数の要素の関係全体であり、かつその関係がある一つの方向への作用をもたらすものと考えるべきである。ここで、ある一つの方向への作用とは、国際公共財の提供であり、秩序の確立と維持により平和と安定を提供するというものである。覇権とは単に大国を意味したのではなく、世界にあるいは地域に秩序と平和及び安定をもたらすことができることを意味した。したがって、ここで我々が構想したネットワーク覇権は、まさにネットワークが覇権機能を提供するという意味である。

パックス・ブリタニカあるいはパックス・アメリカーナということが言われた。いずれも、世界的な覇権国たる英国ないし米国があらゆる意味での強いパワーを背景に世界を支配し、同時に世界に公共財たる秩序と平和を供給してきた構造を指す。我々が構想したこのネットワーク覇権は何と呼称すべき構造なのであろうか。ネットワークを意味するラテン語は見つからないが、担い手で見た場合そのネットワークは意思と能力があり仲間意識をもって平和と安定のため共に働く関係であるから、「友好によって」を意味するアミキティアという言葉が使えるのではないかと考えた。すなわち、ネットワーク覇権をその構造で見た場合、パックス・ブリタニカ及びパックス・アメリカーナに代わって、パックス・アミキティアと呼ぶべきであると考えた。

なお、ネットワーク覇権及びパックス・アミキティアについて、筆者の責任で以上のように考え規定したが、両用語とも本書の筆者の一人である関山健の提案であり、かつ、川口、伊藤、鎌江と議論をしておおよその感じを共有したものである。また、アミキティアについては、鎌江一平が文法的にも詳しく調べてくれた。以上をここに断りを入れたい。

（4） ネットワーク覇権の意義と制度化（Institutionalization）

この構想は単に状況を説明しているに過ぎないのではなく、まず次のような意味のある構想なのである。例えば、中国の海洋進出について考えてみよう。南シナ海における中国の行動は法執行機関の実力を使いながらかつ軍事基地を作るという間接的な軍事行動、すなわち国家の実力（force）による現状変更活動であるため、対応としては覇権安定・勢力均衡モデルあるいは集団防衛モデルで対処せざるを得ない。これらのモデルはいずれも最終的には武力行使を覚悟しなければならないという重いモデルだが、その前段階としては抑止力により中国の行為を牽制する、ないし思いとどまらせることが重要となる。しかし現状は、実際には行動を伴わない牽制（最近は少し行動が出てきたが）のみなので中国に全く効いていない。先方が武力行使をしているわけではないので、武力行使以外で抑止力のある行動は何かということを検討し、そして行動することが必要である。有効なカウンター・アクションはいろいろ考えられる。

同時に、中国の立場に立って考えてみれば、領土の保全あるいは国土防衛の観点からの南シナ海諸島の領有化であり、これはある意味で沿岸国間の領土紛争である。とすると米国はその同盟国たる沿岸国からの要請がない限り直接の介入はできないから、公海における非沿岸国の権利（航行の自由、海洋利用の自由、海洋資源の開発）を守るための関与となろう。守るか守らないかの問題はあるが、これは国連海洋法条約など国際法ないし既存の秩序をベースに話し合うしかない。非沿岸国の権利が侵される恐れがある以上、非沿岸国ないし国際社会は南シナ海問題に関与せざるを得ない。この地域の相互依存が進展していることからすれば、リベラルの世界にある協調的安全保障モデルを真剣に展開させるべきであろう。

状況に応じてモデルを使い分けるという発想があれば、昨今の「南シナ海問題イコール中国を力で封じ込めろ」といった単純な議論は避けることができよう。

また、このネットワーク覇権構想を制度化する（institutionalize）ことが必要だし、少なくとも見える形で構想を進める努力がなされなければならない。その一案として、東アジアサミット（EAS）を活用することが考えられる。米ロも参加しているので参加国のネットワークは広く、アジア太平洋の安全保障に取り組む組織として申し分ない。またEASの背景に、協調的国際レジームとしてのASEAN、ASEAN地域フォーラム、ASEAN＋3、ASEAN国防相会議さらには東アジア共同体構想などがあり、これらは協調的・集団安全保障モデルに近い機能をはたしている。

EASはまずは、経済、社会問題に取り組むのであろうが、これは総合安全保障の分野であり、これも安全保障問題の一環としてとらえることが可能である。最終的にはハードな安全保障問題に取り組むことを構想するのであるが、その道のりは簡単ではない。そこで、ハードな安全保障問題に関しては、当面はEASにおいて、米、日、印、豪、ASEAN（さらに、中、露）などの大国ないし主要国（グループ）が、定期的に、いかなる状況でいかなる安全保障モデルを動かしたかを報告をし、意見交換をすることが考えられる。EASには中、露が含まれていることが重要である。中、露は最初この会議に参加しないと思われるが、ドアを開けておくことが大事である。ここでは相手を非難するのではなく、自ら取った安全保障措置、すなわち状況に対してとった覇権・勢力均衡モデル的な措置、集団防衛モデル的な措置、あるいは協調的・集団安全保障モデル的な措置を説明するだけである。これだけでも、かなりの効果があると考える。この協議の場を例えばEAS安全保障協議会と名付ける。将来的には、この組織が地域の集団安全保障モデルに沿ったものになることが期待できる。

以上は、リアリズムを認め、かつリベラルを期待し、いわば現実を人間が作用しうるとするコンストラクティビズムの考えに沿って構想したものである。

注および参考文献

1　防衛大学校安全保障学研究会、武田康裕、神谷万丈［２００９年］『安全保障学入門』新改訂第４版、亜紀書房４頁。

2　国際連合憲章第１条、第５章、第６章、第７章。

3　前掲『安全保障学入門』６頁。

4　同右13-21頁　57-84頁。

5　同右18頁。

6　ＡＳＥＡＮ地域フォーラム（ASEAN Regional Forum：ARF）概要（http://www.mofa.go.jp/mofaj/files/00120791/pdf）。

7　総合安全保障研究グループ報告書　5　総合安全保障戦略（http://www.ioc.u-tokyo.ac.jp/~worldjp）。

8　山本吉宣［２００６年10月30日］『「帝国」の国際政治学』東信堂。

9　ＡＳＥＡＮ共同体の設立に向けて
(http://www.mofa.go.jp/mofaj/press/pr/wakaru/topics/vol113/index.html)

10　ノエル・Ｍ・モラダ、リザール・スクマ、恒川潤「地域秩序の制度化―規範と勢力均衡の間で」「新興地域秩序におけるＡＳＥＡＮと大国」「東アジア共同体と日本」［２００８年３月］恒川潤編『東アジアにおける地域秩序―アセアン・日本からの展望―』国際共同研究シリーズ１防衛省防衛研究所。

11　神保謙［２０１５年11月］「アジアの安全保障アーキテクチャー―米中対峙の中での地域安全保障の三層構造の変化」『東亜』No.５８１　30-38頁。

第12章 アジア太平洋地域の未来図と日本の役割

第1節 アジア太平洋地域の未来の秩序

この章の目的は、アジア太平洋地域の未来の秩序を具体的に検討することである。国際社会の秩序のあり方については従来から議論されてきたが、経済又は政治のどちらかに焦点を当てたもの、ないし現状の理論的分析が中心であったように思われる。ここでのねらいは、政治、経済を含めた総合的な観点から、いかなる秩序が望ましいのか、現実的に何が可能なのか、どのような手順で進むのか、その際の日本の役割は何かを具体的に考えてみることである。時期としては2030年位から21世紀央を意識しているが、これにこだわらず、将来の方向性と考えてもらってよい。

(1) 新たな秩序の必要性 ―パワーシフトと新しい脅威

2017年はじめ、世界は一様に、トランプ政権の米国第一政策、保護主義的政策に危機感を表明した。フィナンシャル・タイムズのマーティン・ウルフはこう書いた。「覇権国がひとたび自ら構築した体制を攻撃すれば、結末は二つしかない。現体制の崩壊か新たな覇権国を軸とした新体制の構築のどちらかだ。

習氏が率いる中国は、米国に取って代わることはできない。欧州、アジア諸国との協力が必要になるからだ。より可能性が高いシナリオは、体制が崩壊し、なんでもありの通商政策が入り乱れる事態だ。」[1]

トランプ政権の政策が実際にどのように展開するかは執筆時点では未知数である。三権分立の米国においては司法、立法部門のチェックも大きい。長い目で見る必要がある。しかしここで私たちが認識すべきことは、中国やロシアの強圧的行動、中東の不安定化、テロの拡大などに表れた、パックス・アメリカーナの時代から次の時代に向かう過程、すなわちパワーシフトにおけるきしみは、トランプ選出以前から存在していたことである。米国民の選挙での選択は一連の大きな流れの一こまと位置づけるべきであろう。

戦後のアジアが平和裏に発展できたのは二つの要因による。一つは米国を中心とするハブ・アンド・スポークスと、スポークス間のネットワークによる安全保障であり、もう一つは自由で開放的な国際経済体制である。平和が繁栄を支え、繁栄が安定をもたらすという形で、二つの要因が相互に補強しあった。中国、インド等の台頭も、この安全保障の枠組みと、開放的な国際経済体制という国際公共財のおかげである。

ウルフが懸念しているのは、今までの国際政治経済体制の毀損であり、その後の世界の体制がどうなるかである。アジア太平洋地域の国々にとって、まさに自分の問題である。今後の本地域の発展に大きな影響を与えるからだ。「なんでもあり」の世界にならないように、将来の秩序がどうなるのか、何が望ましい姿なのかを中長期の問題として、今真剣に検討する必要がある。

アジア太平洋地域の将来の秩序を検討すべき理由はもう一つある。それは国境を越える様々な脅威や問題の出現である。それらはテロ、海賊、感染症、地球環境問題、水、食料、資源エネルギーの安全保障、北朝鮮の核・ミサイルの開発など幅広い分野にわたっている。今後も技術進歩や社会システムのイノベーションは続くことになるが、その成果が新たな脅威や問題を生みかねない。相互依存が進んだ本地域では、脅威は国境を越えて容易に拡散し、より大きな脅威となりうる。これら脅威への対応は一国ではできない。国家間の協力が不可欠である。その協力の枠組みもまた、国際公共財である。堅固な協力枠組みを構築し、秩序に組み込まなければならない。

ここで踏まえるべき重要な点は、国際公共財構築・維持のコストが近年増大していることである。近年、技術は目覚ましい発展を遂げたが、その開発費用も巨大なものになった。軍事費も増大した。また、安全保障の対象が、陸、海、空からサイバー空間や宇宙にまで拡大した。他方で、先進国では財政的な制約が厳しくなっている。公共財は自らコストを負担せずに利用可能との性格を持つ。つまりフリーライドを許容する。コスト負担のルールがなければ、必要な公共財は過小供給となる。覇権国である米国は、これまでかなりの負担を背負ってきた。国際社会の今後の公共財負担のあり方も、新しい秩序に組み込まれなければならない。

秩序は時間をかけて作っていくものである。時間がかかる過程であればこそ、構想を早く持ち、関係国・関係者の合意を形成しながら進んでいくことが肝要である。また、そのような将来のビジョンを持つこと自体が、目下の不安定性を管理しながら乗り越えることに資する。

（2）　なぜアジア太平洋地域なのか

本著で対象としているのはアジア太平洋地域であって、アジアだけではない。アジア太平洋地域の秩序を選択した理由は、経済、安全保障両面において、東アジアはアジア太平洋地域として一体的に発展してきたからである。例えば経済においては、米国のアジアとの貿易量は既に1990年代初めにはヨーロッパとの貿易量の1・5倍あった[2]。また、ASEAN＋3の国々13カ国とNAFTAの間の貿易は2000年から12年の12年間に2倍となった[3]。アジア太平洋地域の安全保障における米国の重要性は言を俟たない。したがって、経済、安全保障両側面ともに、アジアのみでは議論は不十分である。

ここで言葉の整理をしておきたい。

第一に秩序の意味である。秩序、アーキテクチャ、機構、ガバナンス、協力の枠組みなど、いくつかの言葉があるが、本章では厳密な定義とそれに基づく使い分けは行わない。秩序は「社会の諸要素が相互に、一定の関係・規則によって結びつき、調和を保っている状態」と大辞林にあるが、アーキテクチャや機構には、具体的な構築物とのニュアンスがあるし、他の言葉もそれぞれ独自のニュアンスを持つ。それらニュアンスを加味して秩序を理解していただきたい[4]。

第二にアジア太平洋地域の範囲である。本章では、国を当てはめての地域の定義はしていない。そこまでの厳密性や具体性を必要とする議論ではないからである。「アジア太平洋地域」は特に米国の参加を意識して使用しており、「アジア」もほぼインドあたりまでを念頭においている。

なお、肩書は二回目以降省略した。

以下第2節において、議論の前提となる21世紀央のアジア太平洋地域のパワーシフトの状況及び地域の共通の利益の内容を検討し、第3節において、将来の秩序形成に大きな役割を果たすASEANの改革の方向を検討する。第4節においては、現在はまだ初期の段階にあるが、より成熟させることが望ましい秩序の柱について検討する。最終章の第5節では、今後の道筋と日本の役割を述べる。

第2節　アジア太平洋地域の未来図と共通の利益の追求

本節では、将来のアジア太平洋地域の姿を概観し、共通利益の追求が、秩序構築の入り口であり、その共通利益とは、現時点では、自由で開放的な国際経済体制の高いレベルでの構築や機能的協力の拡充強化及びそれらがもたらす経済発展等の成果であることを明らかにする。

（1）　アジア太平洋地域の未来の姿
―複数のリーダー国の存在

現在生じているパワーシフトは将来どのように展開するのだろうか。将来のアジア太平洋地域ではどの国が力を持っているのだろうか。

パワーシフトは米国自身の自己認識でもある。米国の国家情報会議（National Intelligence Council）は２０００年に発表した"NIC Global Trends"において、15年頃の米国の力を他と「比類なき（unparalleled）」[5]と表現したが、12年版では30年頃の米国について「同等の中の第一番（first among equals）」と認識を変えている[6]。米国は、相対的に力が低下するとしても、経済力、軍事力、ソフトパワー等総合的に考えれば、揺るぎのない一番であることにはほぼ合意があるだろう。

中国は次のパワーだと考えられているが、その台頭のスピードはどうであろうか。米中の力の変化をＧＤＰから見ると、いつの時点で中国が米国を越えるかについての予測は、研究機関により異なる。例えばプライスウォーターハウスクーパース（ＰｗＣ）及びＯＥＣＤは２０３０年において、中国のＧＤＰは米国のそれを各約40％及び約17％上回ると予測しているが[7]、日本経済研究センターは30年には中国のGDPは米国の約70％にとどまるとしている[8]。また三菱総合研究所の予測では、「中国が構造改革と成長の両立に成功すれば30年頃には中国のGDPは米国に並ぶ水準に達する」[9]となる。

これは主として、中国の構造転換能力などについての見方の相違から来る。中国は輸出主導の産業構造から国内消費主導への構造転換、労働力減少、所得格差、環境問題などの解決を迫られており、この成否が将来像を大きく変える[10]。いずれにせよ、経済力以外の要素、即ち、国際公共財の構築と維持の意欲や能力、国際協力を生み出すソフトパワーなどを考慮に入れれば、米中間のパワーシフトの速度は、それほど早くない可能性がかなりあると思われる。

さらに、パワーシフトは米中間のみで起こるのではなく、他の国々も力をつけている。インドも台頭しつつある国であり、GDPの大きさは現在中国にはるかに及ばないが、今後成長率は中国を上回ると予測され、人口も、2020年と30年の間で中国を凌駕しその後も増加し続けると予測されている[11]。また、ロシアも人口は小さいが広大な国土を持つ。中国は、仮に次の覇権国として米国にとって代わったとしても、アジアにおいては潜在的に力を持つ国が多く存在することから、その時代はパックス・アメリカーナのように長期間続かない可能性が大きい。将来のアジア太平洋地域においては、ドミナントな国一国が力を持つというのではなく、米中日印露など、複数のリーダー国が存在すると考えた方が妥当であろう。これは、開放的で自由な国際経済体制のメリットがアジア全体に均霑《きんてん》したことの、当然の帰結でもある。

ここから導き出されるのは、将来のアジア太平洋地域における国際公共財の提供は、米国、日本、中国、インド、ロシア、インドネシア等の複数の地域のリーダーが中心となるネットワークによって行われる場合、最も円滑であるということである。したがって課題は、どのような秩序がそれを可能にするかということである。どの国も一国では地域の平和維持はできないのであり、また、国際公共財の構築も維持もできないのである。

この課題は、第10章山本の言葉を借用すれば、複合的ヘッジング・システムの下で、どのように国際公共財の供給を円滑に行うシステムを作るかということとも言いうる。

本章の結論は、パックス・アメリカーナの後は、新しい一つの覇権国家ではなく、複数の力及び共通の意思を持つネットワークで繋がった国々によって、秩序が維持されるということである。私たちはこれをネットワーク覇権と呼ぶ。

(2)　共通利益の追求—異なる価値観を乗り越えるために

現実に緊張関係があり、多様で価値観の異なるアジア太平洋地域において、複数の国家がネットワークを組んで国際公共財を提供しようと思う動機は何なのだろうか。何が求心力になるのだろうか。この点について検討したい。

通常、レベルの高い協力枠組みは、加盟国間に共通の価値観がある方がより円滑に機能するし、時にはそれがなければそもそも成立しないこともある。ＡＳＥＡＮもＮＡＴＯも法の統治や民主主義などを、加盟国間の共通な価値観として挙げている。日米同盟の基盤は共通の価値観である。前述のウルフも、中国が覇権国になれない理由としてこれを挙げている。

しかし、政治体制も宗教も多様なアジア太平洋地域では、自由、法の統治などのガバナンスに関する価値観については現在全面的な共有はないし、将来的にもどこまで可能か見通せない。したがって、価値観の共有を秩序の基礎にすることは生産的ではない。であれば、私たちはそれに代わるものとして、共通の利益追求を考えることが適切と思料する。共通の利益はある程度の求心力になる筈である。特に、現在のように、その利益が失われる可能性が大きい場合には、求心力はより強く働く。

次にアジア太平洋地域における共通の利益は何なのかを考えたい。

(3) 自由で開放的なアジア太平洋地域の経済秩序の確保 ―共通利益　その1

世界における東アジアの存在感は、地域全体の急速な経済成長力にある。世銀統計によると、世界の成長の約1/3が東アジアによってもたらされている[12]。歴史的に見れば、東アジアは1950年代から60年代にかけて日本が、70年代から80年代にかけて韓国等の四つの新興工業国・地域が、そして80年代からはインドネシア、マレーシア、タイ等のASEANの国々が、90年代には中国が、概ね輸出志向型のいわゆる雁行形態の経済発展を続けてきた。15年には、東アジアでは、インド、ラオス、ミャンマー、カンボジアの経済成長率は中国よりも高かった[13]。

地域全体に均霑した経済的利益は、価値観の一致がない地域において一つのアイデンティティとも言える。強い経済力の確保は重要な第一の共通利益であると考える。

東アジア地域のもう一つの大きな特質は相互依存の深化である。企業の活発な行動により、貿易と投資が飛躍的に増大し、経済面では国境の意味が実質的に低下した。サプライチェーンの進展が、いかにアジア太平洋地域の経済を有機的に結び付けたかについては、詳しい分析がある[14]。今後、この事象は生産要素価格の相対的変化に伴い、さらにダイナミックに展開すると思われる。今後の地域の力は、自由な貿易・

投資を確保するレベルの高い枠組みの下での競争や革新によって維持される。それが活力を生む。

ＴＰＰは米国の離脱の結果頓挫しているが、高いレベルの自由化で合意できたＴＰＰが将来的に米国を含めた参加国の賛同を得て、発効することが望ましい。ＴＰＰは環境、労働、および中小企業の分野ではＷＴＯの規定を超えるレベルの合意に達している。ＴＰＰの発効はアジア太平洋地域の一層の活性化に資する。

現在ＲＣＥＰの交渉が進んでいる[15]。交渉の対象も貿易に加え、投資、経済及び技術協力、知的財産、競争、紛争解決等幅広い。この交渉でＴＰＰ並みの自由化を確保することができれば、地域のモメンタムを維持するために貢献できる。２０１５年にはＡＳＥＡＮ経済共同体も設立された。

経済効率性の観点からは、いくつもの二国間協定や複数国間の協定が乱立するのではなく、地域全体が一つの国際経済枠組みの下にあることが望ましい。長期的にはアジア太平洋自由貿易地域（Free Trade Area of Asia-Pacific（ＦＴＡＡＰ））の実現という方向で合意がある[16]。その実現に努力すると同時に、それまでの間、それぞれの枠組みをできるだけ開放的なものにし、実質的にルールの共通化を図っていくことが望ましい。また、その過程に意味がある。日本の役割が極めて重要である。

注意が必要な点がある。相互依存の深化による経済の一体化は、リスクにもなり得ることである。金融危機がその例である。また、一方的な相互依存関係には、制裁などの手段に使われるリスクもある。相互依存の深化と国家間の協調的な行動の関係については異なる意見があるが、相互依存関係の利益を減じる行動は関係国・関係者にとってはコストの増大になるので、その分、非協調的な行動をとる敷居を高くすると言えよう。

（4）機能的協力の進展
―共通の利益　その2

実務的・技術的な協力は共通の利益である。特に国境を越える新しい安全保障の課題については、その度合いが強い。

アジア太平洋地域、特に東アジアでは、既に様々な分野における協力が進んでいる。2005年の時点で既に貿易、投資、金融・通貨、IT、開発支援、エネルギー、環境保全、食料、保健、知的所有権、観光、国境を越える犯罪まで、17分野で48枠組みを有するまでになっている。機能的協力は政治的な影響を極小化して実務的協力を進めやすい点、参加について開放性を維持できる点から多様性を持つアジアの国々の協力のあり方として適しており、今後の地域協力の柱として重要な役割を担う。所得格差、社会保障、AI、サイバー・セキュリティ、開発援助のルール作りなど多く課題がある。また、機能的協力は、そのテーマに関心を持つ国々の集まりであるから、必要なコスト負担も各枠組みの中で決めやすい。

今後は非伝統的安全保障についての地域協力の重要性が増すと思われる。内容的には幅が広いので、東アジアサミット（East Asia Summit（EAS））で方向性の議論と進捗の監視を行い、実際の協力はそれぞれの場で進めるのが適切である。ただし、海賊、テロなどいくつかの問題は軍、治安当局等の実力行使にかかわってくる可能性があるので、それらは、現在行われているように、ASEAN地域フォーラム（ASEAN Regional Forum（ARF））や、拡大ASEAN国防相会議（ASEAN Defense Ministers' Meeting plus（ADMM＋））の関与が必要であろう。

アジア太平洋地域協力（Asia-Pacific Economic Cooperation（APEC））の拡充強化も重要である。

ＡＰＥＣでは、幅広い枠組みの中で分野ごとの協力が行われている。有識者の間で、ＡＰＥＣをアジア太平洋版のＯＥＣＤにしたいとの考えがあった。経済協力開発機構（ＯＥＣＤ）はマクロ経済、産業、貿易、環境、技術、ガバナンス、情報通信など様々な社会・経済分野の政策について、対話を通じて政策調整を進める場であり、データの蓄積をする場である。今後ＡＰＥＣをＯＥＣＤアジア太平洋版に移行させることが望ましい。ＡＰＥＣは、台湾、香港の二地域が参加しているため、強化については中国が積極的ではないように見受けられる。工夫が必要だが、アジア太平洋地域の経済・社会のさらなる発展に資する。

第3節　ASEANの中心性と今後の改革

アジアは政治の体制、経済発展の段階、一人当たりの所得、宗教、言語、歴史、植民地時代の経験、その時の宗主国など、異なる性格を持つ国々の集まりである。この一見、協力の枠組み作りは困難に見える地域で、ＡＳＥＡＮは１９６７年に5カ国により設立された。ＡＳＥＡＮの成功について、ユドヨノ・インドネシア元大統領は「東南アジアにはもう戦争はないし、過去とは対照的に地域の問題は我々が決めている。貿易障壁は低くなり連結性は高まった。我々は…平和、進歩及び協力の地域に移行した。」[17]と述べている。ＡＳＥＡＮは現在では人口は6億人とＥＵよりも多く、また、加盟国全体のＧＤＰは約2兆5千億ドルと日本の54％に達している（２０１４年統計）[18]。

現在のアジア太平洋地域に存在する様々な地域の枠組みは、ＡＳＥＡＮ＋1、ＡＳＥＡＮ＋3、ＡＳＥＡＮ＋6、ＡＲＦ、ＥＡＳ、ＡＤＭＭプラス等、ＡＳＥＡＮを軸として設立された。すべての協力枠組みについてのイニシアティブがＡＳＥＡＮ発というわけでは必ずしもないが、ＡＳＥＡＮはその場合でも、議論を深め合意を作る場を提供して協力を促進した。地域の協力枠組みは、ＡＳＥＡＮなしにはここまで発展しなかった。

ＡＳＥＡＮの「中心性」という考え方が推進力である。「中心性」とはＡＳＥＡＮが地域のアーキテクチャにおいて中心的役割を持ち、積極的な推進力であり続けるという考え方で、以前から存在した考え方を２００７年に制定されたアセアン憲章の第１条（目的）に位置付けた[19]。

ＡＳＥＡＮは多様な国家間で合意を作りながら前進してきた歴史を持つ。そのために必要だったのが、例えば、コンセンサス方式であり、内政不干渉のルールである。しかし今後の本地域の秩序形成の過程では、ＡＳＥＡＮのルールを、より国際社会の普遍的なルールに近づけることが必要となろう。また、スピーディーな意思決定方式採用や、他国の内政に立ち入ることも必要な場合もある。

この点に関し、ＡＳＥＡＮ憲章制定のために設置された賢人会議報告書には、ＡＳＥＡＮはより有効な意思決定方式を制度化すべきとの先見性のある提言がある。協議とコンセンサスによる意思決定を一般原則とした上で、コンセンサスができない場合、投票による決定を可能とすべき（単純多数決や２／３、または３／４の多数決の言及あり。）としているほか、「ＡＳＥＡＮ　マイナスＸ」や「２プラスＸ」国の参加による協力プロジェクトや加盟国のサスペンションについての提言もある[20]。また、ＡＳＥＡＮの共通の利益からより密接な協力が必要になる分野においては、内政不干渉の伝統的政策を調整しなければならないかもしれないとの意見も出されている[21]。

賢人会議の提言中コンセンサスについては、憲章の規定で一定の前進があった。内政不干渉については事実が先行している。ＡＲＦの議長声明では北朝鮮について毎年言及されており、また、最近では２０１１年にミャンマーも取り上げられている。

今後のアジア太平洋地域の新秩序において、自由、民主主義、法の統治を謳うＡＳＥＡＮの役割は大きい。ＡＳＥＡＮがその役割を全うするためには、今後のＥＡＳやＡＲＦの運営ルールの改革に先駆けて、ＡＳＥＡＮの改革・前進を図ることと及びＡＳＥＡＮの外部からの分断を防止し、一体性を保つことが必要となる。この二つの両立は矛盾する部分もあり、困難を伴うと思われるが、両立こそがＡＳＥＡＮの存在感を大きくし、地域の秩序創りを大きく前進させる。ＡＳＥＡＮは「東南アジアだけでなく、アジア太平洋の繁栄と平和のために必要不可欠なもの」との発足時の立役者、マレーシアのガザリ元外相の発言は至言である[22]。

第4節　新しい柱の構築

21世紀央のアジア太平洋地域の秩序には何本かの新しい柱が必要である。新しい柱とは、一つは、広い分野にまたがる問題を適切に調整し、迅速な意思決定もなしうる、首脳レベルの決定機関であり、もう一つは伝統的安全保障問題に取り組むための組織である。それらは将来必要となるが、本地域にある緊張関係、特に米中の緊張関係がある中では、時間がかかる。目標を掲げて、忍耐強く取り組まなければならない。

（1）　必要な首脳レベルの中枢機関

アジア太平洋地域には、ＡＳＥＡＮの中心性を核とした分野ごとの機能的協力は進展しているが、総合性に欠ける。

取り組むべき問題は、経済、非伝統的安全保障及び伝統的安全保障まで広がっている。総合的な取り組みが必要な理由は二つある。一つは、ある脅威が他の脅威につながるというマイナスの連関である。もう一つは、国境を越える脅威になるということである。気候変動がダルフールやシリアの紛争の根底の問題であったのが前者の例であり、感染症が後者の例である。紛争は国家の統治能力を劣化させ、国家の問題対処能力を奪う。今後技術進歩の悪用や新しい病原菌など、今の時点からは予測し得ない脅威もあり得る。よって、問題の把握から解決まで、国家の首脳同士が総合的にかつ協力して取り組む場、問題解決のための中枢機関が必要となる。また将来的には、単に対話や信頼醸成にとどまらず、緊急性、必要性に応じて、迅速な意思決定をすることも必要となる。そのような機関は、地域には十全な形では存在していない。

中枢機関が具備すべき要件は、主要国の参加、幅広い課題に対応可能な権限付与、レベルの高い出席者と強い事務局、迅速な意思決定のルール、コスト負担のルールである。現在の国際情勢の中で新しい機構を作ることは現実的ではない。現在は十分ではないとしても、既存の機構の中から適切なものを選択し、改革していくことが適切である。

ＥＡＳは与えられた権限、及び参加国の観点から、必要な要件をかなり満たしている。２００５年の設立に際して発出されたクアラルンプール宣言によれば、東アジアサミットは幅広い戦略的、政治的及び経済的問題についての対話の場であり、また、発展しつつある地域のアーキテクチャの一環をなすものとされている。また、焦点を当てるべき分野の一つとして戦略的対話を強化し政治的及び安全保障関連分野の協力を促進するほか、経済統合、成長、エネルギーの安全保障、金融の安定性、環境、感染症予防、災害等を挙げている[23]。ＥＡＳは軍事行動以外のほぼすべての分野を活動の範囲としており、統括的な中枢機関としてふさわしい。また、ＡＳＥＡＮ加盟国に加えて、日、中、韓、豪、ＮＺ、印、米、露が参加国であり、代表性を持った機構である。

ＥＡＳは今後二つの課題に取り組む必要がある。

第一の課題はいくつかの参加国の間に緊張関係がある中で、いかに対立を乗り越え、ＥＡＳを中枢機関とすることに合意ができるかである。２００９年4月に東京で行われた演説において、オバマ大統領は米国が太平洋国家であることを強調し、ＴＰＰに取り組むと明確に述べたが、アジア太平洋地域における多国間機関について、「多国間機関の成長がこの地域の安全保障と繁栄を増進すること」及び「米国はこの地域の将来を形作る話し合いに関与し、機関が設立され発展する時に適切な機関に全面的に参加するつもり」であると述べた[24]。トランプ政権の下で、国際協調主義の帰趨には不透明性があるが、ＥＡＳの拡大強化への米国の賛同は21世紀央までの期間にはあり得るシナリオである。

他方で中国の習近平主席は２０１４年のアジア信頼醸成措置会議（ＣＩＣＡ）における演説で、ＣＩＣＡをアジアの安全保障に関する対話と協力の場となり得る、そこから地域の安全保障の枠組みが生まれ得るとした。また、中国は地域の安全保障についての行動規範の探求に指導的役割を果たすと述べた[25]。中国はＥＡＳ参加国であり、習構想とＥＡＳの関係は定かではないが、習発言からは、新型の大国関係、すなわち、米国と太平洋を二分する構想とつながっていることが伺える[26]。いずれにせよ、ＣＩＣＡは26カ国と数が多く地域的にも中東、南アジア、中央アジア、一部のＡＳＥＡＮなど広く、このメンバーの持つ多様な安全保障のニーズに有効に応える枠組みとしても、アジア太平洋地域の必要性に応えるものとしても無理がある。

ＥＡＳが米中対立の場となっては実効性のある機能は困難となる。

もう一つの課題は、対話の場から迅速な意思決定の場への改革である。現在は、ＡＳＥＡＮの議長国が

EASの議長国を務め、EASへの参加はASEANの参加の基準に則るとされるなど、ASEANの中心性が強く反映された組織運営である。共同議長、ないし議長の交代制の導入、多数決制度などを検討すべきである。また、現在二人しかいない事務局の強化も必要である。コスト負担のルールは、意思決定のルールとも密接に関係する。知恵を出し合うことが望ましい。

(2) 安全保障

アジア太平洋地域においては、非国家主体からのテロ等の脅威も含め様々な種類の脅威に対し、NATOのように、政治的、軍事的に危機管理や協調的安全保障の立場で取り組む機構はない。本地域の安全保障環境の中で、それは本来必要であり、また、その存在自体が、抑止力となる側面もあるが[27]、現在は不可能と言わざるを得ない。そればかりか、かえって地域を分断し緊張関係を高める結果を招く。したがって、NATOのような機構は地域の秩序の究極的な目標と位置付けることになろう。

現在存在する枠組みで、透明性の向上及び信頼醸成を強化し、地域内対立の激化を管理する上で重要なのが、主要国が参加しているARF及びADMMプラスの役割である。

ARFは信頼醸成促進、予防外交への進展、紛争へのアプローチ充実の三段階を設定し、2004年には事務局の役割を担うARFユニットの設置、06年からは専門家・賢人会合開催、年次安保概観ペーパーの提出など具体的な取り組みを進めて透明性の向上や信頼醸成に貢献している。また、外交当局と国防・軍事当局の双方が出席する場にもなっている。

拡大国防相会議(ADMMプラス)、すなわち、ASEAN10カ国及び米日韓豪NZ中印露(プラス国)の国防当局の会議は2010年に設立された。大きな前進である。ADMMプラスは、ASEAN政治安全保障共同体の一部をなす「ＡＤＭＭにとって不可欠な要素である」こと、また、単なる対話の場ではなく、より具体的・実践的な協力枠組みであると位置付けられている。ＡＤＭＭプラスは閣僚レベルの会合は三年に一回開かれるが、ＡＤＭＭプラスの組織の一部として位置付けられた専門家会合の議長がＡＳＥＡＮと非ＡＳＥＡＮの国々の共同議長制になったことはＥＡＳ等の改革の方向を示している。ＡＲＦもＡＤＭＭプラスも、改革を進めつつ、次の段階に進むことが重要である。

その間のアジア太平洋地域の平和と安定の管理については、中国の国際法を選択的にしか遵守しない行動、及び北朝鮮の不透明性や核開発を前提にすれば、米国とその同盟国が地域の平和と安定という国際公共財を提供するのが、現実的な道である。その中で、情勢に応じ同盟国を増やす、あるいは同盟非参加国等に協力行動の働きかけを行い、また、不必要な対峙状況を作らないように信頼醸成を図らなければならない。

日米同盟を含む、ハブ・アンド・スポークスの国際公共財化は、負担の増大を伴うし、日本も負担担い手の例外とはなり得ない。日本は２０１５年に平和安全法制の改定を行ったが、今後とも、国際情勢の変化をよく認識して、憲法に則って日本が地域の平和、安定、及び繁栄の観点から責任を分担していかなければならない。

(3)　秩序の不断の改革 ―動態的均衡の確保

地域のダイナミックな変化をどのように共同体のあり方、特に意思決定への参加に反映するかは今後検討を要する問題である[28]。枠組みの活力のために重要である。ＩＭＦは２０１６年１月からクォータの配分について約6％を新興市場国及び発展途上国にシフトし、ブラジル、中国、インド、ロシアが10大出資国に加わった。また、理事会の理事選出方法も変えた[29]。しかし、その改革の遅れはBRICS諸国等の不満を招いた。アジア太平洋地域枠組みにおいて、どのように適時適切にパワーバランスの変化を反映していくかは、意思決定のあり方とも密接に絡む問題である。今後具体的に検討することが必要な課題である。少なくとも見直しを制度に組み込んでおくことが必要である。

（4） 市民社会の参加

情報通信技術の発展により、NGOや個人の役割の重要性が格段に増している。特に民主主義国家では、選挙を通じて、政策決定に市民社会が参加するので、その影響力は一国内にとどまらず、国際情勢にも大きな影響を与える。これは、昨年の英国のEU離脱国民投票や、米国の大統領選挙の状況からも明らかである。市民社会に正しい情報を提供し、市民社会の意見を吸収するメカニズムを持つことが秩序の安定性のために必須である。

アジア太平洋地域の新しい秩序において、市民社会をどう位置付けるかは、国情に大きな差があるので一概には言えない。しかし現在存在している地域内の様々な協力機構において、市民社会との関連を強め、単に意見を聞くだけではなく、同じ目的のための活動の分担者としての位置付けを強化することが大事である。例えば、APECにおいては、APECビジネス諮問委員会（APEC Business Advisory Council（ABAC））が民間諮問団体として首脳に提言を行っており、地域の将来を担う若い世代や女性等も含め、広く市民社会に活躍の場を広げることが重要である。

第5節　今後の道筋と日本の役割

(1)　賢人会議

これまでの検討から言えることは、将来の太平洋地域のガバナンス形成は、第一段階として、共通な利益の追求、すなわち、自由かつ開放的な国際経済枠組みと様々な技術的、実務的な分野別の機能的協力を進め、忍耐強く信頼を構築しながら、次の段階である、実効性ある首脳レベルの中枢機関と伝統的安全保障の分野の機関構築を進める二段階方式が適切であるということである。第一段階は、アジア太平洋地域がずっと歩んできており、ここまで一定の成功をおさめている。

これから必要なのは、新しい秩序を創ることについてのモメンタムを生み出すことである。将来のアジア太平洋の秩序を構築していくことの必要性についてのコンセンサスはまだない。それを進めていくこと自体が地域内の対立や混乱を管理する途であることへの理解もまだ十分にない。本地域で共通の利益を追求しようという熱意も今まだ十分にない。

2030年から50年にかけてのアジア太平洋地域のあるべき姿を、今までの延長線上に考えることはもはやできない。パワーシフトだけではなく、技術の進展、軍事バランスの変化、国際経済環境の変化、人口のバランスなど多くの変数を考えなければならないからである。今必要なことは有識者間で必要性、共通の利益、道筋等について、理解を深めビジョンを作ることである。トラック2の賢人会議であることが望ましい。トラック2の会議終了後、適切な時点で政府間の会合で取り上げることが望ましい。トラック

2の会合については、ＡＳＥＡＮの東アジア・ＡＳＥＡＮ経済研究センターや他の地域シンクタンクが事務局になることが考えられる。日本はビジョン作りを推進すべきである。

（2）　ASEANをパートナーとする日本の知の貢献

日本は、アジア太平洋地域の将来についてのビジョンを持ち、それに向けての戦略を作り、関係国の合意を丁寧にとりつつ実行していくことを、従来から行ってきた。ＡＲＦもそもそもの設立が、１９９１年、ＡＳＥＡＮ拡大外相会議における、当時の中山太郎外務大臣の政治対話の開始提案に始まるものであり[30]、その後も日本はＡＲＦの進展を促す提案を随時してきている。近年の例では、小泉総理の構想に基づいて成立したアジア海賊対策地域協力協定（ReCAAP）と情報共有センター（ＩＳＣ）がある[31]。

さらにアジアの国である日本は、米国の同盟国であり、地域の協力枠組みに豪州、ＮＺ、米国等を参加させることにもこれまで努力してきた。アジアと米大陸をつなぐ秩序作りには、日本の役割が重要となる。現在ＡＳＥＡＮはＡＳＥＡＮ憲章で法の統治、民主主義、自由、人権等を謳う、日本と同じ統治の原則や価値観を持った対等のパートナーである。信頼関係がある。構想を実現していく上でこれほど強力なパートナーはいない。

（3）　機能的協力の拡大・深化
—課題先進国としての経験の分かち合い

アジア太平洋地域における協力は前述したように、既にほぼ全分野に及んでいるが、今後日本が協力をリードできる新しい分野が広がりつつある。日本は課題先進国として、少子・高齢化、社会保障などのセーフティーネット、介護、過疎化、都市化、資源制約などの問題に遭遇し取り組んできた。これらは多くのアジアの他の国の問題となりつつある。課題解決先進国としての知恵の地域への展開を進めるべきである。

(4) 開放的で強靭な日本

日本の力の源は政治・経済・社会の活力と安定性である。国の強靭性は、創造的な人材、イノベーション、変化を受け入れる力、社会の求心力によって作られる。日本が強靭であることが、国際社会でリーダーの役割を果たし続けることの確固たる基盤である。強靭性が外交力や適切な防衛力と相俟って日本の安全にとっての抑止力となる。確かに、2030年頃の日本の人口やGDPは現在より小さくなる。人口は現在より800万人くらいの減少が見込まれ[32]、GDPにおいてもインドに次いで4番目、場合によってはASEAN10にも越されているかもしれない[33]。しかし、技術、知の蓄積等総合的に考えると日本の国際社会での存在感は大きく、尊敬されている。日本が強靭であり続けるために、不断の改革、人材育成及び経済力の強化に努め、変化を先取りする必要がある。

アジア太平洋地域の新しい秩序をつくる上で日本の役割は大きい。

●注および参考文献

1　マーティン・ウルフ［2017］「『米国第一主義』は間違い」、『日本経済新聞』2017年1月29日付朝刊。
2　外務省［2005］外交青書〈http://www.mofa.go.jp/mofaj/gaiko/bluebook/2005/html/honmon2029.html〉（参照2017-2-1）。

3　経済産業省［２０１４］「通商白書」２１７頁第Ⅱ-３-１-１図　東アジアと世界の主要地域との貿易フローから作成。

4　神保謙／東京財団「アジアの安全保障」プロジェクト編著［２０１１］『アジア太平洋の安全保障アーキテクチャ地域安全保障の三層構造』日本評論社の第１章に概念についての丁寧な議論があるので参照されたい。

5　National Intelligence Council［2000］“Global Trends 2015：A Dialogue About the Future With Nongovernment Experts”〈https://www.dni.gov/files/documents/Global%20Trends_2015%20Report.pdf〉p.12（参照２０１７-２-５）.

6　National Intelligence Council［2012］“Global Trends 2030：Alternative Worlds”〈https://www.dni.gov/files/documents/GlobalTrends_2030.pdf〉p.98.

7　ＰｗＣ［２０１５］「２０５０年の世界」及びＯＥＣＤ［２０１４］“GDP “long-term forecast”” 双方各２０１４年ベース及び２０１０年ベースのＰＰＰによる。

8　日本経済研究センター［２０１４］『「２０５０年への構想」最終報告書　グローバル長期予測と日本の３つの未来』。

9　三菱総合研究所［２０１６］〝内外経済の中長期展望―２０１６―２０３０年〟〈http://www.mri.co.jp/news/press/uploadfiles/pr20160624pec01-new.pdf〉p.8.

10　中国楼継偉前財政部長の２０１５年４月24日清華大学設立１０４周年記念講演に詳しい説明がある。田中直毅［２０１６］『中国大停滞』日本経済新聞出版社23-30頁においてその内容についての長文の引用・説明をしている。

11　総務省［２０１６］「世界の統計２０１６」18-19頁。

12　The World Bank［April 2015］〈http://www.worldbank.org/eapupdate〉２０１７年１月13日アクセス。

13　世界の実質ＧＤＰ成長率国別ランキング（国連）http://www.globalnote.jp/post-2281.html。

14　経済産業省２０１４年通商白書第３章第Ⅱ-３-１-１図　東アジアと世界の主要地域との貿易フロー及び第Ⅱ-３-１-18図　ＡＳＥＡＮ域内の部品貿易（２０００年、２０１２年）。２０００年と２０１２年を比較して、東アジア地域と米大陸等の他地域との貿易がいかに伸長したか、また、同期間でＡＳＥＡＮの自動車部品の相互の貿易がいかに増大したかが明確に分析されている。

15　参加国16、人口は世界の約半分、ＧＤＰ及び貿易額は世界の３割強である。

16　ＦＴＡＡＰは２００４年ＡＰＥＣで提案され、２０１０年のＡＰＥＣ横浜宣言に盛り込まれた。

17　Susilo Bambang Yudhoyono (2012) “An Architecture for Durable Peace in the Asia-Pacific” http://www.iiss. org/en/events/shangri%20la%20dialogue/archive/sld12-43d9/opening-remarks-and-keynote-address-9e17/keynote-address-7244（参照２０

１７-１-12).

18　外務省アジア大洋州局地域政策課［２０１６］「目で見るＡＳＥＡＮ—ＡＳＥＡＮ経済統計基礎資料—」〈http://www.mofa.go.jp/mofaj/files/000127169.pdf〉（参照２０１７-１-８）１頁。

19　アセアン憲章第１条15項。

20　Report of the Eminent Persons Group on the ASEAN Charter (2006) para. 63.
http://www.asean.org/storage/images/archive/19247.pdf http://www.asean.org/storage/images/archive/19247.pdf〉

21　原文は "ASEAN may need to calibrate the traditional policy of non-intervention in areas where the common interest dictates closer cooperation." 同上 Executive Summary para. 3.

22　千野境子に引用されたＡＳＥＡＮ発足当時のガザリ・マレーシア外務大臣の発言。千野境子［２０１５］『日本はＡＳＥＡＮとどう付き合うか—米中攻防時代の新戦略』草思社第３章88頁。

23　クアラルンプール宣言によれば、ＥＡＳは "a forum for dialogue on broad strategic, political and economic issues of common interest and concern" であり、また、"will form an integral part of the evolving regional architecture" である。
〈http://www.mofa.go.jp/region/asia-paci/eas/joint0512.html〉

24　Barak Obama［2009］〈https://www.whitehouse.gov/files/documents/2009/november/president-obama-remarks-suntory-hall-japanese.pdf〉.

25　President Xi Jinping, "New Asian Security Concepts for New Progress in Security Cooperation", 2014 〈http://www.fmprc.gov.cn/mfa_eng/zxxx_662805/t1159951.shtml〉.

26　習近平は２０１４年11月12日のオバマ大統領との会談後の共同記者会見において、オバマにＣＩＣＡで行った演説について話したこと、及び太平洋は中、米の発展及び安全保障面での二国の貢献を許容するに十分に広いと伝えたと述べた。

27　ＮＡＴＯがワルシャワ条約機構崩壊後も存続しているのは、ドイツにひとり歩きさせないためとの見方もある。佐瀬昌盛［１９９９］「ＮＡＴＯ-21世紀からの世界戦略」文春新書０５６、文芸春秋22頁。

28　ユドヨノはこれを動態的均衡という言葉で表現した。

29　国際通貨基金［２０１６］「２０１６年度ＩＭＦ年次報告書」８-９頁。

30　外務省外交青書［２００９］１２２-１２３頁〈http://www.mofa.go.jp/mofaj/gaiko/kaiyo/kaizoku_gai.html〉

31　2001年11月、小泉総理（当時）がアジアの海賊問題に有効に対処すべく地域協力促進のための法的枠組み作成を提案。我が国主導の下、本協定の作成交渉が開始され、2004年11月に採択。2006年9月発効。外務省。

32　総務省［2016］。

33　三菱総合研究所［2016］。

刊行によせて
―歴史の流れで捉えるアジア太平洋の新秩序

何が問題なのか?

国際のそれであれ、他の何かであれ、およそ秩序というものは、絶えざる変化の中にある。これまでもそうであったし、これからもそうである。この自明の理をことさらに今言うのは、激しくかつ急速な変動の最中にいるという感覚が目下我々を強くとらえているからである。我々が今その中にいる変動とはいかなるものかを簡明に表現することは至難である。この変化の中から生まれ出ようとしている秩序がいかなるものであるか、その答えを本書の各章で様々な角度から導き出そうと努力してみたが、正直に言って、明確な答えはない。その意味では、本書で提示し得たものは、こうなるだろうという予測（シナリオ）ではなく、こうあって欲しい、こうあって欲しくはないという願望を述べたものだと言うべきであろう。「新秩序」という言葉についても一言断っておくべきであろう。この言葉は政治的スローガンとして使えば、現状＝現在の秩序が不満足だから、新しい秩序に取って代わるべしという現状打破の意味をもつが、我々が本書を通して読者に伝えようとしているのは、もっと謙虚な意図からのものである。現在進行しつつある変化を注意深く管理 manage しないと様々な困った事態（その最大のものは大小の武力衝突）になるだろうという懸念と、そうならないようにするためにはどういう管理の方法があるのかについてともに考えようというメッセージを伝えたいのである。物事が相互に絡み合っている状態を一般にシステムと呼ぶが、そのシステムを管理する何らかの方法を見出すことができれば、人はそこに「秩序」があると言うことができる。国際システムは今や地球大（グローバルな規模）で成立しているが、その中でもとりわけアジア太平洋地域がもつウェイトが大であり、そこで日本が果たすことのできる役割も小さくないという意味で、この地域に注意を絞ってそこにどのような「秩序」を作りだしたら良いのか、作りだせるのか、それが本書の取り組む問題である。そしてPax Amicitia（国家連合による平和）という答えに到達した。

Pax Amicitiaとは？

この言葉自体は新規だが、そこに至る思考の過程はそう新奇ではない。その意味するところは、今からの時代は、1国にせよ数カ国にせよ、特定の国々で秩序を維持することはできない。何らかの形の国家連合あるいはそれら諸国からなる連携（network）が、秩序を形成する主体であるという考え方である。

そのような考え方は、実は歴史の流れに深く根ざしている。その起源を探ると、一見逆説的に聞こえるかもしれないが、歴史上様々な姿をとって現れる「大国間の協調」である。歴史年表を手繰って見ると、例えばペンタルキー（pentarchy）という言葉がみつかる。これはanarchy（無秩序）に対する言葉で、5カ国の協調によってつくられている秩序を意味している。具体的には1818年9月のアーヘン列国会議において結成されたオーストリア、プロシア、ロシア、イギリス、フランス間の同盟のことである。19世紀は欧州協調（Concert of Europe）の時代であり、その時々の情勢に応じて様々な組み合わせの諸国間の連携が模索され、全体としてのヨーロッパ国際システムの秩序が維持された。それが大きく崩れるのが53年のクリミア戦争であった（ちなみに日本の浦賀にアメリカからペリー艦隊がやってきたのは同じ53年であった）[1]。

以後の世界は大動乱の時代に入り、大規模な戦争が繰り返され、その都度、戦勝国が中心となって戦後秩序が構築された。ナポレオン戦争後の「神聖同盟」、第一次大戦後の「国際連盟」、第二次大戦後の「国際連合」みな然りである。

国際政治に関する思想の歴史の上では、並列する主権国家の上に立つ権威不在の一見anarchyなシステムにおいても一定の秩序（＝国際社会）が存在し得ると考える「英国学派」の流れがある[2]。現実に存在するあれこれの「国家連合」が果たしてどれほど秩序維持の実績を上げているかは、別の問題である。例えば今の国連に対する失望の声は少なくない。いずれにせよ、秩序維持のための大国の役割（＝責任）が重視される。この考え方に立つと、大国とは、国土、人口、資源等々の大きさによって規定されるのではなく、システム全体に気を配り、その秩序を維持する意図と能力の有無、いわばその行動様式によって定義される存在である。自国が生き延びるだけで精一杯であり、国際社会全体のあり方に注意とエネルギーを割くだけの余裕のないのを小国ということができるなら、大国とはその対極にある存在であり、健全な国際政策の持ち主である[3]。

アジア太平洋の現状と将来

では、今日の、また見通し得る将来において、アジア太平洋地域にそのような定義を満たす大国が見出せるであろうか？

トランプ新政権下のアメリカが、自国民の安全と福祉のみに専念するとすれば、我々の定義する大国の資格を満たす存在としてこの先留まり得るか心許ないと言わなければならない。他方、そのアメリカと対比できる大国たらんとして「新型の大国関係」をスローガンに掲げている中国は、どのような秩序構想を持っているのかはっきりしない。ロシアはその心の半ば以上はヨーロッパに向いている存在だが、潜在的にはアジア太平洋志向の持ち主として勘定に入れておくべきであろう。これらの4カ国（日米中露）だけでなくとも、それが中核となる何らかの形での「国家連合」による秩序維持が我々の構想の中にあるアジア太平洋の秩序のかたちである。経済的相互依存は地域諸国を一つのシステムに繋ぐ絆として十分に強固である。それだけに、システムの一部に生じた変化が他の部分に及ぼす影響の度合いも大きい。言い換えれば、相互に敏感（sensitive）で相互に脆弱（vulnerable）な関係性で繋がっているのがアジア太平洋地域の国々であり、その相互依存関係の管理は、軍事衝突の危険性の管理と並ぶ秩序維持のための最重要課題である。

ゲーテのファウストに学ぶ

このあたりで、視点を変えて、ゲーテがファウストで描き出した世界にしばらく目を転じてみよう。ゲーテが生きた時代はある意味で、今我々が目前にしているのと同様な転形期であった。ファウストの訳者柴田翔氏の言葉を借りると、「転形期とは、社会の形が完全に転ずる時期で、世の中の秩序、約束事は、すべて一度、無と化す。そしてその真空と混沌のなかから次の社会の秩序、新しい約束事が急激に立ち上がってくる」。「ゲーテはその生涯を通じて、そうした、転形期の真空と混沌と変化をわが心と身体で誰よりも深く体験した。そしてそのことが、ゲーテの視野と思考を大きく深いものとした」[4]。

ワイマール公国の国王に信認されて、その政治上の相談相手となり、その立場で1789年のフランス革命から15年のウイーン会議に至るヨーロッパの激動期を経験したゲーテであるからこそ、その作品であるファウストに示された洞察から我々が、現代の転形期を生き抜くための知恵と勇気を得ようとするのは、十分理由がある。

ファウストの第二部第4幕には、掠奪漢、強奪漢、蓄財漢の3人の暴力漢が登場する。さらに進むと、「人々の平和への欲求と正義への欲求とを両立させるという至難の業を成就し、万民の安全を確保するような新しい世界を作りだせる存在があるとすれば、それを真の王として迎えよう」という表現が出てくる[5]。

21世紀のグローバリズムの世界で、そのような唯一者（monarchy）を見出すのは不可能であり、志強き者たちが実力を相互に発揮して共働[6]でその任に当たるほかはない。そのような任務を引き受ける志と能力のある国々を「大国」と呼ぶことが許されるならば、歴史上、様々な形で出現した「大国協調」の21世紀版を我々は Pax Amicitia と名付けたいのである。

日本の役割

最後に残るのは、日本は、その「大国協調」の一員として振る舞う志と能力を持ち合わせているのか否かという問題である。また、関係諸国が日本の役割を歓迎するか否かである。中国が「新型の大国関係」という時、その相手はアメリカだけに限られるのかという質問に対して、中国の識者からは日本もその相手に含まれるという返事が返ってきたのは、好材料である。日本としても「歴史問題」を乗り越えて前へ進む姿勢を確立しなくてはならない。そしてその日本に必要なのは創造力と持久力とである。

私が言う創造力と持久力という観念と最も近いのは Susan Strange のいう structural power である[7]。物事がどのような仕組みで処理されるべきかの枠組みを創り出しその枠組みを維持していく力である。ファウストの項で述べた言葉を引用すれば、「真空と混沌のなかから次の社会の秩序、新しい約束事が急激に立ち上がってくる」のを促す力である。そしてその枠組みと約束事を破壊・無視しようとするものを撥ね除けていくための持久力である。

創造力については、寛容の共働の精神は日本人には親しみがあるので、それが有利に働くだろう。また「課題と技術の先進国」としての経験がその導き手となるだろう。東アジア・西太平洋地域の雁行形態の経済発展を先導してきた経験から、ＡＳＥＡＮ諸国を協調の枠内に招き入れる役目も果たせるし、オーストラリア、韓国、台湾、カナダなどの middle powers との橋渡し役も期待できる。

他方、持久力については相応の武力が必要となる。自我を他者に無理強いする手の武力ではなく、秩序破壊を目論む掠奪漢、強奪漢、蓄財漢の３人の暴力漢を嗜めるための武力である。こうした点を考慮に入れた structural power の養成を今後の日本の戦略目標とすべきことを提案してこの章を終わる。

【付記１】

われわれの共同研究は２０１６年が始まる前から着手したものであるが、16年に起こった様々な「予想外」の出来事をある意味で先取りしていたといえそうである。その具体的な現れ方については、本章に先立つ各章で詳しい叙述と分析が加えられているので、ここではその詳細に立ち入らないが、中でも世界中の人々に深い印象をあたえたのは、イギリスのＥＵ離脱とアメリカ大統領選挙でのトランプ候補の勝利であった。いわゆるリベラルな国際秩序の旗頭だと自他ともに任じてきた英米両国が反グローバルの世論に押し戻されたのを見て、多くの識者が、自由貿易時代の終わりとか、第二次世界大戦後の「戦後体制」の終焉だとか評している。本論中に引用した「転形期とは、社会の形が完全に転ずる時期で、世の中の秩序、約束事は、すべて一度、無と化す。そしてその真空と混沌のなかから次の社会の秩序、新しい約束事が急激に立ち上がってくる」という柴田翔氏のゲーテについての言葉を私は想起せざるを得ない。

さらに言えば、かつて冷戦の終焉を巡ってフランシス・フクヤマが提起した「歴史の終焉」に関する様々な言説のことをも、ここで想起する人もいるだろう。言うならば、冷戦期と呼ばれる歴史上の一時代が終わっただけでなく、より大きな意味での歴史の転形期に入ったのだという考えがそこでは論じられた。曰く「リベラル・デモクラシーに対するイデオロギー的挑戦者はもはやない」という意味で歴史は終わったのだ、あるいは曰く「ナショナルな主権国家が歴史的使命を終えたポスト・モダンの世界と、そのような近代化のプロジェクトに今まさに取り組んでいる最中のモダンと、さらにはその圏外に放置されたままの前近代という三つの異なる歴史の位相からこの世は成り立っているのだから歴史が終わったと単純に言う勿れ」などなど。

このように考えて来れば、われわれは、歴史のいろいろな局面で、その都度「転形期」だ、「転形期」だと繰り返して言って来たのかも知れない。目前の予想外の出来事に圧倒されないで、冷静に将来を見通すためには、このように一歩退いて考えてみるのも必要であろう。そこで、別の機会に引用したことのあるアーネスト・メイ及びリチャード・ノイスタット両ハーバード大学教授のThinking in Time（歴史の中で考える）の次の言葉を再び引用することをお許しいただこう。「歴史の流れの中で考えることの本質は、未来を未来が過去になることがあるというように想像することである――歴史の流れはある程度理解できる連続性をもつが、しかし、驚くほど複雑であり、激しい。歴史の流れの中で考える習慣を身につけている人は、従って、『問題解決』に用心深いのである。絶望せず、疑い深くもなく、まさに用心深い。いやしくも予想可能であるにしても、予想外で予想することが非常に難しい非連続性が含まれている。どちらの兆候が現れるかについて現在を見守り、もしくは、その両者を改良することを学んだ人は、歴史の流れの中で考えることを学んで来たと言っても良いだろう」[8]

【付記2】

意志と力のあるものが連携して起ち上がって事に当たるべしという本論の主張は、一時よく聞いた有志連合（coalition of the willing）とよく似た考えではないかと言う人がいるかも知れない。そう言っても差し支えないが、二つのただし書きが欲しい。第一は英語で言うときはcoalition of the willing and ableとなること、第二は、その時々の必要に応じて出来上がるissueごとの連携でなく、アジア太平洋の秩序の創出と維持という全般的な問題に関わる連携であること。それならば、アジア太平洋「共同体」といえば良いという意見が出そうである。私の対案はアジア太平洋「協働体」である。その場合も、ＡＰＥＣが「アジア太平洋経済協力」とだけで留めて最後にもう一つCをつけてCouncilとかConferenceと言うのを避けた故知に学びたい。ＴＰＰにも同様な考えがあって、そのような言い方になっているのかどうかは不明にしてよく知らない。要は共に仕事をするという態度なのである。

注および参考文献

1　クリミア戦争については、Orlando Figes, Crimea：The Last Crusade、染谷徹訳『クリミア戦争』（白水社、２０１５）を参照。

2　その代表的論者はHedley Bull, The Anarchical Society、臼杵英一訳『国際社会論』岩波書店、２０００年である。

3　渡邉昭夫「東アジア地域のかたち」、大庭三枝編『東アジアのかたち』（千倉書房、２０１６年）、２４１頁以下は、この点を小国論の視点から論じている。なお、「国際政策」という用語については渡邉昭夫『アジア・太平洋の国際関係と日本』東京大学出版会、１９９２年、２４３-２４４頁を参照。

4　柴田翔訳『ファウスト』講談社、１９９９年、７３６頁。以下ファウストからの引用は本論文の趣旨に合わせて多少修文してある。

5 同右、602頁。

6 共働という言葉は公文俊平氏のものである。英語の「コラボレーション」の訳語と公文氏は言うが、詳細は『情報社会学序説』の第一章の終わりの部分と、第四章の第一節を参照。その使い方が違っているとすれば、責は渡邉にある。

7 Susan Strange, *States and Markets*, Pinter1994, p.24.

8 臼井久和他訳、『ハーバード流歴史活用法』三嶺書房、に依拠しているが、適宜修文を加えた。

わ行

索引の作成に当たっては，池田真由，大塚麻央，尾川万由子，森夏希，山本晴香の協力を得た。

な行

は行

ま行

や行

ら行

さ行

た行

索　引

露口　洋介（つゆくち　ようすけ）　第８章

日本大学経済学部教授　東京大学法学部卒業

日本銀行入行後，在中国日本国大使館経済部書記官，日本銀行香港事務所次長，日本銀行初代北京事務所長などを歴任。日本銀行退職後，信金中央金庫を経て2017年４月より現職。この間，財務省日中金融協力アドバイザーとして円・人民元直接交換取引などを提唱。著書に『中国経済のマクロ分析』（共著，日本経済新聞社，2006年），『東アジア地域協力の共同設計』（共著，西田書店，2009年），『中国対外経済戦略のリアリティ』（共著，麗澤大学出版会，2017年）など。

近藤　誠一（こんどう　せいいち）　第９章

近藤文化・外交研究所代表／元文化庁長官 東京大学教養学部教養学科イギリス科卒業

1972年外務省入省。2003年外務省広報文化交流部長，2006年ユネスコ日本政府代表部特命全権大使，2008年駐デンマーク特命全権大使。2010年７月30日より2013年７月まで文化庁長官。退官後外務省参与，東大特任教授，東京芸大客員教授，京都市芸術文化協会理事長等を務める。平成28年瑞宝重光章受章。著作に『世界に伝える 日本のこころ』（星槎大学出版会，2016年），『FUJISAN 世界遺産への道』（毎日新聞社，2014年）等

山本　吉宣（やまもと　よしのぶ）　第10章

新潟県立大学教授　米ミシガン大学大学院博士（政治学）

埼玉大学，東京大学，青山学院大学教授を経て現職。東京大学名誉教授，青山学院大学名誉教授。著書：『国際的相互依存』（単著，東京大学出版会，1989年），『帝国の国際政治学』（単著，東信堂，2006年），『国際レジームとガバナンス』（単著，有斐閣，2008年），『日本の大戦略』（共著，PHP 研究所，2012年），『国際地域学の展開』（共著，明石書店，2015年）

渡邉　昭夫（わたなべ　あきお）　刊行によせて

平和・安全保障研究所副会長／東京大学，青山学院大学名誉教授

オーストラリア国立大学大学院修了（Ph.D.）

香港大学講師の後，明治大学政治経済学部講師，同助教授，東京大学教養学部助教授，同教授，青山学院大学国際政治経済学部教授，帝京大学教授を経て現職。また，2000年から2006年まで平和・安全保障研究所理事長を務める。著書に『大国日本の揺らぎ』（中央公論新社，2014年）。編著に『アジア太平洋と新しい地域主義の展開』（千倉書房，2010年）などがある。

鎌江　一平（かまえ　いっぺい）　第５章

明治大学国際総合研究所共同研究員　米ボストン大学大学院修士（政治学）
米ハーバード大学ライシャワー日本研究所プロジェクト研究員（憲法改正問題プロジェクト担当），外務省 国際情報統括官組織 専門分析員を経て2012年１月より現職。この間，平和・安全保障研究所 日米パートナーシップ・プログラム フェロー，米パシフィック・フォーラム戦略国際問題研究所（CSIS）SPF フェローを務める。現在，海上自衛隊幹部学校講師を兼任。専門は国際政治学，アジア・太平洋地域の安全保障問題。

関山　健（せきやま　たかし）　第６章，第７章

東洋大学准教授／神戸大学客員教授
博士（国際協力学）東京大学／博士（国際政治学）北京大学
財務省係長，外務省班長等として政策実務を経験の後，東京財団研究員，明治大学特任准教授等を経て現職。専門分野は国際政治経済学。主な著書は『日中の経済関係はこう変わった』（高文研，2010年），『Coordination & Compromise』（LAP，2014年），『The Economics of Waste Management in East Asia』（共著，Routledge，2016年），『Rethinking the Triangle : Washington-Beijing-Taipei』（共著，World Scientific，2016年）など。その他，日英中各言語で論文多数。

椎野　幸平（しいの　こうへい）　第７章

拓殖大学国際学部准教授
青山学院大学大学院国際政治経済学研究科修了（国際経済学修士）
1994年，日本貿易振興機構（ジェトロ）入会。国際開発センター（IDCJ）開発エコノミストコース修了，ニューデリー駐在，海外調査部国際経済課課長代理，シンガポール駐在，海外調査部国際経済課長などを経て現職。著書に『インド経済の基礎知識第２版～新・経済大国の実態と政策～』（ジェトロ，2009年），『FTA 新時代～アジアを核に広がるネットワーク』（共著，ジェトロ，2010年），『ジェトロ世界貿易投資報告（総論編）』（共著，ジェトロ，2016年）など。

村山　裕三（むらやま　ゆうぞう）　第７章

同志社大学大学院ビジネス研究科教授　米ワシントン大学大学院 Ph.D（経済学）
野村総合研究所研究員，大阪外国語大学教授などを経て，2004年より現職。主著に，『経済安全保障を考える』（NHK 出版，2003年），『アメリカの経済安全保障戦略』（PHP 研究所，1996年）。最近の論文に，「防衛装備移転三原則後の日本のデュアルユース技術」『防衛学研究』第54号（2016年），「1990年代アメリカの防衛取得改革：軍事分野へのビジネス手法導入の考察」『同志社アメリカ研究』別冊19（2013年）など。

《著者紹介（執筆順）》

伊藤　剛（いとう　つよし）　第1章

明治大学政治経済学部教授　米デンバー大学大学院 Ph.D.（International Studies）
1998年明治大学政治経済学部専任講師，2001年助教授，2006年より現職。その間，2005年米アイゼンハワー財団フェロー，2006年世界平和研究所中曽根康弘賞受賞。2007年北京大学，英ブリストル大学，2009年オーストラリア国立大学，2011年カナダビクトリア大学，2014年台湾中興大学にて客員教授。主な著書に，『同盟の認識と現実』（有信堂，2002年），『比較外交政策』（明石書店，2004年），*Alliance in Anxiety*（Routledge, 2003），『自由の帝国』（訳書，NTT 出版，2000年）などがある。

森　聡（もり　さとる）　第2章

法政大学法学部教授　東京大学大学院法学政治学研究科博士（法学）
外務省勤務を経て現職。米プリンストン大学及びジョージワシントン大学にて客員研究員。単著に『ヴェトナム戦争と同盟外交―英仏の外交とアメリカの選択，1964-1968年』，東京大学出版会，2009年（日本アメリカ学会より第15回清水博賞受賞）。論文に「リベラル国際主義への挑戦―アメリカの二つの国際秩序観の起源と融合」，『レヴァイアサン』第58号（2016年）など。2015年中曽根康弘賞奨励賞受賞。

菱田　雅晴（ひしだ　まさはる）　第3章

法政大学法学部教授　東京大学（社会学）
日本貿易振興機構（JETRO），静岡県立大学国際関係学部教授，研究科長，評議員等を経て，2005年より現職。この間，文部省学術審議会専門委員，駐中国日本大使館専門調査員，OECD コンサルタント等歴任。科研費基盤研究による中国コーポラティズム研究会，中南海研究会，廉政研究会等を主宰。著書に『共産党とガバナンス』（東京大学出版会），『中国共産党のサバイバル戦略』（三和書籍），『中国：基層からのガバナンス』（法政大学出版局）ほか。

斉藤　敏夫（さいとう　としお）　第4章

株式会社たのしむ総合研究所研究主幹，日本大学大学院法学研究科修士（政治学）
米国国防大学国家戦略研究所客員研究員，内閣官房内閣審議官，防衛省南関東防衛局長，同省大臣官房審議官（兼）情報本部副本部長，防衛監察本部副監察監，防衛研究所長などを経て現職。“Japan’s Security Policy,” Strategic Forum (Number 163), NDU/INSS, May 1999. “Japan’s Regulatory and Safety Issues Regarding Nuclear Materials Transport,” Proceedings of the 14th International Symposium on the PATRAM, Sept. 2004.

《編著者紹介》

川口　順子（かわぐち　よりこ）　序，第12章

明治大学国際総合研究所フェロー　米エール大学大学院修士（経済学）

通商産業省，サントリーを経て，2000-2004年，森内閣および小泉内閣において，環境大臣，外務大臣，内閣総理大臣補佐官を歴任。2005年より参議院議員を二期務める。2013年，明治大学国際総合研究所特任教授を経て2017年4月より現職。この間，福田総理の要請を受け，核不拡散・核軍縮に関する国際委員会（ICCND）にてエバンズ豪元外相と共同議長を務め，政策提言書『Eliminating Nuclear Threats』（2009年）を公表。現在，外交・安全保障や環境政策を中心に国際的な活動にも従事。

秋山　昌廣（あきやま　まさひろ）　第11章

秋山アソシエイツ代表／安全保障外交政策研究会代表　東京大学法学部卒

1964年大蔵省入省。大蔵省銀行局調査課長，主計局主計官，奈良県警察本部長，東京税関長を歴任。防衛庁経理局長，防衛局長，防衛事務次官を経て98年退官。99-2001年ハーバード大学客員研究員，01-12年海洋政策研究財団会長。この間，立教大学研究科特任教授。12-16年東京財団理事長。著書：『日米の戦略対話が始まった』（亜紀書房，2002年）論稿：「海洋の安全保障と日本」『日本をめぐる安全保障』（共編著 亜紀書房，2014年）

アジア太平洋の未来図

■ネットワーク覇権

2017年8月15日　第1版第1刷発行

編著者　川口順子
　　　　秋山昌廣

発行者　山本　継

発行所　㈱中央経済社

発売元　㈱中央経済グループパブリッシング

〒101-0051　東京都千代田区神田神保町1-31-2

電話 03（3293）3371（編集代表）

03（3293）3381（営業代表）

http://www.chuokeizai.co.jp/

印刷／昭和情報プロセス㈱

製本／誠製本㈱

ISBN978-4-502-23311-1　C3031